Dieses Buch ist keine Streitschrift gegen die klassische „Psychoanalyse auf der Couch". Im Gegenteil, ich halte das traditionelle Setting für eine wertvolle Errungenschaft, die in vielen Fällen durch kein anderes Verfahren ersetzt werden kann. Mit diesem Buch möchte ich vielmehr dafür eintreten, daß Psychoanalyse nicht auf das traditionelle Couch-Setting beschränkt bleibt, und auch dafür, daß Psychoanalyse nicht auf eine Hilfswissenschaft der Medizin reduziert wird. Ich versuche hier diejenigen Prinzipien der Psychoanalyse darzustellen, die nach meiner Meinung erhalten bleiben müssen, wenn die Psychoanalyse in Form der „Angewandten Psychoanalyse" auf andere psychotherapeutische Situationen und auch auf gesellschaftliche und politische Veränderungsprozesse übertragen wird.

Zur Einführung lege ich meine Vorstellungen von Psychoanalyse als emanzipatorischer Psychotherapie dar. Es geht mit dabei um den Grundgedanken der Emanzipation, der für mein Verständnis das zentrale Anliegen der Freudschen Psychoanalyse war und ist. An diesem Prinzip läßt sich Psychoanalyse von nicht-psychoanalytischen Therapieansätzen unterscheiden.

Anschließend diskutiere ich die Frage, ob „Psychoanalyse ohne Couch" überhaupt als Psychoanalyse bezeichnet werden kann. Manche psychoanalytischen Kollegen sind nicht dieser Meinung und verweisen deswegen alles, was nicht im traditionellen Setting geschieht, in den Bereich der „Psychotherapie", in dem dann leider oft emanzipatorische und manipulative Ansätze unkritisch miteinander vermischt werden.

Die übrigen Kapitel sind zum Teil aus Vorträgen entstanden, die ich aufgrund meiner Forschungen zur Angewandten Psychoanalyse in den vergangenen Jahren an verschiedenen Orten und vor unterschiedlichem Publikum gehalten habe. Daraus ergaben sich zum Teil Wiederholungen in den einzelnen Arbeiten, die vor allem mein Grundkonzept der „Beziehungsanalyse" (Bauriedl, 1980) und meine familiendynamische Theorie betreffen. Beim Überarbeiten habe ich diese Wiederholungen absichtlich nicht entfernt, damit es möglich ist, die einzelnen Kapitel auch getrennt voneinander zu lesen und zu verstehen.

Einige wichtige Bereiche der Angewandten Psychoanalyse, mit denen ich mich ebenfalls in den letzten Jahren beschäftigt habe, wurden von mir hier nicht explizit dargestellt, so vor allem die psychoanalytische Beratung, die psychoanalytische Gruppentherapie und die psychoanalytische Therapie im stationären Bereich. Ich glaube, daß die hier dargestellten Prinzipien des dialektisch-emanzipatorischen Prozesses in der Psychoanalyse und in der psychoanalytischen Mehrpersonentherapie unschwer auf andere Anwendungsgebiete zu übertragen sind.

Ich verstehe dieses Buch als einen Beitrag zur kritischen Diskussion der Übertragung von Psychoanalyse auf die Behandlung von Kindern, Jugendlichen und ihren Eltern, von Paaren, Familien und Gruppen, von Borderline-Patienten und Psychotikern, in stationärer Behandlung, in Kurztherapien und in der Krisenintervention. Ich habe den Eindruck, daß die Ausbildung der Psychoanalytiker auf den meisten dieser Gebiete verbessert werden könnte und müßte, damit die Psychoanalyse nicht auf den Elfenbeinturm der Zweierbeziehung im Couch-Setting beschränkt bleibt. Der „natürliche Auftrieb des Unbewußten" (Freud) ist überall wirksam, nicht zuletzt auch in gesellschaftlichen und politischen Veränderungsprozessen. Durch ihre persönliche Erfahrung mit diesem „Auftrieb des Unbewußten" in ihrer Ausbildung könnten Psychoanalytiker auf allen Gebieten, nicht nur der Psychotherapie, sondern auch der übrigen Sozialwissenschaften und der sozialen Berufe, Fachleute für emanzipatorische Veränderungen sein. Und Nicht-Analytiker könnten das Prinzip der Bewußtseinsveränderung als Vorbedingung und Grundlage jeder Verhaltensänderung aufgreifen und in ihren jeweiligen privaten und beruflichen Beziehungen wirksam werden lassen. Ich glaube, daß nur eine Öffnung der „Grenzen" bei gleichzeitiger deutlicher Bestimmung des eigenen Standorts die Psychoanalyse davor bewahren kann, in die Bedeutungslosigkeit einer historisch bedingten und deshalb von der Geschichte überholten oder überholbaren Disziplin zu versinken.

Juli 1985   *Thea Bauriedl*

Inhaltsverzeichnis

1. Kapitel

Psychoanalyse als emanzipatorische Psychotherapie

Die Psychoanalyse wurde von Sigmund Freud erst in zweiter Linie als eine therapeutische Methode gesehen, in erster Linie war und ist sie eine ganz bestimmte Art, menschliche Beziehungen zu betrachten. Durch diese spezifische Betrachtungsweise, die ich im folgenden anhand der Beschreibung der Psychoanalyse als eine Form der Psychotherapie näher darstellen möchte, hat die Psychoanalyse in den letzten 80 Jahren das gesamte abendländische Denken beeinflußt, so im Bereich der Medizin, der Psychologie, der Philosophie und Anthropologie, aber auch der Geschichts- und Literaturwissenschaft, der Pädagogik und der Kriminologie. Durch die eingeschränkte Betrachtungsweise der Psychoanalyse ausschließlich als Psychotherapieform geht leicht der Blick auf deren revolutionären Anspruch verloren, der sich auf wesentlich mehr bezieht als nur auf die Heilung psychischer Erkrankungen. Auf diese Gefahr wollte ich aufmerksam machen, bevor ich die Psychoanalyse als Psychotherapieform im engeren Sinn beschreibe.

Sigmund Freuds revolutionärer Ansatz

In den achtziger Jahren des vergangenen Jahrhunderts nahm Freud die ersten Anfänge in der Psychiatrie auf, psychische Erkrankungen, zunächst vor allem die Hysterie, auf psychotherapeutische Weise zu behandeln. Er ging dabei zunächst von der Vorstellung aus, daß die Hysterie durch ein Trauma entsteht, also durch eine seelische Überlastung, die aber vergessen wird. Die vergessene traumatische Szene mußte also wieder ins Gedächtnis zurückgerufen werden, was Freud und sein Freund Breuer zunächst mit Hilfe der hypnotischen Suggestion versuchten. Den Patienten wurde unter Hypnose aufgetragen, die vergessene Szene wiederzuerinnern und die in dieser Szene unterdrückten Gefühle wiederzuerleben. Freud nahm damals an, daß die seelische Erkrankung in einem Affektstau bestehe, und daß entsprechend die Heilung nur durch eine „Abfuhr" oder durch „Abreagieren" der gestauten Gefühle und Triebwünsche geschehen könne. Die Vorstellung, daß es sich bei der Psychoanalyse vor allem darum handle, gestaute Affekte „abzureagieren", ist heute unter Laien noch weit verbreitet. Diese Sicht der Psychoanalyse übersieht aber gerade den wesentlichen Schritt Freuds, weg von der „kathartischen" Methode des Abreagierens hin zur eigentlichen psychoanalytischen Methode, die von Freud selbst als „Erinnern, Wiederholen und Durcharbeiten" (Freud, 1914) beschrieben wurde.
Die Hypnose erwies sich nämlich für Freud schon bald als unsichere und unzuverlässige Methode, die vergessenen Erinnerungen wieder zum Vorschein zu bringen

1

und dadurch die Krankheitssymptome aufzulösen. Er suchte und fand eine Methode, bei der der Patient nicht in Hypnose versetzt zu werden brauchte und auch nicht suggestiv behandelt werden mußte: die Methode der freien Assoziation. Freud bat seine Patienten, sich ohne Zensur dem Ablauf ihrer Einfälle und Phantasien zu überlassen und möglichst alles auszusprechen, was ihnen dabei in den Kopf kam, auch wenn es ihnen unangenehm, unsinnig oder unwichtig erschien. Aus diesen freien Einfällen des Patienten versuchte er die verdrängten Anteile, das „dynamisch Unbewußte" des Patienten zu erkennen. Er fand heraus, daß das Unbewußte sich in den verschiedensten Formen seine Ausdrucksmöglichkeit sucht, in den Träumen, in Versprechern, ganz allgemein in „Fehlleistungen", und letztlich, was die wichtigste Entdeckung war, in den Krankheitssymptomen. Diese sah Freud als Kompromißbildungen zwischen verdrängten Triebwünschen und den verbietenden Normen der Umwelt, die ins „Überich", einen Teil des „psychischen Apparats" aufgenommen waren. Durch den von Freud so genannten „Wiederholungszwang" werden sowohl die verdrängten Triebwünsche immer wieder lebendig als auch die diese Triebwünsche abwehrenden Maßnahmen, so daß sich als Ergebnis so lange immer wieder die bisher bestmögliche Lösung des Konflikts (eventuell das Symptom) zwischen Triebwunsch und Abwehr ergibt, bis eine bessere gefunden ist.

Um nun diese unglückliche Kette von Wiederholungen aufzuheben, versuchte Freud, die vergessenen traumatischen Szenen in der Beziehung zwischen sich und den Patienten wiederzubeleben. Er entdeckte, daß diese Wiederbelebung durch das Phänomen der „Übertragung" von selbst auftritt, wenn man diesen Prozeß zu sehen gelernt hat und möglichst wenig unterbindet. Das Wiedererinnern in der analytischen Situation bekam dadurch eine neue Bedeutung, nämlich die des Wieder-*Erlebens* im Hier und Jetzt der therapeutischen Beziehung. Es wurde Freud auch bald klar, daß es sich bei den traumatischen Szenen, die zur Erkrankung geführt hatten, nicht um einzelne Kindheitssituationen handelte, sondern um die mehr atmosphärisch zu erlebenden Beziehungen in der Ursprungsfamilie des Patienten. Der Patient verhält sich dem Therapeuten gegenüber genauso wie er es seinen Eltern und Geschwistern gegenüber gelernt hat, und „überträgt" auf diese Weise seine unbewußten Konfliktsituationen aus der Ursprungsfamilie in die therapeutische Beziehung, wo sie dann durchgearbeitet werden können.

Dieses „Durcharbeiten" ist nun aus meiner Sicht das eigentlich Revolutionäre an der Freudschen therapeutischen Methode. Es besteht nämlich in einer gemeinsamen Entdeckungsarbeit von Therapeut und Patient, nicht in einer einseitigen „Behandlung" der Neurose des Patienten durch den Therapeuten. Beide, Patient und Therapeut, begeben sich gemeinsam auf die Suche nach dem „wahren Selbst" des Patienten, d. h. nach seiner wahren Persönlichkeit. Dabei finden sie die bisher verdeckten oder verdrängten Wünsche des Patienten ebenso wieder wie die Ängste, die dazu führten, diese Wünsche nicht mehr direkt zum Ausdruck kommen zu lassen, sondern nur noch indirekt in Form von neurotischen, psychotischen oder psychosomatischen Symptomen. Freud entdeckte in seiner jahrelangen Selbstanalyse, welche Mechanismen diesem Aufdecken der wahren Persönlichkeit und ihrer

Konflikte im Wege stehen. Er nannte sie „Widerstand" und meinte mit dieser Bezeichnung denselben Mechanismus, den er sonst als „Abwehr" oder als „Zensor" bezeichnete, nämlich diejenige Instanz im Menschen, die die Anpassung an die Umwelt und damit die Existenzmöglichkeit des Individuums in der Gemeinschaft gewährleistet – freilich oft unter starker Einschränkung der Lebens- und Entfaltungsmöglichkeiten des Individuums. Wird nun dieser Abwehr- oder Anpassungsmechanismus in Frage gestellt, dann werden die ursprünglichen Bedürfnisse des Patienten wieder sichtbarer, und die diese Bedürfnisse vertretenden Symptome können aufgegeben werden, was einer „inneren Revolution" der Persönlichkeit entspricht, die regelmäßig auch eine revolutionierende Wirkung auf deren Beziehungen zur Umwelt hat.

Der Gegenstand und das Ziel einer psychoanalytischen Therapie

Aus diesem kurzen Überblick über Freuds Ansatz geht schon hervor, daß der Gegenstand der Psychoanalyse und der psychoanalytischen Therapie der psychische Konflikt ist. Das heißt aber nicht, daß das Vorhandensein von Konflikten innerhalb der Person oder zwischen Personen als pathologisch und als zu beseitigen angesehen wird. Es heißt vielmehr, daß die verdrängten Anteile des Konflikts, die „in den Untergrund gehen" mußten, in einer psychoanalytischen Behandlung wieder zutage treten können, so daß der Konflikt jetzt eine bessere, d. h. befriedigendere Lösung finden kann als bisher. In der Psychoanalyse wird es nicht als krankhaft angesehen, Konflikte zu haben, sondern, eine Seite des Konflikts abzuspalten und auf diese oder jene Weise (je nach Art der Abwehr) nicht mehr wahrzunehmen. Das Symptom „Waschzwang" (ständiges Waschen der Hände nach der Berührung bestimmter Gegenstände) kann sich etwa in einer analytischen Arbeit als Kompromißbildung zwischen starken, in der Ursprungsfamilie als gefährlich erlebten sexuellen Wünschen und einer in dieser Familie gleichzeitig vorhandenen Tabuisierung der Sexualität herausstellen. Krankmachend ist nicht der Konflikt an sich, sondern der tabuisierende Umgang mit dem Konflikt. Es trat in dieser Familie, insbesondere bei dem Symptomträger, eine Zensur ein, ähnlich der Pressezensur in totalitär regierten Staaten. Bestimmte Wünsche und Gefühle durfte man einfach nicht haben, obwohl man sie hatte. Stattdessen erschien im Verhalten des Patienten, den weißen Stellen einer zensierten Zeitung vergleichbar, ein zunächst unverständliches Symptom, das zwanghafte Waschen der Hände. Dieses Symptom ist durch „vernünftiges" Zureden nicht zu beeinflussen, da es einem verdrängten Wunsch entspricht, der zwar nicht mehr bewußt ist, der aber wegen seiner „terroristischen" Existenz im Untergrund umso hartnäckiger auf sich aufmerksam macht.

Im Zentrum der Freudschen Konfliktdiskussion stand der sogenannte „Ödipuskomplex". Freud studierte unter dieser Bezeichnung die Schicksale der sexuellen Triebwünsche kleiner Kinder ihren Eltern gegenüber. Er fand eine regelmäßige und notwendige sexuelle Hinwendung des kleinen Jungen zu seiner Mutter und des kleinen Mädchens zu seinem Vater, wobei jeweils der gleichgeschlechtliche Elternteil als Rivale erlebt und bekämpft wird. Der Ödipuskomplex ist also nicht, wie häufig von Laien angenommen wird, eine krankhafte Erscheinung, sondern ein Phänomen in der Entwicklung jedes Kindes, für das dasselbe gilt wie für jeden anderen seelischen Konflikt: nicht das Vorhandensein des Konflikts ist das Krankhafte, sondern seine Verdrängung. Im Fall des ödipalen Konflikts führt das Durchstehen des Konflikts zur Entwicklung einer gesunden sexuellen Identität, während die Verleugnung des Konflikts zu Fixierungen an den gleichgeschlechtlichen oder an den gegengeschlechtlichen Elternteil führt. Solche Fixierungen, z. B. in Form lebenslanger starrer Bindungen an einen Elternteil, wirken sich auf die spätere Partnerbeziehung des Kindes ebenso aus wie auf dessen Beziehungen zu den eigenen Kindern.

Wegen der Entdeckung des Ödipuskomplexes und der kindlichen Sexualität wurde Freud heftig bekämpft. Noch heute stellen diese Erkenntnisse für viele Gegner der Psychoanalyse die wesentlichsten Ansatzpunkte für Kritik dar. Auch innerhalb der psychoanalytischen Theorie gab und gibt es Strömungen, die den Ödipuskomplex entweder ganz verlassen möchten, oder doch wenigstens seine zentrale Position im theoretischen Gebäude sehr in Frage stellen. Da der ödipale Konflikt das Grundmodell für jeden psychischen Konflikt darstellt, führt das Aufgeben der zentralen Stellung des Ödipuskomplexes innerhalb der psychoanalytischen Theorie dazu, daß oft auch der psychische Konflikt als wichtigster Gegenstand der psychoanalytischen Theorie und Therapie aufgegeben wird. Damit wird aber ein wichtiges Charakteristikum der Psychoanalyse geopfert, was aus meiner Sicht schwerer wiegt, als der Gewinn größerer Akzeptierbarkeit der Psychoanalyse im breiten Publikum. Außerdem erscheint mir die Entdeckung der Bedeutung sexueller Gefühle innerhalb der Familie heute noch fast ebenso revolutionär wie zu Freuds Zeiten – trotz aller sexueller Liberalisierung in den letzten Jahrzehnten. Wenn man genau hinsieht, ist dieses Thema heutzutage in den Familien kaum weniger tabuisiert als damals. Im Verhalten wird inzestuöse Sexualität entweder offen und scheinbar konfliktlos ausgeübt oder vollständig verleugnet. Die emotionalen Spannungszustände in der Familie, in denen jedes Kind aufwächst, und die seine psychische Entwicklung wesentlich prägen, werden auch heute noch – trotz der Aufklärung auch durch psychoanalytisches Gedankengut – weitgehend übersehen. Versteht man den Ödipuskomplex nämlich im weitesten Sinn als Gesamtheit psychophysischer Spannungszustände in der Familie (wie z. B. emotionale Anziehung oder Abstoßung zwischen den Familienmitgliedern), dann wird durch die Theorie vom Ödipuskomplex die psychische Entwicklung des Kindes nicht mehr „nur" unter dem Aspekt der Sexualität (im engeren Sinn) gesehen, wie ein Hauptargument gegen die Psychoanalyse lautet.

Wenn der Gegenstand der psychoanalytischen Therapie also der verdrängte Konflikt ist, dann kann man das Ziel der Therapie allgemein als das Wiederfinden der Konflikte und damit das Wiederentdecken der wahren Person definieren. Neurotische, psychotische und psychosomatische Störungen sind dadurch gekennzeichnet, daß durch die einseitige Verdrängung psychischer Konflikte eine Pseudopersönlichkeit entstanden ist. Im Fall des Waschzwangs ist eine Person zu sehen, die scheinbar extrem reinlich ist. Alle Neurosenformen haben ihren Ausdruck in besonderen (narzißtischen, depressiven, zwanghaften, hysterischen und anderen) „Persönlichkeitsmasken" gefunden, die zunächst sowohl für die Person selbst als auch für ihre Bezugspersonen die dahinter befindliche „wahre", konflikthafte Persönlichkeit nicht mehr erkennen lassen. Mit dieser Entwicklung hat sich auch das Leiden der Person vom Leiden an einem innerpsychischen Konflikt zum Leiden an der Umwelt verschoben. Zum Beispiel leidet ein vorwiegend depressiv struktu-rierter Neurotiker darunter, daß er alles falsch macht und ihn niemand in der Welt liebt; alle Beweise von Zuneigung können ihn nicht von der Überzeugung abbrin-gen, daß er nichts wert sei. In einer psychoanalytischen Therapie würden beide, Therapeut und Patient, vielleicht zum ursprünglichen Konflikt dieses Patienten zurückfinden, der darin bestehen könnte, daß der Patient selbst seine Wünsche, jemanden zu lieben, in der Kindheit schon abzulehnen gelernt hat, daß er deswegen die Erfüllung dieser Wünsche ständig nach außen, an andere delegiert. Er erwartet von anderen Personen durch Beweise ihrer Zuneigung das „Loch" gefüllt zu bekommen, das durch die Ablehnung der eigenen (im weitesten und im engeren Sinn) sexuellen Wünsche entstanden ist.

An diesem Beispiel wird ein weiteres Ziel der psychoanalytischen Therapie deutlich: die Wiederherstellung des Bezugs zur Person. In der oben beschriebenen Pseudopersönlichkeit ist der Bezug zwischen der Symptomatik (Gefühl von Wertlo-sigkeit) und dem ursprünglichen Konflikt der Person verlorengegangen, die diese Probleme hat. Das Wiederauffinden dieses Bezugs bedeutet nicht, daß die „Schuld" beim Symptomträger gesucht wird, obwohl das oft zunächst so erlebt wird. Erst dann, wenn die in die Umwelt oder in den eigenen Körper verschobene Problematik wieder in der Person selbst erlebt wird, besteht eine Möglichkeit zur Veränderung. Die Verschiebung in die Umwelt oder in den Körper bedeutet nämlich eine Festschreibung des Konflikts auf eine bestimmte, die symptomatische Lösung. Nur ein innerpsychisch erlebter Konflikt, der eine neue Lösung fordert, hebt die Hoffnungslosigkeit auf, die entsteht, wenn man nur noch auf die Verände-rung der Umwelt oder auf körperliche Heilung wartet, um besser leben zu können.

Psychoanalytische Therapie mit dem Ziel, Konflikte aufzudecken und durchzu-arbeiten, ist eine kausale Therapie. Das heißt, daß sie nicht primär an der Behandlung eines Symptoms ansetzt, sondern die diesem Symptom zugrundelie-gende Konfliktsituation zutage fördert. Auf diese Weise kann das Symptom überflüssig werden. Wenn der zugrundeliegende Konflikt wirklich durchgearbeitet ist, und nur dann, besteht nicht mehr die Gefahr, daß er sich eine neue Ausdrucks-form, d. h. ein neues Symptom sucht. Dabei ist jedoch zu beachten, daß Symptome in psychoanalytischer Betrachtungsweise immer eine Vielfalt von Bedeutungen haben, d. h. daß sie zur Stabilisierung vieler verschiedener Konfliktsituationen beitragen. So kann zum Beispiel das Bettnässen eines kleinen Jungen bedeuten, daß er ein kleines Kind bleiben will, aber auch, daß er die Aufgabe hat, seine Eltern zu entzweien (die sich über sein Bettnässen und über dessen erzieherische Behand-lung uneinig sind), die Mutter an sich zu binden, gemeinsam mit ihr Front gegen den

„strengen" Vater zu machen, aber auch die Eltern zu verbinden, die durch dieses Symptom einen ständigen Gesprächsstoff haben, und sich deshalb nicht mit den Problemen ihrer Partnerbeziehung beschäftigen müssen. All diese und eventuell noch viele andere Bedeutungen und Beziehungen des Symptoms sind wichtig und müssen unter Umständen aufgedeckt werden, bevor das den Konflikt anzeigende Symptom verschwinden kann, und der Analytiker sicher sein kann, daß nicht ein anderes Symptom (z. B. Stottern oder Schulversagen) an seine Stelle treten muß.

Dieses sehr komplexe Verständnis von Konfliktsituationen und Symptomen hat der Psychoanalyse oft den Vorwurf eingetragen, daß sie uneindeutig und damit unwissenschaftlich sei. Für jedes auftretende Phänomen können immer weitere Erklärungen angeführt werden, so daß die Bedingungen für das Entstehen eines Symptoms nie alle aufgezählt werden können, und damit weder das Entstehen noch das Verschwinden von Symptomen vollständig erklärt oder vorhergesagt werden kann. Von außen gesehen mag die psychoanalytische Betrachtungsweise unexakt, diffus, spekulativ oder mystisch erscheinen. Läßt man sich jedoch einmal auf die Konflikte in der eigenen Person ein, wie Freud es getan hat, und versucht man die Konflikte anderer Personen in der gleichen Art zu verstehen wie die eigenen, dann erscheint einem die vielfältige Verflechtung psychischer Erlebnisweisen und Symptome wie ein äußerst sinnvolles und präzises „Wunderwerk", das man immer nur schrittweise und nie abschließend wird erforschen können. Die Komplexität liegt in der Natur der Sache, nämlich in den äußerst komplexen Zusammenhängen zwischen den Erscheinungen des Lebens; die Psychoanalyse versucht, dieser Komplexität zu entsprechen.

Der Veränderungsprozeß in einer psychoanalytischen Therapie

Es stellt sich nun die Frage, wie die Erforschung der „wahren Persönlichkeit" mit ihren Wünschen, Ängsten und Abwehrmechanismen vor sich geht. Da ist zunächst die psychoanalytische Grundregel, die sich als Freuds wichtigster Weg zur Wiedergewinnung des Vergessenen und Verdrängten erwies. Der Patient wird in der psychoanalytischen Behandlung aufgefordert, auf bewußtes Nachdenken möglichst zu verzichten und sich stattdessen auf seine Einfälle, Gefühle und Phantasien einzulassen, genau so wie sie in ihm von selbst aufsteigen. Er soll möglichst jeden Einfall aussprechen, auch wenn er ihm unangenehm, unwichtig, unsinnig oder abschweifend erscheint. Insbesondere die Körpergefühle soll er dabei berücksichtigen und mitteilen. Diese Aufforderung, der jeder Mensch nur annäherungsweise nachkommen kann, bedeutet den ausdrücklichen Versuch, auf die übliche Kontrolle der Denk- und Wahrnehmungsvorgänge zu verzichten, die wir benötigen, wenn wir uns mit der Lösung eines bestimmten Problems beschäftigen. Bei der Konzentration auf ein bestimmtes Problem schalten wir üblicherweise alle für den augenblicklichen Zweck „unnötigen" und deshalb störenden Wahrnehmungs- und Denkvorgänge aus. In der psychoanalytischen Situation soll gerade das Gegenteil einer bewußten Konzentration erreicht werden, nämlich das Aufsteigen der „unbewußten Phantasien", die nach Freud „einen natürlichen Auftrieb" haben. Der Zensor, der zwischen zulässigen und unzulässigen Gefühlen und Phantasien unterscheidet, wird dabei möglichst weitgehend aus seiner Kontrollfunktion entlassen. Das Unbewußte und seine Ausdrucksformen, die freien Einfälle und die Träume, bekommen im Rahmen der psychoanalytischen Situation einen Freiraum eingeräumt, der freilich vom Analysanden oft nicht leicht zu nutzen ist.

Der Analysand überträgt alle Tabus (Weglassungen) und Ersatzbildungen („falsche Persönlichkeit", s. o.), die ihm bisher die bestmögliche Stabilität garantierten, in die psychoanalytische Situation. Deshalb kann er das Angebot des Analytikers nicht voll annehmen; der Analytiker bietet ihm an, daß er alles, was der Patient erlebt und mitteilt, mit „gleichschwebender Aufmerksamkeit", ohne Wertung und Verurteilung akzeptieren wird. Der Analysand jedoch folgt seinen bisherigen Erfahrungen, nach denen er nur geliebt wird, wenn er ein positives Bild von sich zeichnet. Das hat zur Folge, daß er negative, abzulehnende Anteile seiner Person bewußt oder unbewußt nicht zuläßt. Im Verlauf einer geglückten Analyse gewinnt er immer mehr Vertrauen in die Möglichkeit, geliebt zu werden, ohne Teile von sich unterdrücken zu müssen. Er kann deswegen gegen Ende der Analyse die Grundregel besser befolgen als am Anfang.

Man mag sich fragen, was der Analytiker mit diesem „Chaos" von Einfällen anfängt, wenn der Patient tatsächlich nicht mehr sortiert, sondern unter Umständen völlig unkontrolliert von einem Einfall zum anderen springt. Der Analytiker hat in seiner eigenen Analyse und in seiner Ausbildung gelernt, das Unbewußte zu verstehen. Er hat gelernt, eine unbewußte Phantasie weiter zu verfolgen, auch wenn der Inhalt der Einfälle wechselt, so wie er gelernt hat, Träume zu verstehen, auch wenn sie in ihrem manifesten Ausdruck für die bewußte Logik unsinnig erscheinen. Er geht von der Annahme aus, daß die unbewußten Phantasien eines Menschen immer weiterlaufen und seinen psychophysischen Zustand ausdrücken, auch wenn der Mensch sich mit sehr unterschiedlichen Dingen befaßt. Wenn man die Phantasien und Träume eines Menschen einfühlend vom Gesichtspunkt seines Erlebens aus betrachtet, ergibt sich ein fortlaufendes, zusammenhängendes Bild der Person. Auch hierin ist die Psychoanalyse revolutionär. Sie beobachtet nicht objektive Daten, sondern das subjektive Erleben einer Person in all seinen scheinbaren Widersprüchen. Freud bezeichnete dieses subjektive Erleben als den eigentlichen Gegenstand der Psychoanalyse. Er nannte es die „psychische Realität" im Gegensatz zur objektiven Realität.

Die Psychoanalyse geht außerdem von der Annahme aus, daß es keine „zufälligen" Einfälle gibt, sondern daß vielmehr alle Einfälle in einer Situation erlebnismäßig auch mit dieser Situation zu tun haben. Hieraus ergibt sich eine wichtige Verständnismöglichkeit der Äußerungen des Patienten unter dem Aspekt der Übertragung. Wenn der Patient über weit zurückliegende Ereignisse oder über Ereignisse aus der Gegenwart, die außerhalb der analytischen Situation liegen, berichtet, kann der Analytiker davon ausgehen, daß er sich im Moment mit dem Patienten in einer der beschriebenen ähnlichen psychischen Situation befindet. Diese Betrachtungsweise überschreitet allerdings alle im konventionellen und naturwissenschaftlichen Denken bestehenden Grenzen. Sie schreibt dem Unbewußten eine Ausdrucksfähigkeit und eine Bedeutung zu, die ihm in keiner anderen Wissenschaft vom Menschen eingeräumt wird. Es ist deshalb kein Wunder, daß gerade in diesem Punkt, wo der Analytiker keinen Zufall gelten läßt, oft die Kritik an der Psychoanalyse einsetzt. Die Psychoanalyse nimmt an, daß der Mensch in jedem Augenblick seine Umwelt entsprechend seiner eigenen Befindlichkeit erlebt und gestaltet, und somit nichts in seinen Beziehungen zufällig, d. h. ohne Bezug zu seiner aktuellen Befindlichkeit ist. Die Psychoanalytiker und ihre Kritiker in diesem Punkt gehen also von unterschiedlichen Vorannahmen aus: das übliche naturwissenschaftliche Denken bezieht nur die bewußten Absichten des Menschen in die Betrachtung ein, und hält deswegen viele Dinge für zufällig, die dem Analytiker, der das Unbewußte mit einbezieht, ganz folgerichtig erscheinen. Hierin zeigt sich die spezifische Sichtweise der Psychoanalyse besonders deutlich.

In meiner Sicht der Psychoanalyse als „Beziehungsanalyse" (Bauriedl, 1980) wird der Veränderungsprozeß als ein gemeinsamer Entwicklungsprozeß von Analysand und Analytiker verstanden, nicht nur als ein Veränderungsprozeß des Analysanden, den der Analytiker durch diese oder jene Behandlungsmethode fördert. Es ist mir besonders wichtig, den Analytiker als Teil des „therapeutischen Systems" zu verstehen, betroffen von und beteiligt an den Veränderungsmöglichkeiten dieses Systems, und auch an den Grenzen dieser Veränderungsmöglichkeiten. Zumindest an den Stellen, an denen der analytische Prozeß stagniert, kann die Analyse der Therapeut-Patient-Beziehung als durch den Wiederholungszwang bedingte Wiederauflage der Fixierungen in der Kindheit des Analysanden *und* des Analytikers, oft besser weiterhelfen als die Suche nach einer besseren Behandlungsmethode.

Es mag verwundern, daß ich hier von einer gemeinsamen Entwicklung von Analytiker und Analysand spreche. Nach allgemeiner Ansicht dürfte der Analytiker doch keine Entwicklung mehr nötig haben; um einem Patienten helfen zu können, sollte man doch seine eigene Entwicklung abgeschlossen haben. Diese Ansicht geht von der Vorstellung eines unveränderlich fertigen Therapeuten aus, bei dem der Patient, wenn man es genau nimmt, keine Chance hätte, weil dieser Therapeut alles schon von vornherein weiß, richtig erfaßt und immer richtig reagiert. Wenn man diese Vorstellung auf die Beziehung zwischen Eltern und ihren Kindern überträgt, wird einem die Grausamkeit einer solchen Beziehung deutlich. Eltern, die sich selbst im Kontakt mit ihren Kindern nicht die Möglichkeit des Lernens und der Veränderung einräumen, verhindern damit auch den Entwicklungsprozeß bei ihren Kindern. Ähnlich Psychotherapeuten, die von sich selbst verlangen, „richtig" zu reagieren, anstatt in jedem Fall die wahre Beziehung zu ihren Patienten zu untersuchen und ihre eigene Reaktion als die im Augenblick bestmögliche zu verstehen – auch sie verlangen unausgesprochen von ihren Patienten, „richtig" zu reagieren, anstatt sich selbst zu verstehen, anzunehmen und darin eine echte Veränderungsmöglichkeit zu finden. Sie verlangen gleichermaßen von sich und von ihren Patienten, fertig zu sein, bevor sie angefangen haben, sich zu verändern.

Diese letzten Ausführungen weisen schon darauf hin, daß ich Psychoanalyse nicht als eine Methode verstehe, die unabhängig von der Person des Therapeuten oder unabhängig von der Beziehung zwischen Therapeut und Patient zu sehen ist. Durch das Zusammenspiel der beiden Übertragungsmuster von Analytiker und Analysand in der analytischen Situation entsteht eine ganz spezifische Beziehung, die zwar dem Prinzip nach, nicht aber in ihrer jeweiligen Ausformung mit der analytischen Beziehung zwischen einem anderen Analytiker-Analysand-Paar zu vergleichen ist. Ähnlich wie es sinnlos ist zu fragen, wie ein Mensch geworden wäre, wenn er andere Eltern gehabt hätte, so unsinnig ist die Frage, was geworden wäre, wenn dieser Patient einen anderen Analytiker gehabt hätte. Jeder Mensch hat seine Eltern, er hat und sucht sich auch seinen Analytiker. Er kann nicht auf eine „richtige" (von der Person des Analytikers unabhängige) Behandlung hoffen, wohl aber auf den ihm selbst und seinem Analytiker bestmöglichen Entwicklungsprozeß.

Die Fähigkeit des Analytikers, bisher oder üblicherweise von der Kommunikation ausgeschlossene Gefühle und Phantasien bei sich und beim Patienten zuzulassen, hängt eng mit seinen Ängsten und Abwehrnotwendigkeiten zusammen. Diese Ängste und Abwehrnotwendigkeiten sind auch beim selben Analytiker in der Beziehung zu unterschiedlichen Patienten verschieden. Allerdings ist es das Ziel der Ausbildung des Psychoanalytikers, daß er sich im Umgang mit sich selbst und mit seinen Patienten eine möglichst große Elastizität und Lebendigkeit erwerben und erhalten kann.

So entspricht das Bild des Analytikers nicht den Erwartungen, die häufig an ihn gestellt werden. Er ist nicht im üblichen Sinn ein Fachmann, der mit bestimmten Gegenständen oder Aufgaben besser umzugehen weiß als der Laie, und der deshalb diese Aufgaben an Stelle des Laien gegen Bezahlung übernimmt. Der Analytiker ist bestenfalls ein Fachmann für seine eigene Person. Er kann nicht stellvertretend für seine Patienten Handlungen ausführen oder Entscheidungen treffen. Darin unterscheidet sich die psychoanalytische Behandlung auch grundsätzlich von der medizinischen. In der Psychoanalyse ist nicht der Patient der Unwissende, der Arzt der Wissende; der Patient ist auch nicht einer, der mit sich geschehen läßt, und der Analytiker „behandelt" nicht in dem Sinne, daß er etwas mit dem Patienten macht. Der Analytiker gibt auch keine Anweisungen, deren Befolgung zur Besserung des Leidens führen soll. Die Bedingung für das Gelingen der Behandlung ist nicht das Befolgen von Ratschlägen und Rezepturen sondern die Ehrlichkeit zwischen Patient und Therapeut, die auch Ablehnung und Kritik am Therapeuten nicht ausschließt. In einer gelingenden psychoanalytischen Beziehung ist nicht Wohlverhalten die Voraussetzung dafür, gemocht zu werden. Unter Umständen müssen beide, Therapeut und Patient, viel Wut und Enttäuschung, aber auch viele sexuelle und andere Versuchungssituationen miteinander durchstehen, weil sie den Schutz verlassen, der durch die Befolgung gesellschaftlicher und familiärer Normen gegeben wäre.

Zum Abschluß meiner Beschreibung des therapeutischen Prozesses in der Psychoanalyse möchte ich noch auf einige Vorurteile eingehen, die der Psychoanalyse gegenüber immer wieder geäußert werden. Da ist zunächst der Vorwurf, daß es sich in der psychoanalytischen Situation um eine „einseitige" Beziehung handle, die schon dadurch gegeben sei, daß der Patient auf der Couch liegt, den Analytiker also nicht sehen kann, während der Analytiker hinter der Couch sitzt, und den Patienten ständig im Blickfeld hat. Diese klassische Anordnung, das sogenannte psychoanalytische Setting, geht noch auf Freuds Versuche zurück, die Erinnerung an die verdrängten traumatischen Situationen durch Suggestion wieder hervorzurufen. Freud versuchte das unter anderem dadurch, daß er den Patienten auf den Kopf drückte und ihnen eindringlich versicherte, sie würden sich jetzt sicher gleich erinnern. Die Stellung hinter der Couch erwies sich aber auch als sehr sinnvoll, nachdem Freud die Methode der freien Assoziation eingeführt hatte, und wurde deshalb beibehalten. Der Patient hat in dieser Position die Möglichkeit, seinen Einfällen zu folgen, ohne die Richtigkeit oder Angemessenheit dieser Einfälle ständig aus dem Gesichtsausdruck des Analytikers erschließen zu können. Es entfällt also durch das psychoanalytische Setting die Notwendigkeit, aber auch eine Möglichkeit der Selbstkontrolle für den Patienten anhand der visuellen Überwachung des Analytikers. Viele Einfälle und Gefühle sind außerdem leichter zu äußern, wenn man sie dem Analytiker nicht ins Gesicht sagen muß. Das psychoanalytische Setting an sich muß keine Machtbeziehung mit sich bringen. Im Gegenteil, es ermöglicht es auch dem Analytiker, seine Einfälle und Phantasien in „gleichschwebender Aufmerksamkeit" zu verfolgen, was schwieriger ist, wenn man sich dauernd visuell beobachtet und kontrolliert fühlt.

Damit ist aber die grundsätzliche Frage nach der Machtausübung in der psychoanalytischen Therapie noch nicht beantwortet. Prinzipiell besteht nach meiner Ansicht für den Analytiker tatsächlich ständig die Möglichkeit und die Gefahr, den Patienten für die eigenen Zwecke (der Selbstbestätigung, als Ersatzpartner, zur Abwehr seiner Ängste, etc.) zu mißbrauchen. Dieselbe potentielle Machtposition hat allerdings der Patient auch. Psychische Störungen sind nach meinem Verständnis immer Machtkampfe, die der Patient in sich selbst und entsprechend mit seiner Umwelt austrägt. In der psychoanalytischen Therapie geht es deshalb wesentlich darum, solche Machtbeziehungen aufzulösen. Der Analytiker trägt die Verantwortung dafür, daß er versucht, erpresserische Beziehungen, in die er unausweichlich zusammen mit seinem Patienten verwickelt wird, aufzudecken, die psychodynamischen Bedingungen solcher Machtkämpfe bei sich selbst und beim Patienten zu analysieren, und dadurch von sich aus zur emanzipatorischen Veränderung der Beziehung beizutragen. Das meinte ich oben, als ich schrieb: der Analytiker ist bestenfalls Fachmann für seine eigene Person.

Die Tatsache, daß der Analytiker dem Patienten nichts oder nur sehr wenig von seinen eigenen Gefühlen und von seinem eigenen Leben mitteilt, wird oft als Anzeichen eines Machtgefälles angesehen. Der Wunsch des Patienten, daß der Analytiker „doch auch mal was von sich sagen" solle, entsteht meist in einer Situation, in der der Patient sich ausgeliefert, angeklagt und ohnmächtig fühlt. Er meint dann, daß dieses Gefühl daher kommt, daß beide nur immer über ihn sprechen. Er erlebt den Analytiker, über den nicht gesprochen wird, deshalb als den Mächtigen, Unschuldigen, Perfekten, und sieht als einzige Möglichkeit, aus dieser unterlegenen Position herauszukommen, die Umkehrung des Machtgefälles.

Er meint, nur dadurch wieder sicher werden zu können, daß der Analytiker selbst als neurotisch, ohnmächtig, ängstlich, etc. entlarvt wird, oder doch wenigstens dadurch „gleichwertig" neben ihm steht. An diesem Beispiel wird der Unterschied zwischen konfliktvermeidender und konfliktaufdeckender Arbeit deutlich: Würde der Analytiker nun darauf verzichten, die Angst des Patienten, als neurotisch abgelehnt zu werden und minderwertig zu sein, herauszuarbeiten, und stattdessen versuchen, den Patienten zu beruhigen, indem er eigene „Fehler und Schwächen zugibt", dann würde der Konflikt, der in dieser Situation zum Ausdruck gekommen ist, nicht aufgedeckt und durchgearbeitet. Der Konflikt könnte z. B. darin bestehen, daß der Patient bisher erfahren hat, daß Probleme und Ängste zu haben ein Anzeichen von Wertlosigkeit ist, und daß man sich deshalb immer bemühen muß, überlegen, perfekt und „gesund" zu erscheinen. Die andere Seite des Konflikts bestünde in dem durch diese Norm ständig verhinderten Wunsch, mit allen Gefühlen und Befürchtungen angenommen zu werden. An diesen Wunsch kämen die beiden aber nicht heran, wenn der Analytiker nichts weiter täte, als die Angst vor der Minderwertigkeit beim Patienten durch eine Darstellung der eigenen „ebensolchen Minderwertigkeit" zu beruhigen. Machtausübung beruht auf Angst und ist deshalb nicht durch ein bestimmtes Verhalten zu vermeiden, sondern nur durch Aufdecken und Verstehen dieser Angst.

Ein weiterer Einwand gegenüber der Psychoanalyse, der immer wieder gemacht wird, ist der, daß es sich in der psychoanalytischen Situation um eine „künstliche" Situation handle, die nichts mit dem realen Leben zu tun habe. Die Aufnahme eine psychoanalytischen Behandlung käme deshalb einer Flucht aus den realen Beziehungen gleich; wegen der Unnatürlichkeit der psychoanalytischen Situation könnten in dieser Situation erreichte Veränderungen nicht auf die realen Beziehungen übertragen werden. Die Psychoanalyse sei „weltfremd", weil sie in einer von der Außenwelt abgeschlossenen, unnatürlichen Beziehung arbeite. Ich glaube auch, daß in der Psychoanalyse die Gefahr besteht, daß nicht nur ein Schutzraum für Veränderungsprozesse gebildet wird, sondern vor allem ein Schutzraum für die Empfindlichkeiten des Patienten und des Therapeuten. Die „rauhe" Außenwelt wird dann der gemeinsame Feind für beide, weil die Konflikte gar nicht erst in ihre therapeutische Beziehung eintreten. Das muß aber nicht so sein. Die psychoanalytische Situation ist wohl „künstlich" im Sinn von ungewöhnlich, da sich zwei Menschen normalerweise nicht in diesem Maße auf die wahre Vielfalt ihrer Gefühle und Phantasien einlassen, sondern viel strukturierter, kontrollierter und zielgerichteter miteinander umgehen. Auch die beschriebene Außerkraftsetzung vieler konventioneller Normen ist wohl kaum in einer anderen Beziehungsform möglich. Auf dieser Art von Außergewöhnlichkeit beruht der psychoanalytische Prozeß. Die Übertragbarkeit der in der Analyse erarbeiteten neuen Konfliktlösungen auf die Umwelt ist in dem Maße gegeben, in dem die zugrundeliegenden Konflikte in der therapeutischen Beziehung aufgetreten sind, und dort durchgearbeitet bzw. durchgestanden wurden.

Vor allem die neuen gefühlstherapeutischen Richtungen werfen der Psychoanalyse vor, sie sei auf die verbale Interaktion beschränkt, und Gefühle, vor allem

Körpergefühle, ließen sich eben nicht verbal mitteilen und beeinflussen. Die Psychoanalyse sei deshalb eine intellektualistische Therapieform, die die tatsächlichen Gefühlsprobleme der Patienten nicht erreiche. Außerdem beschäftige sie sich ausschließlich mit Vorgängen und Szenen in der Vergangenheit, die dem Patienten intellektuell gedeutet würden. Was nütze es aber, ständig über die Vergangenheit nachzudenken, und die Gegenwart, das Hier und Jetzt, unberührt zu lassen. So sehr diese Vorurteile vielleicht in einzelnen Fällen psychoanalytischer Praxis berechtigt sein mögen, glaube ich doch, sie durch meine bisherigen Ausführungen als für die Grundprinzipien der Psychoanalyse nicht zutreffend wiederlegt zu haben. Ich glaube, es ist deutlich geworden, daß durchaus nicht nur die verbale Kommunikation in der therapeutischen Beziehung der Psychoanalyse von Bedeutung ist, im Gegenteil, die Aufmerksamkeit für das Zusammenspiel der beiden unbewußten Szenen von Therapeut und Patient umfaßt wesentlich das gesamte gefühlsmäßige Erleben beider. Die Psychoanalyse sucht nach den wahren Gefühlen im Hier und Jetzt. Die Vergangenheit ist nur insoweit von Interesse, als sie im Wiedererleben früherer Szenen die Konfliktlösungen verstehen läßt, die damals die bestmöglichen waren. Auch hierbei geht es nicht um die Erweiterung eines intellektuellen Wissens, sondern um das Wieder*erleben* und um die Möglichkeit, in Anwesenheit und mit Hilfe des Analytikers neue Lösungen zu finden, in denen weniger Konfliktanteile abgespalten werden müssen. Die wesentliche Arbeit geschieht im Hier und Jetzt, in der Beziehung zwischen Analytiker und Analysand.

Ein wichtiger Unterschied zwischen der Psychoanalyse und manchen Psychotherapieformen, die sich sehr auf die Arbeit mit den Gefühlen und mit dem Körper berufen, besteht allerdings: Die Psychoanalyse geht immer davon aus, daß es darum geht, die wahren Gefühle wieder aufzudecken. Sie versucht deshalb nicht, die oft festgestellte „Spaltung zwischen Kopf und Körper" dadurch zu überwinden, daß sie den Kopf ausschaltet und dem Patienten aufträgt, jetzt nur noch mit dem Körper zu fühlen, anstatt „ständig über sich nachzudenken". Aus der Sicht der Psychoanalyse übernähme hierbei der Therapeut die Verantwortung für den Patienten. Er würde ihm erlauben oder befehlen, über die Schwelle zu gehen, die er zu vermeiden gelernt hat. Der Patient würde dann nur umlernen, er würde es jetzt als „Erlösung" erfahren, daß das Land der Gefühle nicht mehr das verbotene Land sondern sogar das verheißene Land ist. Die Sehnsucht vieler Angehöriger des europäisch-amerikanischen Kulturkreises nach diesem verlorenen Land der Gefühle macht die große Faszination eines solchen therapeutischen Vorgehens verständlich. Die Psychoanalyse wird im Vergleich dazu oft als rationalistisch, intellektuell und repressiv angesehen. Diesen Vorwurf halte ich für eine wichtige Herausforderung an die Psychoanalyse, die sie nur durch eine intensive Besinnung auf das Wesen ihres ganz spezifischen Weges zur Befreiung annehmen kann. Dieser Weg geht nicht von der Erlaubnis oder Aufforderung des Therapeuten aus, der durch die Umkehr elterlicher Normen (von „sei doch vernünftig!" in „sei doch nicht so vernünftig!") das Heil zu bringen verspricht. Die Psychoanalyse sieht, ihrem Grundprinzip als Konfliktpsychologie entsprechend, die Aufspaltung zwischen Kopf und Körper, zwischen Intellekt und Gefühl als Problem. Diese Aufspaltung kann aus ihrer Sicht nicht dadurch überwunden werden, daß man das „Gefühl" idealisiert und den Intellekt verteufelt. Dadurch wird sie aufrechterhalten, wenn auch mit umgekehrten Vorzeichen. Solange die dynamische Ursache der Spaltung, nämlich die Angst und die Anpassungsnotwendigkeit, nicht aufgedeckt und verarbeitet ist, kann die Spaltung nicht aufgegeben werden. Es ist ein Unterschied, ob man ein verinnerlichtes Verbot überschreitet, weil einem jemand erlaubt oder vielleicht sogar befohlen hat, dies zu tun, oder ob man sich nach gründlicher Abwägung der Gefahren und Ängste, die mit diesem Schritt zusammenhängen, selbst dazu entschließt, das alte System zu verlassen.

Die Voraussetzungen einer Veränderung durch psychoanalytische Therapie – Indikation und Prognose

Die Frage nach der Indikation einer psychoanalytischen Therapie muß sich daran orientieren, unter welchen Bedingungen eine Veränderung durch Psychoanalyse möglich ist. Diese Frage stellt sich sowohl zu Beginn als auch im ganzen Verlauf einer psychoanalytischen Therapie. Es geht jedesmal darum, welche psychischen Positionen aufgegeben werden müssen, was dabei an Schutz verloren geht, welches Risiko stattdessen eingegangen werden muß, und ob der Gewinn der Veränderung den durch die Veränderung riskierten Verlust übersteigt. Das ist eine sehr einfache und doch auch sehr komplizierte Gewinn- und Verlustrechnung. Es ist dabei zu bedenken, was die Veränderung psychisch „kostet", wieviel Angst, die bisher durch die stabilisierenden Abwehrmechanismen verdeckt gehalten wurde, zugelassen werden müßte, und ob das Risiko in Kauf genommen werden kann, daß sich das Selbstbild der Person grundlegend verändert, und damit auch die Bilder, die sie sich von ihren Bezugspersonen macht. Psychoanalytisch nicht behandelbar sind nicht bestimmte Erkrankungen (durch die Symptomatik definiert), sondern bestimmte Konfliktlösungen, die so stabil sind und/oder so stabil bleiben müssen, daß eine Veränderung in der subjektiven Bilanz nur als Verlust erschiene.

Deshalb ist für den Psychoanalytiker in der Frage der Indikationsstellung immer auch die Frage nach dem Leidensdruck zentral. Leidensdruck ist dabei nicht mit Leiden ganz allgemein gleichzusetzen. Unter Leidensdruck versteht der Psychoanalytiker die Fähigkeit oder Notwendigkeit, einen psychischen Konflikt in der eigenen Person zu erleben und an ihm zu leiden. Dieses Leiden unterscheidet sich vom bloßen Leiden an einer Krankheit (z. B. an körperlichen Schmerzen oder Behinderungen) oder an der „schlechten" Behandlung durch andere Menschen dadurch, daß der Bezug zur eigenen Person erkennbar ist, oder doch wenigstens ein Weg in die Richtung dieser Erkenntnis gangbar erscheint.

Dieser Gesichtspunkt mag nun manchem wieder als Argument dafür dienen, daß die Psychoanalyse eben alles auf den innerpsychischen Konflikt zurückführt und soziale oder gesellschaftliche Verhältnisse als nicht existent oder als nicht bedeutsam vernachlässigt: Wie kann die Psychoanalyse bei solcher Einstellung einen revolutionären Anspruch erheben? Da es sich hier um ein sehr häufig anzutreffendes Mißverständnis der psychoanalytischen Vorstellungen vom Leidensdruck handelt, möchte ich doch noch kurz darauf eingehen: Die Psychoanalyse bezieht das Leiden nicht deswegen auf den innerpsychischen Konflikt, sie sucht nicht deswegen nach dem Bezug zwischen Person und Leiden, um das Leiden an den äußeren Umständen zu vermindern und dadurch die Person an diese äußeren Umstände besser anzupassen. Im Gegenteil, die Psychoanalyse sieht die icheinschränkenden Konfliktlösungen in der Person (Abwehrmechanismen) als resignative Anpassungsversuche an die Außenwelt, die als solche, nämlich als Resignation, nur in Frage gestellt werden können, wenn die ursprünglichen Bedürfnisse, auf deren Erfüllung zugunsten der Anpassung verzichtet wurde, wieder erlebbar werden. Daraus ergibt sich, daß das Aufdecken der ursprünglichen Konfliktsituation gleichzeitig mit der Wiedereinbeziehung verdrängter Bedürfnisse in die Person eine Erweiterung der Erlebnis- und Handlungsmöglichkeiten in der Umwelt mit sich bringt. Im gleichen Maß, in dem die Bewußtheit der eigenen Person zunimmt, wächst auch die Erlebnisfähigkeit – und Leidensfähigkeit bedeutet letztlich Erlebnisfähigkeit – der Umwelt gegenüber. Die resignative Konfliktlösung durch Projektion der Probleme in die Umwelt oder in den eigenen Körper (bei psychosomatischen Erkrankungen) verhindert gerade eine Veränderung der äußeren Verhältnisse. Mit dem Verlust des Bezugs zwischen Leiden und Person geht auch der Bezug zwischen Ich und Umwelt verloren. Die äußere Lebenssituation erscheint hoffnungslos unveränderbar („die Gesellschaft ist eben so schlecht, ich selbst wäre da ganz anders") beziehungsweise vollständig in Ordnung (wenn der Konflikt z. B. ausschließlich psychosomatisch abgehandelt wird). Beide Formen der Anpassung und der Resignation will die Psychoanalyse aufheben, indem sie die Verbindung zwischen gesellschaftlichem Widerspruch und innerpsychischem Widerspruch wiederherstellt, und so eine Lösungsmöglichkeit der Konflikte durch Veränderung der intrapsychischen und interpsychischen Beziehungen gleichzeitig herbeiführt.

Genauso wie gesamtgesellschaftlich, so basiert auch im Individuum die Veränderungsmöglichkeit auf der Möglichkeit, die Ersatzbefriedigungen, psychoanalytisch ausgedrückt, den „Krankheitsgewinn" aufzugeben. Die Ersatzbefriedigungen sind deshalb so schwer aufzugeben, weil sie Angst vermeiden helfen, und doch gleichzeitig scheinbar zur Befriedigung führen. Allerdings wird die so erreichte Befriedigung nur durch Erpressung beziehungsweise Machtausübung erreicht. Zum Beispiel zwingt die Symptomatik eines Magengeschwürs oder eines Diabetes die Umwelt zu ganz besonderer Rücksichtnahme und Versorgung, wegen der Schuldgefühle, die entstehen würden, wenn man den „armen Kranken" nicht besonders schonen und pflegen würde. Aber auch ein psychotischer Wahn schafft einen Freiraum, Dinge auszusprechen oder zu tun, die von der Umwelt geduldet werden müssen, weil der Patient ja „verrückt" ist. Bei all diesen Ersatzbildungen für direkte Befriedigungen findet ein „Handel" statt: Es wird besondere Versorgung oder besondere Narrenfreiheit eingehandelt gegen die Übernahme einer körperlichen oder seelischen Krankheit. Meist hat die Umwelt den Vorteil, daß sie selbst nicht körperlich oder seelisch krank zu sein braucht, sie muß dafür aber die Pflege und Rücksichtnahme für den Kranken übernehmen. All diese „Handelsvorteile", die jeweils erpresserische Qualität haben, müssen bei einer Veränderung durch psychoanalytische Behandlung aufgegeben werden. Deshalb stellt sich bei der Frage, ob das im Einzelfall möglich ist, auch immer die Frage, welchen Vorteil die Erpressungsmöglichkeit bietet im Vergleich zu dem Risiko, das man eingehen würde, wenn man die Bedürfnisse nach Versorgung oder die im Wahn enthaltenen Gefühle und Wünsche direkt der Umwelt gegenüber ausdrücken würde.

Da die Psychoanalyse keine Methode ist, die unabhängig von der Beziehung zwischen Therapeut und Patient beurteilt werden kann, hängt natürlich auch die Prognose einer jeden psychoanalytischen Therapie ganz wesentlich von den Veränderungsmöglichkeiten dieser beiden Personen ab. Es geht dabei nicht nur um das Gewinn- und Verlustkonto des Analysanden, sondern auch um das des Analytikers, und um das entsprechende gemeinsame „Konto" der beiden. Die Befolgung der oben beschriebenen psychoanalytischen Grundregel und die Haltung der „gleichschwebenden Aufmerksamkeit" des Analytikers bedeuten das Aufgeben der zensierenden Kontrolle über das aufsteigende unbewußte Material. Gleichzeitig wird mit dem Verzicht auf diese Kontrolle auch immer ein Stück Macht über den Beziehungspartner aufgegeben. In dem Maß, in dem man jemandem unkontrolliert seine Gefühle und Phantasien mitteilt, liefert man sich ihm auch aus. Dieses Sich-Ausliefern-Können oder Sich-Anvertrauen-Können von beiden, Therapeut und Patient, ist ein wichtiges prognostisches Kriterium einer psychoanalytischen Therapie. Vielleicht erscheint es erstaunlich, wenn ich betone, daß auch der Analytiker sich ausliefert. Ich meine, daß der Analytiker durch das Zulassen unbewußten Materials bei sich selbst und beim Patienten auf den Schutz verzichtet, den der „Inhaber objektiv richtiger Wahrheiten" genießt. Er wird angreifbar. Zwar besteht auch für uns Psychoanalytiker immer wieder die Gefahr, daß wir diese Angreifbarkeit als spezifische Eigenart der Psychoanalyse vergessen, doch glaube ich, daß wir damit unsere größte, wenn auch die uns am meisten ängstigende Chance verspielen.

Die Feststellung des Erfolgs einer Therapie kann nur im Hinblick auf ihre Ziele und Methoden geschehen. Das Verschwinden einer bestimmten Symptomatik durch psychoanalytische Therapie legt die Vermutung nahe, daß sich auch die der Symptomatik zugrundeliegende psychische Struktur, beziehungsweise die entsprechende Art von Konfliktlösung verändert hat. Eine solche Vermutung ist aber nicht sicher, weil sie sich nicht auf die Veränderung der Konfliktlösung, das eigentliche Kernstück der Therapie, bezieht. Um den Erfolg einer psychoanalytischen Therapie festzustellen, ist deshalb immer zu untersuchen, wie der Konflikt zwischen Bedürfnissen und Anpassungs- oder Abwehrmechanismen jetzt gelöst wird gegenüber früher. Es könnte sich nämlich trotz der Auflösung der Symptomatik ein anderes Symptom gebildet haben, das vielleicht sozial weniger auffällig und damit nach den allgemeinen Vorstellungen von Gesundheit nicht als krankhaft anerkannt ist. Es könnte auch sein, daß die Symptomatik nur zum Zweck der Bestätigung des Analytikers, also ihm zuliebe aufgegeben wurde, was noch keine emanzipatorische Erweiterung der Lebensmöglichkeiten des Patienten bedeuten würde („Übertragungsheilung"). Wegen der Komplexität sowohl des Anspruchs der Psychoanalyse als auch ihrer vielfältigen Möglichkeiten, äußere Veränderungen auch als Verschiebungen und nicht in jedem Fall als Emanzipationsschritte zu sehen, ist die Überprüfung der Effektivität einer psychoanalytischen Therapie nach den allgemein anerkannten naturwissenschaftlichen Maßstäben äußerst schwierig. Für jede Veränderung und auch für jeden gleichbleibenden Zustand muß die Bedeutung im Gesamtkontext der Persönlichkeit und der therapeutischen Beziehung gefunden werden. Ohne Berücksichtigung dieser Bedeutung ist eine noch so exakte Bestimmung von veränderten körperlichen oder seelischen Meßwerten eine der Natur der Sache inadäquate Illusion von Genauigkeit. Diese Tatsache trägt der Psychoanalyse und der psychoanalytischen Therapie vielerorts den Vorwurf der Unwissenschaftlichkeit, der Zufälligkeit und der Spekulation ein. Vom Standpunkt der Psychoanalyse aus muß ein gegenüber dem medizinischen Denken veränderter Gesundheitsbegriff beansprucht werden, durch den die Psychoanalyse auch im wissenschaftlichen Denken ihre emanzipatorische Position manifestiert.

Neuere Entwicklungen und Anwendungsbereiche der Psychoanalyse

Seit Freud hat sich die Psychoanalyse, vor allem was den Bereich ihrer Anwendung betrifft, sehr verändert. Während Freud noch meinte, daß Psychosen nicht durch die psychoanalytische Methode zu beeinflussen seien, weil Psychotiker keine Übertragung auf den Analytiker zustande brächten, ist man heute der Meinung, daß die Art, wie Psychotiker mit ihrer Umwelt und auch mit ihren Therapeuten in Beziehung treten, sehr wohl eine Übertragung ihrer inneren Konfliktsituation darstellt, und daß deshalb die psychoanalytische Behandlung psychotischer Patienten, wenn auch sehr schwierig, so doch grundsätzlich möglich ist.

Eine weitere wesentliche Veränderung der Psychoanalyse ergab sich dadurch, daß die Psychoanalyse ihre zunächst auf das Individuum beschränkte Betrachtungsweie auf die Analyse von zwischenmenschlichen Beziehungen erweiterte (z. B. Richter, 1963 und 1970, Bauriedl 1980). Sie betrachtet jetzt nicht mehr nur die Konflikte, d. h. die Wünsche, Ängste und Abwehrmechanismen einzelner Personen, sondern die Gemeinsamkeiten von Wünschen, Ängsten und Abwehrmechanismen zwischen mehreren Personen, zwischen Partnern, in Familien und in Gruppen. Auf diese Weise wurden auch die Möglichkeiten psychoanalytischer Therapie auf Ehepaare, Familien und Gruppen übertragen. Vor allem in der psychoanalytischen Untersuchung der Familiendynamik ergab sich durch die Erkenntnis, daß Eltern ihren Kindern ganz bestimmte Rollen zuweisen (Richter, 1963), die Möglichkeit, den Ödipuskomplex neu zu sehen: Er wird jetzt nicht mehr nur, wie noch bei Freud, aus der Sicht des Kindes, als unumgängliche Entwicklungsphase gesehen, an der die Persönlichkeit der Eltern abgesehen von der Tatsache ihres Geschlechts keinen spezifischen Anteil hat. Die Psychoanalytiker sehen jetzt, wie die Konfliktlösungen der Kinder mit den Konfliktlösungen ihrer Eltern korrespondieren, wie das Eintreten des Kindes in den ödipalen Konflikt von der bisherigen Bewältigung dieses Konflikts bei seinen Eltern abhängt. Durch eine auf zwischenmenschliche Beziehungen erweiterte psychoanalytische Theorie (Bauriedl, 1980) wurde auch das Zusammenspiel der Konfliktlösungen zweier Partner verständlich. Die Psychoanalyse denkt nicht mehr nur individualpsychologisch, sie hat die Zusammenhänge intrapsychischer und interpsychischer Konfliktlösungen erkannt, und hat dadurch ein Konzept über unbewußte Zusammenhänge nicht nur im Individuum sondern auch in kleinen und größeren zwischenmenschlichen Systemen entwickelt.

Auch in bezug auf die lange Dauer einer psychoanalytischen Behandlung hat sich manches verändert. Zwar dauert eine gründliche psychoanalytische Einzelbehandlung immer noch mehrere Jahre bei 2–5 Sitzungen in der Woche, und damit im Durchschnitt sicher wesentlich länger als zu Freuds Zeiten, doch ist diese Behandlungsform nicht mehr die einzige, die die Psychoanalyse anzubieten weiß. Der Vorwurf, daß die Psychoanalyse unökonomisch sei, da sie zu viel Aufwand für einen einzelnen Menschen erfordere, der doch im Verhältnis zu den Kosten nur einen sehr geringen Erfolg brächte, während viele andere Patienten wegen der geringen Zahl ausgebildeter Analytiker unbehandelt blieben, hat allmählich immer weniger Berechtigung, wenn man bedenkt, welche Möglichkeiten die Psychoanalyse in der Krisenintervention, in der Fokal- und Kurztherapie inzwischen entwikkelt hat (vergl. die Kapitel 6 und 7). Freilich können diese Therapieformen nicht die große Analyse ersetzen, aber in akuten Krisensituationen hat sich gezeigt, daß gerade wegen des dann erhöhten Leidensdrucks und der deswegen besonders großen Bereitschaft, die alten, jetzt unerträglich gewordenen psychischen Positionen aufzugeben, eine aufdeckende Arbeit oft sehr schnell und grundsätzlich helfen kann.

Oft wird der Psychoanalyse auch vorgeworfen, sie sei unsozial, da sie sich in ihrer Behandlungsmöglichkeit auf Angehörige der oberen Mittelschicht beschränke, die allein über die erforderliche Sensibilität, Introspektionsfähigkeit und Verbalisierungsfähigkeit verfügten. Auch hier beginnt sich eine Veränderung abzuzeichnen, indem einzelne Psychoanalytiker (z. B. Richter 1977, Friedrich et al. 1979) versuchen, psychoanalytische Konzepte der Veränderung in der Sozialpsychiatrie, in der Stadtteilarbeit, oder ganz speziell in der Arbeit mit Unterschichtpatienten einzubringen. Soweit ich die Entwicklung auch aus eigener Erfahrung bisher überblicken kann, stellt sich dabei heraus, daß das Problem der unterschiedlichen Sprachen zwischen den der Mittelschicht angehörenden Psychoanalytikern und Unterschichtpatienten zum größten Teil auch ein Beziehungsproblem ist. Für die Psychoanalytiker, die sich mit dieser Aufgabe beschäftigen, ist es eine grundsätzlich neue und wertvolle Erfahrung, zu erleben, daß sie viele ihrer Vorurteile gegenüber der Unterschicht, die sie aus ihren Elternhäusern und aus ihrer akademischen Ausbildung mitbringen (z. B. fehlende emotionale Differenziertheit und Ausdrucksfähigkeit in der Unterschicht), in Frage stellen müssen, und daß sie von ihren oft hochkomplizierten theoretischen Konzepten zu einer einfachen Dynamik von Wünschen, Ängsten und Abwehrmechanismen zurückfinden müssen, wenn sie die Kluft in der Verständigung zwischen Unter- und Mittelschicht überbrücken wollen. Diese Arbeit gibt nach meiner Erfahrung einen Anlaß, darüber nachzudenken, was vielleicht an den verschiedenen hochspezialisierten Ausformungen der psychoanalytischen Theorie überflüssig ist und nur dazu dient, durch die Schaffung einer nur den Eingeweihten zugänglichen Ausdrucksweise das Selbstwertgefühl der Psychoanalytiker als „Dazugehörige" zu heben. Diese Praxis, eine die Laien ausschließende Wissenschaft zu schaffen, fällt erst auf, wenn man merkt, daß die Sprache der Psychoanalyse einem großen Teil der Mitmenschen nicht mehr verständlich zu machen ist. Häufig wird daraus der Schluß gezogen, daß es der Unterschicht eben an Ausdrucksmöglichkeiten fehle. Die gleiche Tatsache könnte aber ebenso zu dem Schluß führen, daß der Defekt bei der Psychoanalyse selbst liegt, die sich in theoretische Differenzierungen verstiegen hat, die nicht mehr vermittelbar sind. Damit hätte die Psychoanalyse ihr wichtigstes Anliegen, den Kontakt wiederzufinden, selbst vereitelt.

Gerade in der therapeutischen Arbeit mit Randgruppen ist man als Psychoanalytiker darauf angewiesen, auf die Grundprinzipien zu rekurrieren, die seit Freud die gleichen geblieben sind. Als wichtigstes dieser Prinzipien erscheint mir das Aufdecken von Konflikten, das zu einer emanzipatorischen Veränderung, d. h. zur Überschreitung von Normen führt. Dieses Prinzip bedeutet letztlich, daß die ständige Anstrengung, einen bestimmten Sollzustand zu erreichen (d. h. die Ideologie) aufgegeben wird, und stattdessen der Istzustand, der Widerspruch im Subjekt (Parin, 1978), als treibende Kraft der Veränderung erkannt wird. Wie jede andere ideologiekritische Richtung versucht die Psychoanalyse, um im Bild der Zeitungszensur zu bleiben, die weißen Stellen und die Stilbrüche in zensierten Zeitungen festzustellen, den ursprünglichen Text zu rekonstruieren, und außerdem die Ängste und Interessen der Zensoren aufzudecken. Diese Art revolutionärer Arbeit zielt nicht auf eine Umkehrung der Machtverhältnisse, also nicht auf die Übernahme der Macht durch die bisher Unterdrückten (Gefühle und Bedürfnisse), sondern auf die Aufdeckung der Mechanismen, die die notwendige Veränderung aus Angst vor Machtverlust bisher gewaltsam unterdrücken mußten. Innerhalb des Individuums geht es dabei prinzipiell um dasselbe wie zwischen Individuen und in der Gesellschaft. Damit bin ich schließlich wieder bei meiner anfangs aufgestellten These angelangt, nämlich, daß die Bedeutung der Psychoanalyse weit über die einer psychotherapeutischen Methode hinausgeht.

2. Kapitel

Psychoanalyse ohne Couch – ein Widerspruch?

Für manche Psychoanalytiker ist Psychoanalyse ohne Couch nicht vorstellbar. Eine als psychoanalytisch zu bezeichnende Therapie sei auf das klassische Setting, auf die mehrjährige Dauer, und auf die hohe Frequenz (vier bis fünf Sitzungen pro Woche) angewiesen. Nur so könne sich eine Übertragungsneurose entwickeln, nur so könne sich die tiefe Regression einstellen, die Voraussetzung für eine strukturelle Veränderung des Analysanden sei. Behandlungen mit geringerer Frequenz oder über kürzere Zeiträume (wie sie zum Beispiel durch die Höchstgrenzen der Finanzierung durch die Krankenkassen festgelegt sind) werden von dieser Seite oft abwertend als „Psychotherapie" bezeichnet, die zwar ehrenwert und gelegentlich sinnvoll seien, aber eben doch nicht das „reine Gold" der Psychoanalyse darstellten (Freud, 1919, S. 249), und somit nicht Psychoanalyse genannt werden sollten.

Die Gefahr der Manipulation

Diese Diskussion ist nicht neu. Schon 1919 befaßte Freud sich ausführlich mit dieser Problematik. Die aktiven Techniken zur Beeinflussung des Unbewußten, wie Hypnose oder Suggestion, und auch die theoretischen Vorstellungen über eine Heilung durch kathartische Abfuhr von gestauter Triebenergie hatten sich ihm in vielen Fällen als unzureichend erwiesen. Seine Selbstanalyse hatte ihm den Zugang zur Methode der freien Assoziation eröffnet. Nun war die Frage, ob die „Analyse", die Erforschung der „Zusammensetzung dieser hochkomplizierten seelischen Bildungen", ausreiche, oder ob der Analyse, wie in der Chemie, die Synthese, die aktiv vom Therapeuten herbeigeführte neue und bessere Zusammensetzung der Bestandteile folgen müsse. Freud lehnte diese Vorstellung ab. Er schrieb: „Im Gegenteil! Der neurotisch Kranke bringt uns ein zerrissenes, durch Widerstände zerklüftetes Seelenleben entgegen, und während wir daran analysieren, die Widerstände beseitigen, wächst dieses Seelenleben zusammen, fügt die große Einheit, die wir sein Ich heißen, sich alle Triebregungen ein, die bisher von ihm abgespalten und abseits gebunden waren. So vollzieht sich bei dem analytisch Behandelten die Psychosynthese ohne unser Eingreifen, automatisch und unausweichlich" (Freud, 1919, S. 243).

Diese Darstellung macht Freuds großen Respekt vor dem Leben und sein grundsätzliches Vertrauen auf die heilende emanzipatorische Kraft der aus der Verdrängung wieder auftauchenden „Triebregungen" deutlich. Freud wußte, daß wir Leben nicht machen, sondern nur zulassen können. Vor diesem Hintergrund ist wohl auch die Haltung der „orthodoxen" Psychoanalytiker zu verstehen, die, wie beschrieben, die Meinung vertreten, daß sich die Selbstheilungskräfte der Psyche nur im geschützten Rahmen des klassischen Settings entfalten können. Alle anderen psychotherapeutischen Bemühungen müßten zwangsläufig auf die aktive „Synthese" der Persönlichkeit zurückgreifen, und seien deswegen mehr oder weniger manipulativ.

Nun sah Freud aber auch das Problem, daß die „reine" Psychoanalyse nur bei einer sehr kleinen Gruppe von Patienten anwendbar ist. Er schrieb deshalb die in diesem Zusammenhang vielzitierten Sätze: „Wir werden auch sehr wahrscheinlich genötigt sein, in der Massenanwendung unserer Therapie das reine Gold der Analyse reichlich mit dem Kupfer der direkten Suggestion zu legieren, und auch die hypnotische Beeinflussung könnte dort wie bei der Behandlung der Kriegsneurotiker wieder eine Stelle finden. Aber wie immer sich auch diese Psychotherapie fürs Volk gestalten, aus welchen Elementen sie sich zusammensetzen mag, ihre wirksamsten und wichtigsten Bestandteile werden gewiß die bleiben, die von der strengen, der tendenzlosen Psychoanalyse entlehnt worden sind." (Freud, 1919, S. 249).

Gerade der Hinweis auf die Behandlung der „Kriegsneurotiker" macht uns heutige Leser auf den Konflikt zwischen Repression und Emanzipation in dieser Problematik aufmerksam. Hätten die damaligen Psychoanalytiker die „Kriegsneurotiker" mit dem „reinen Gold der Psychoanalyse" behandelt, dann hätten diese wahrscheinlich damals schon Wege gefunden, den Kriegsdienst zu vermeiden. Aber das war nicht das Ziel der Therapie. Vielleicht mußte Freud weniger wegen der generellen Unzugänglichkeit der „Kriegsneurotiker" für Psychoanalyse über die Möglichkeit einer „Legierung" der reinen Psychoanalyse mit dem „Kupfer" der Suggestion und der Hypnose nachdenken, als wegen des unreflektiert übernommenen Therapiezieles. Ohne zu bemerken, daß das Ziel, nämlich die Beseitigung der „Krankheitserscheinungen" der „Kriegsneurotiker", seiner Methode und dem von ihm entwickelten emanzipatorischen Veränderungsprinzip widerspricht, hatte er sich auf den Gedanken eingelassen, daß Psychoanalytiker Symptome beseitigen könnten und wollten, in denen sich Ängste und Widerstände gegen das Kriegsgeschehen ausdrückten.

Die Qualität der Methode bestimmt die Qualität des erreichten und erreichbaren Zieles, und umgekehrt: die Qualität des angestrebten Zieles bestimmt auch die Qualität des Weges dorthin. Die „tendenzlose" Psychoanalyse will die Befreiung von intrapsychischen und interindividuell vereinbarten (gesellschaftlichen) Zwängen durch das Bewußtwerden der in die Unbewußtheit abgedrängten Triebwünsche erreichen. Mit diesem Anspruch ist jede Form der „Synthese", also der Zusammensetzung der Persönlichkeit nach irgendeinem Muster, unvereinbar. Von Anfang an befanden sich Freud selbst und seine Schüler in dem theoretisch und praktisch schwierigen Konflikt zwischen Passivität und Aktivität, zwischen „Zuwarten", wie Freud es nannte, und aktivem Eingreifen. Immer wieder faszinierten neue Einfälle und Methoden einer „aktiven Technik" (Ferenczi, Rank, Reich, Stekel, Groddeck). Dann wurden solche Einfälle wieder als manipulativ und damit der Psychoanalyse widersprechend verdammt, und zusammen mit ihren Erfindern mehr oder weniger aus der psychoanalytischen Gemeinschaft ausgeschlossen. Bei solchen

Ausschlüssen waren zwar, wie Cremerius (1982) sehr eindrucksvoll darstellt, weniger die Unterschiede der Lehrmeinungen ausschlaggebend als gruppendynamisch verständliche Feindschaften zwischen einzelnen Personen, die miteinander um die Führung der Gruppe rangen (Vater, Söhne und Brüder). Inhaltlich ging es aber doch auch um die Erhaltung der reinen Lehre, und in dieser Diskussion auch wesentlich immer wieder um die Angst vor der Manipulation.

Damals wie heute entsprach diese Angst dem Wunsch nach spektakulärer Effektivität in den Behandlungen. Die (Größen-)Phantasie, einen anderen Menschen in kurzer Zeit durch eine sichere und schnelle Methode zu verändern, ist ein jeder Form von Psychotherapie inhärentes Problem. Wer darauf verzichten will, also die „tendenzlose" Psychoanalyse anstrebt, wird leicht als idealistischer Träumer angesehen (so die systemtherapeutische Kritik an der Psychoanalyse, z. B. bei Haley, 1878 und Watzlawick et al., 1972). Wer sich außerhalb und innerhalb der Psychoanalyse behandlungstechnische „Tricks" ausdenkt, wird von Puristen der Psychoanalyse als effektgieriger Manipulator angegriffen. In diesem ideologischen Kampf um die „richtige" gegen die „falsche" Methode kommt das Verständnis für die alle therapeutischen Schulen betreffenden Schwierigkeiten der Wahl des Weges zwischen Emanzipation und Manipulation zu kurz.

Sobald ich eine Verhaltensweise oder eine Methode eines Kollegen als „falsch" oder „schädlich" abqualifiziere, bin ich selbst nicht mehr in der Lage, dieses Verhalten als dessen Kompromißbildung in einem schwierigen Beziehungsfeld zu verstehen. Korrespondierend zu der beim Kollegen als „falsch" bezeichneten Methode werde ich ein eigenes Verhalten als „richtige" Methode beurteilen. Dadurch verliere ich gleichzeitig das Verständnis für meine eigene Methode als meine Kompromißbildung in demselben schwierigen Beziehungsfeld. Mein eigenes Handeln wird durch meine eigene Orthodoxie *„bedeutungslos richtig"*. Dieser Verlust der Bewußtheit einer Bedeutung, nämlich der Bedeutung des eigenen Handelns in einer bestimmten Situation für die eigene Person, widerspricht dem psychoanalytischen Grundprinzip, nachdem sich der Psychoanalytiker nicht damit zufrieden gibt, daß etwas „richtig" ist. Er will immer auch wissen, weshalb etwas wichtig ist.

Der Konflikt zwischen Emanzipation und Manipulation ist deshalb für *alle* Psychotherapieformen so schwer zu lösen, weil alle Psychotherapieformen Veränderungen des oder der Patienten anstreben. Die Definition der angestrebten Veränderung ist allerdings zwischen den einzelnen Schulen sehr unterschiedlich, und so scheint es, als habe sich zum Beispiel die Verhaltenstherapie oder auch die systemische Psychotherapie dieser Problematik erfolgreich entzogen. Dort wird die Veränderung vorwiegend im Verhalten definiert, und Symptome jeder Art werden als Verhalten angesehen, das erlernt ist und wieder verlernt werden muß, oder das „dysfunktional" geworden ist und durch geeignete Verhaltensweisen des Therapeuten wieder „funktional" gemacht werden kann. Ich halte es für sinnvoll, die polemisierende Auseinandersetzung zwischen den beiden Lagern zu beenden, und stattdessen dazu überzugehen, die Problematik von Manipulation und Emanzipation schulübergreifend zu diskutieren. In einer solchen Diskussion verlöre auch die

Psychoanalyse zunehmend den Charakter einer Glaubensgemeinschaft, deren Mitglieder wissen, welche Rituale die „richtigen" sind. Sie gewönne dafür die Möglichkeit, den „bösen Feind Manipulation" nicht nur außen, bei den anderen psychotherapeutischen Schulen oder eventuell auch in der Angewandten Psychoanalyse zu bekämpfen. Da *kein* Setting, auch nicht das in der Zweierbeziehung, auch nicht das auf der Couch, garantiert, daß Manipulation von Seiten des Therapeuten unterbleibt, hat die Psychoanalyse so die Chance, die Grundprinzipien der Manipulation und des Agierens als psychodynamisch und soziodynamisch *sinnvolle Beziehungsphänomene* zu studieren. Um den Sinn einer manipulativen Beziehung prinzipiell und im jeweiligen Einzelfall untersuchen zu können, muß man allerdings die orthodoxe Einstellung aufgeben, nach der Manipulation unbesehen „falsch" ist (Psychoanalyse), beziehungsweise ebenso unbesehen „richtig" (andere psychotherapeutische Schulen).

Mein Beitrag zu dieser Diskussion ist der Gedanke, daß das Grundprinzip jeder Beziehungsstörung die gegenseitige Manipulation von Personen ist (Bauriedl, 1980). Unter Manipulation verstehe ich das Verwenden der Angst und Abwehrnotwendigkeit einer Bezugsperson, mit dem Ziel, ein bestimmtes Verhalten bei ihr hervorzurufen. Manipulation wird größtenteils unbewußt und deswegen unvermeidlich, von den bewußten Absichten unbeeinflußbar, ausgeübt. Sie *muß* erfolgen, wenn und soweit die Angst vor dem Wiederauftreten abgewehrter Triebimpulse die Toleranzgrenze des Individuums überschreitet. Ein Psychotherapeut – gleichgültig welcher Schule – reagiert oder agiert in dem Moment spontan „zudeckend", den Patienten auf seine Abwehr festlegend und damit manipulativ, in dem ihm die bewußt oder unbewußt wahrgenommenen Triebwünsche des Patienten, und seine eigenen Gefühle, die dadurch angeregt werden, zu bedrohlich werden. Verschiedene Schulen, vor allem die Verhaltenstherapie oder auch die systemische Psychotherapie, haben die Manipulation zum unhinterfragten Handwerkszeug des Psychotherapeuten erhoben, und dadurch zumindest theoretisch das Bewußtwerden der Problematik umgangen. Die geschickte Manipulation des Patienten wird dort mystifizierend generell als dem Wohl des Patienten dienlich erklärt. Die Effektivität, im Sinne der Symptombeseitigung, als weiteres wichtiges Kriterium für eine gute Therapie, tut das ihre dazu, daß diese Problematik nicht bewußt wird (vgl. auch Kap. 3 und 8).

Wegen Freuds revolutionärer Grundhaltung sehen wir Analytiker diese Probleme deutlicher, allerdings oft nur jeweils bei anderen. Soweit wir Agieren und Manipulieren als etwas schlechtes ansehen, was nicht sein sollte und unterlassen werden könnte, tendieren wir als Therapeuten dazu, die Stellen zu übersehen, an denen wir selbst wegen unserer eigenen Angst zudeckend arbeiten. Die Probleme der Therapie verstehen wir dann nicht szenisch, als Wiederholungsphänomene der Szene des Patienten und unserer eigenen Szene. Stattdessen sehen wir die Pathologie, die Angst und die Abwehr nur beim Patienten. Wir selbst scheinen dann nur zu *re*agieren, nach dem Muster gestörter Paarbeziehungen: „ich kann ja nicht anders, weil du . . ." (vgl. Kap. 4).

Sowohl theoretisch als auch praktisch ist dieses Dilemma nur nach dem psychoanalytischen Grundprinzip zu lösen, daß die manipulativen Szenen wegen des Wiederholungszwanges solange in der Übertragung und Gegenübertragung wiederholt werden müssen, bis andere, weniger manipulative Konfliktlösungen gefunden sind. Agieren und Manipulieren sind nach diesem Verhältnis *sinnvolle und notwendige* Erscheinungen, deren aufdeckendes Verständnis die Grundlage jeder psychoanalytischen Therapie ist. Das therapeutische Prinzip der Psychoanalyse heißt nicht „möglichst geschickt verändern", oder „besser machen als die Eltern des Patienten", sondern „Erinnern, *Wiederholen*, Durcharbeiten" (Freud, 1914 Hervorhebung T. B.).

Noch vor fünf Jahren glaubte ich, das Prinzip der Abstinenz auf der Beziehungsebene als „Sich-nicht-verwenden-lassen-und-den-anderen-nicht-verwenden" definieren zu können (Bauriedl, 1980, S. 52). Inzwischen habe ich in der weiteren praktischen Erfahrung und theoretischen Reflexion gelernt, daß auch diese Definition ein idealistisches „Reinheitsgebot", und noch dazu ein negativ bestimmtes, beinhalten kann. Ich halte es heute mehr denn je für wichtig, den Begriff Abstinenz in Beziehungskategorien zu definieren, um so weit wie möglich der Gefahr zu entgehen, unter einem „richtigen" Verhalten die trotzdem – und vielleicht gerade *durch* das „richtige" Verhalten – ausgeübte Manipulation zu übersehen. Aber ich möchte heute betonen, daß es eine manipulationsfreie Beziehung nicht gibt, und daß es also eine Illusion ist, zu glauben, man könne Manipulation vollständig vermeiden. Vermeiden kann man sie nicht, aber man kann sie analysieren, wenn es gut geht.

Verhaltens- und Systemtherapeuten halten den Psychoanalytikern diesen Satz schon lange vor: Es gibt keine manipulationsfreie Psychotherapie, auch nicht und gerade nicht in der Psychoanalyse. Wenn jemand etwas erreichen will und kann, dann nur durch Manipulation; (Übrigens ist das auch die Überzeugung der meisten Politiker und Politikwissenschaftler, vgl. Bauriedl, 1986). Ich meine im Gegensatz dazu, daß emanzipatorische Veränderungen gerade *nicht* durch Manipulation zu erreichen sind. Sie sind auf das Bewußtwerden bisher unbewußter Wünsche und Ängste angewiesen. Wenn ich sage: es gibt keine manipulationsfreie Beziehung, dann bedeutet das nicht Resignation. Es bedeutet die Anerkennung der von Freud und später vor allem auch von Norbert Elias (1969, 1970) beschriebenen Tatsache, daß das menschliche Zusammenleben in der Zivilisation auf kollektiver Triebverdrängung beruht. In *jeder* Beziehung müssen die Partner in mehr oder weniger großem Ausmaß ihre Triebwünsche unbewußt halten, damit ein geordnetes und relativ angstfreies Zusammenleben möglich ist. (Zur Differenzierung dieses „in mehr oder weniger großem Ausmaß" vgl. die Kapitel 3, 4, und 5). So manipulieren sie sich jeweils selbst und gleichzeitig immer auch ihre Bezugspersonen. Die emanzipatorische Veränderung der so entstandenen Normstrukturen (vgl. auch Erdheim, 1982) ist also immer eine relative und partielle. Im psychoanalytischen Prozeß wird sie dadurch möglich, daß an bestimmten Stellen das dem Wiederholungszwang unterliegende Agieren durch Analysieren, das heißt durch Aufdecken und Bewußtwerden unbewußter Anteile ersetzt wird. So bekommt der Begriff der Abstinenz in der Alternative zwischen Agieren und

Analysieren für mich immer mehr die Bedeutung von Analysieren. Damit ist er in die Theorie des psychoanalytischen *Prozesses* eingebunden, und gleichzeitig davon befreit, bestimmte *Verhaltensweisen* des Psychoanalytikers festzuschreiben.

Die Gefahr der Verführung

Die Gefahr der Manipulation in zwischenmenschlichen Beziehungen und deshalb auch in therapeutischen Beziehungen ist nicht minder groß als die Gefahr der Verführung. Beide Gefahren scheinen sogar viel miteinander zu tun zu haben. Die Geschichte des Begriffes Abstinenz in der Psychoanalyse beginnt mit Freuds „Bemerkungen zur Übertragungsliebe" (1915). Er beschreibt dort die Schwierigkeit (des männlichen Psychoanalytikers), mit der durch die „analytische Kur" hervorgerufenen Übertragungsliebe seiner Patientinnen umzugehen. Diese Schwierigkeit schätzt er höher ein als diejenige, die richtigen Deutungen zu finden. „Der Psychoanalytiker weiß, daß er mit den explosivsten Kräften arbeitet und derselben Vorsicht und Gewissenhaftigkeit bedarf wie der Chemiker" (a.a.O., S. 230). „Die Kur muß in der Abstinenz durchgeführt werden; ich meine dabei nicht allein die körperliche Entbehrung ... sondern ich will den Grundsatz aufstellen, daß man Bedürfnis und Sehnsucht als zur Arbeit und Veränderung treibende Kräfte beim Kranken bestehen lassen und sich hüten muß, dieselben durch Surrogate zu beschwichtigen" (a.a.O., S. 224).

Die Abstinenz des Psychoanalytikers besteht für Freud also zunächst und vor allem in dessen Fähigkeit, die Liebesangebote seiner Patienten nicht zu erwidern. Bedenkt man, daß es sich in der Szene der „Übertragungsliebe" sowohl für den Analysanden als auch für den Analytiker um die Wiederholung der Verführungssituation zwischen Eltern und Kindern in der jeweiligen Ursprungsfamilie handelt, dann wird einem deutlich, wie zentral die Frage der Abstinenz nicht nur für die psychoanalytische Technik, sondern auch für das Verständnis der zwischen den beiden wiederholten Szenen ist. Die vielen Überlegungen, die Psychoanalytiker seit Freud angestellt haben, ob und wieviel Abstinenz nötig und sinnvoll ist, bekommen dann einen Sinn, der zumeist nicht gesehen wurde: Es geht um die Regulierung des emotionalen und körperlich-sexuellen Abstands zwischen Eltern und Kindern, Partnern und Geschwistern.

Das Dilemma ist groß: Durch die freie Assoziation beim Patienten und durch die gleichschwebende Aufmerksamkeit beim Analytiker werden bei beiden frühkindliche Triebwünsche wieder wach, die inzwischen dem Inzestverbot und damit der Verdrängung anheimgefallen waren. Es entspricht nicht dem Sinn der Psychoanalyse, diese Wünsche der beiden Beziehungspartner durch ein Verbot einfach wieder zu beseiten. Freud schreibt dazu: „Zur Triebunterdrückung, zum Verzicht und zur Sublimierung auffordern, sobald die Patientin ihre Liebesübertragung eingestanden hat, hieße nicht analytisch, sondern sinnlos handeln. Es wäre nicht anders, als wollte man mit kunstvollen Beschwörungen einen Geist aus der Unterwelt zum Aufsteigen zwingen, um ihn dann ungefragt wieder hinunterzuschicken. Man hätte ja dann das Verdrängte nur zum Bewußtsein gerufen, um es erschreckt von neuem zu verdrängen" (a.a.O., S. 223).

Dieses erschreckte Zurückweisen der „Geister aus der Unterwelt", nämlich der inzestuösen Wünsche und Phantasien, wird bewußt und unbewußt in *jedem* Setting, wie auch in jeder Beziehung, immer wieder vorkommen. Wenn die Angst eines der Beteiligten oder aller Beteiligten zu groß wird, dann *muß* der angstauslösende Inhalt verdrängt werden. Das klassische Couch-Setting wurde von Freud auch zum eigenen Schutz von der Hypnosetechnik her beibehalten. Dieses Setting *kann* dabei helfen, die Angst nicht zu groß werden zu lassen, weil Analytiker und Analysand sich nicht direkt sehen, und weil die ungewöhnliche Stellung zueinander immer wieder an die Ausnahmesituation erinnert. Dieses Setting kann aber nicht garantieren, daß der analytische Prozeß wegen dieser Wünsche und Ängste nicht unterbrochen wird und stagniert. Und umgekehrt *kann* es sein, daß die Angst vor dem Auftauchen bisher unbewußter Triebwünsche in einem anderen Setting, etwa im Gegenübersitzen, oder bei größeren zeitlichen Abständen zwischen den Sitzungen, kleiner wird, wodurch dann auch die Abwehrnotwendigkeit abnimmt, und der analytische Prozeß größere Chancen hat. Es geht also bei der Frage: Psychoanalyse ohne Couch? um zwei unterschiedliche Probleme, die im Rahmen der Orthodoxie nicht getrennt voneinander gesehen werden: Es geht um das Setting, und es geht um den psychoanalytischen Prozeß. Orthodoxe Psychoanalytiker meinen manchmal, daß eine Veränderung des Settings automatisch auch das Aufgeben der psychoanalytischen Haltung mit sich brächte, daß darin schon die weniger wertvolle „Legierung" zu sehen sei, die Freud als „Psychotherapie fürs Volk" vorgesehen hatte. Wenn wir aufhören, ein Setting für das „richtige" zu erklären, können wir damit beginnen, in jedem Fall, auch bei Freud, zu untersuchen, was die Hintergründe für die Wahl eines bestimmten Settings sind und waren.

In einer Studie über „die Soziogenese des psychoanalytischen Settings" kommt Swaan zu dem Schluß, daß Freud seine Praxis so arrangierte, „daß er seine Patienten und seine wissenschaftlichen Kollegen davon überzeugen konnte, daß das Setting oder die Haltung des Therapeuten nicht für die Ergebnisse verantwortlich wäre, sondern daß es sich dabei um signifikante Äußerungen der psychischen Konflikte *der Patienten* handelte." (Swaan, 1978, S. 823, Hervorhebung T. B.) Diese Überlegung stimmt mit meiner Vermutung überein, daß die Grundregel und die Phantasie von der Einhaltbarkeit der Grundregel (freie Assoziation beim Patienten, Abstinenz beim Analytiker), ebenso wie auch die Phantasie von der Spiegelhaltung des Analytikers, häufig dazu dient, die Problematik der gegenseitigen Verführung von Analytiker und Analysand zu verschleiern. Man geht von der Utopie einer „sozialen Null-Situation" (Swaan, a.a.O.) aus, um vor sich selbst und vor anderen glaubhaft machen zu können, daß Psychoanalyse eine Methode ist, durch die die „pathologischen", noch unreifen Verführungswünsche *der Patienten* aufgedeckt, frustriert und dadurch unschädlich gemacht werden. Die Verführbarkeit des Analytikers und seine eigenen Verführungstendenzen bleiben verborgen, wenn er glaubt, daß ihn das Setting hinter der Couch und seine Spiegelhaltung davor bewahren könnte, in die komplementäre Identifikation mit den früheren

Bezugspersonen der Patienten zu geraten. Glaubt er an seine Abstinenz, weil sein Verhalten die Grenzen dessen, „was ein Analytiker tut", nicht überschreitet, dann rechnet er nicht mehr damit, daß in jeder psychoanalytischen Beziehung auch für ihn frühe Verführungswünsche und -ängste wieder lebendig werden. So ziehen auch wir Psychoanalytiker uns häufig im übertragenen Sinn einen weißen Mantel an, wie Ärzte, die auf diese Weise die Verführungsqualität von Nacktheit und körperlicher Nähe in ihrer beruflichen Tätigkeit skotomisieren können.

Die häufig sehr emotional getönte Abwertung sogenannter nicht-analytischer Verfahren im Bereich der Angewandten Psychoanalyse hat deshalb nach meiner Ansicht oft mit der Angst vor dem Bewußtwerden dieser Verführungsgefahr zu tun. Es wird dann eine Methode absolut gesetzt, von der gesagt wird, daß sie der einzige richtige Weg zum Unbewußten sei. Aber hinter dieser Methodengläubigkeit steht oft dieselbe Psycho- und Soziodynamik, die Freud dazu bewegte, seine Verführungstheorie aufzugeben. Die Verführung zwischen Eltern und Kindern, und die dabei vermutete Schuld der Eltern, stellt so etwas wie eine Ursünde dar, und hat sowohl in ihren direkt sexuellen als auch in ihren scheinbar nicht sexuellen Erscheinungsformen mit den tiefsten Wünschen und Ängsten jedes Menschen zu tun. Immer wieder wird deswegen auch in der Psychoanalyse eine wissenschaftlich-methodische Begründung dafür gesucht, daß nicht sein kann, was nicht sein darf, nämlich, daß Eltern ihre Kinder, und daß Psychoanalytiker ihre Patienten verführen.

Um Mißverständnissen vorzubeugen ist es wohl nötig, an dieser Stelle zu erläutern, was ich in diesem Zusammenhang unter Verführung verstehe. Wie ich in den Kapiteln 4 und 5 noch näher ausführen werde (vgl. auch Bauriedl, 1985b), sehe ich eine Verführungssituation zwischen Kindern und Eltern immer dann gegeben, wenn und soweit die Paarbeziehung der Eltern unbefriedigend bleibt. Die unerfüllten Wünsche der Eltern richten sich dann *unausweichlich* an das Kind, das auf diese Weise zum (besseren) Ersatzpartner seiner Eltern wird, und seine Identität auf dieser Möglichkeit und Notwendigkeit aufbaut. Die Generationengrenze zwischen Eltern und Kindern wird mehr oder weniger bewußt überschritten, es entsteht eine inzestuöse Form der Sexualität im weitesten Sinn zwischen Eltern und Kindern, die, *weil* sie inzestuös ist, besonders viel Angst macht, und doch gleichzeitig nicht aufgegeben werden kann. Sie dient gleichermaßen der sexuellen (Ersatz-)Befriedigung und auch der Erhaltung eines positiven Selbstwertgefühls.

Dieser Szene und ihren ständigen Wiederholungen können weder die Eltern und die Kinder, noch Analytiker und Analysanden dadurch ausweichen, daß sie sich „richtig" verhalten, oder daß sie das „richtige" Setting einhalten. Auch möglichst wenig aktiv zu sein im offenen *Verhalten,* garantiert nicht, daß in der *Beziehung* das wiederholende Agieren der Verführungsszene vermieden wird. Die Phantasie, sich nichts vorwerfen zu müssen, wenn man sich nicht „falsch" verhalten hat, verdeckt vielmehr die zentralen Wünsche und Ängste aller Beteiligten und ihre notwendige Wiederholung in der analytischen Situation. In unseren Überlegungen über Methoden und Regeln übersehen wir leicht die *Bedeutung* all dieser Abwehrmanöver. Ein wichtiger Teil der intraindividuellen und der interindividuellen Beziehungsdynamik wird und bleibt auf diese Weise unbewußt. Diesen Vorgang halte ich für der

Psychoanalyse ferner stehend, als eine Veränderung des Settings, die gegebenenfalls mehr Möglichkeiten bietet, die Übertragungs- und Gegenübertragungsneurose (s. u.) als eine gemeinsame Szene zwischen Analytiker und Analysand aufzunehmen, und so die inzestuöse Beziehungsqualität schrittweise durchzuarbeiten und dadurch aufzulösen (vgl. Kapitel 4).

Wenn uns also die Verantwortung für unsere Beziehungen in diesem schwierigen Feld nicht durch die Wahl einer „richtigen" Methode abgenommen werden kann, dann können wir jeweils das Setting wählen, das unseren Fähigkeiten, unserer Erfahrung, und nicht zuletzt unseren Abwehrnotwendigkeiten im jeweiligen Fall am besten entspricht. Dies tun wir zwar sowieso, aber es entspräche wohl dem psychoanalytischen Grundprinzip der Suche nach der Wahrheit, wenn wir diese unsere persönliche Wahl des Settings auch als eine *persönliche* Entscheidung in einer äußerst schwierigen Situation ansehen und darstellen würden, und nicht als die einzig richtige Methode. Wir Psychoanalytiker würden dann etwas weniger den Eindruck von Angehörigen einer Sekte erwecken, die ihre Zugehörigkeit zu dieser Sekte dadurch beweisen, daß sie bestimmte Rituale einhalten. Die Entscheidung für ein bestimmtes Setting hat, wie jedes Symptom, den Charakter einer Kompromißbildung. Sie hat eine Wunschseite und eine Abwehrseite, das heißt, sie kommt dem emanzipatorischen Bedürfnis des Psychoanalytikers entgegen, aufdeckend zu arbeiten und unbewußtes Material zuzulassen, und gleichzeitig ermöglicht sie ihm, die Angst vor der Gefährlichkeit seiner eigenen Triebwünsche und der seiner Patienten in einem erträglichen Rahmen zu halten. Diese Entscheidungsfindung in ihrer jeweiligen Kompromißhaftigkeit zu reflektieren, halte ich für sinnvoller und der Psychoanalyse mehr entsprechend, als die Methode, ein Setting für das „richtige" und andere gleichzeitig für minderwertig zu erklären. Denn, ich wiederhole es, *kein* Setting, auch nicht das traditionelle Setting mit der Couch, garantiert, daß die beteiligten Personen sich nicht gegenseitig manipulieren, und daß sie sich nicht gegenseitig verführen.

Eigenartigerweise wird der Streit um das „richtige" Setting innerhalb der wissenschaftlichen Diskussion der Psychoanalyse kaum geführt. Man findet ihn eher auf dem „Schlachtfeld" zwischen den verschiedenen Schulen und zwischen einzelnen Psychoanalytikern. Die Ablehnung der „Psychoanalyse ohne Couch" geht verständlicherweise zumeist von denjenigen Psychoanalytikern aus, die selbst ausschließlich im klassischen Setting arbeiten. Dagegen bemühen sich andere Analytiker, die praktisch und wissenschaftlich im Bereich der Angewandten Psychoanalyse arbeiten, oft in ganz besonderem Maße um die Klärung psychoanalytischer Grundbegriffe (z. B. Argelander, 1981; Klüwer, 1983; Bauriedl, 1980). Für die Übertragung psychoanalytischer Grundprinzipien auf andere Settings ist eine solche Klärung oft eine wichtige Voraussetzung. Die Psychoanalyse nimmt damit eine Chance wahr, sich mit Herausforderungen auseinanderzusetzen, die durch gesellschaftliche Veränderungen auftreten. So kann sie sich unter Beibehaltung ihrer essentiellen Bestandteile weiterentwickeln. Nimmt sie solche Herausforderungen nicht an, dann wird sie sich allmählich nur noch durch den Versuch, berufspolitisch eine an ein bestimmtes Setting gebundene Monopolstellung zu besetzen, am „Leben" erhalten können.

Sind die Psychoanalytiker Angehörige einer Sekte?

Diese Frage durchzieht die bisherige Argumentation dieser Arbeit wie ein roter Faden. Ich möchte sie aber doch hier noch einmal aufgreifen, um auszuführen, unter welchen Bedingungen die Gemeinschaft der Psychoanalytiker nach meiner Ansicht Gefahr läuft, zur Sekte zu werden, und unter welchen Bedingungen sie von dieser Entwicklung frei bleiben oder frei werden kann.

Verschiedene kritische Psychoanalytiker haben in letzter Zeit wiederholt auf die Gefahr hingewiesen, daß sich die psychoanalytische Gemeinschaft zu einer Glaubensgemeinschaft nach dem Muster religiöser Sekten entwickeln könnte, beziehungsweise sie haben festgestellt, daß diese Entwicklung teilweise schon eingetreten ist (Parin, 1978; Lohmann, 1980; Richter, 1980; Cremerius, 1981, 1982; Erdheim, 1983; Parin und Parin-Matthèy, 1983a). Die Erscheinungsformen solcher Glaubensgemeinschaften in den psychoanalytischen Institutionen und in ihren Ausbildungsmethoden sind dort anschaulich, und, wie ich meine, überzeugend beschrieben. Zumeist wird in diesen Arbeiten der Verlust an revolutionärem Potential in der Psychoanalyse durch deren Reduktion auf eine Hilfswissenschaft der Medizin beklagt. Es wird dargestellt, wie die Psychoanalytiker zum größten Teil der Versuchung erlegen sind, an der Macht und der wirtschaftlichen Sicherheit der Mediziner teilzuhaben, und dafür das für Freuds Ansatz wesentliche anarchische Prinzip aufgaben. Ich meine, daß dieser Verlust an revolutionärem Potential in der Psychoanalyse auch dadurch zu erklären ist, daß Psychoanalytiker, wie andere Menschen auch, immer wieder dazu tendieren, die Bedeutung der Sexualität aus dem Auge zu verlieren (Bauriedl, 1984a). Der Gewinn von Macht über andere, und die Etablierung von hierarchischen Strukturen nach dem Prinzip der Sektenbildung in einer Gruppe, ist immer auch als Symptom der kollektiven Sexualabwehr in dieser Gruppe zu verstehen (Bauriedl, 1984a, 1985a). Sexualität ist von Natur aus herrschaftsfrei. Sie nimmt vergewaltigende Formen an, beziehungsweise sie transformiert sich in Gewalt, wenn sie in ihrer herrschaftsfreien Form zu viel Angst macht. Jede Art von Vergewaltigung, auch die oben beschriebene Manipulation zwischen Therapeut und Patient, ist als „Perversion" von Sexualität zu verstehen. Die Machtstrukturen, die durch diese Perversion in den Individuen und zwischen den Individuen entstehen, dienen dazu, die Abstände zwischen den Personen nicht zu groß und nicht zu klein werden zu lassen (vgl. Kapitel 3 und 4, und Bauriedl, 1982a, 1986).

Nach dieser an den angegebenen Stellen näher ausgeführten Theorie hängt jede Form der Sektenbildung mit der Notwendigkeit zur Sexualabwehr zusammen. Sie ist als Wiederholung der inzestuösen Beziehungen in den Ursprungsfamilien aller Beteiligten zu verstehen. Deshalb ist es eigentlich nicht verwunderlich, daß auch die Gemeinschaft der Psychoanalytiker solche Formen des Zusammenlebens entwickelt hat. Von Anfang an wurde unter dem Mantel der wissenschaftlichen Diskussion auch in der Psychoanalyse über die Legitimität und Zugehörigkeit von Theorien und Personen zur Gemeinschaft gestritten. So entstanden viele verschiedene Definitionen der „klassischen" Psychoanalyse: Psychoanalyse sei das, was auf der Couch vor sich gehe (Eissler, 1958, S. 610), Psychoanalyse sei das, was ausgebildete Psychoanalytiker tun (Sandler, 1978, zit. nach Cremerius, 1982, S. 489), Psychoanalyse sei das, was ausschließlich auf Deutungen beruhe, aber Psychoanalyse sei auch das, was durch die Einführung bestimmter „Parameter" legitimiert werde (Eissler, 1953, 1958).

Gerade die seit Eisslers entsprechenden Veröffentlichungen geführte Parameter-diskussion zeigt nach meiner Ansicht oft deutlich die Merkmale der Dogmendiskus-sion in einer Glaubensgemeinschaft. Die reine, „tendenzlose" Psychoanalyse, das Freudsche „Zuwarten", und die Selbstbeschränkung der Analytiker auf „das Deuten" (was wiederum unterschiedlich definiert wurde), reichten in der Praxis wegen der Widerstände der Patienten nicht aus. Man könnte wohl auch sagen: dies alles konnte von den Analytikern in der Praxis nicht durchgehalten werden, weil sie in der Wiederholung der Kindheitsszenen ihrer Patienten und auch ihrer eigenen Kindheitsszenen unbewußt zum Mitagieren gezwungen wurden und werden. Viel-leicht müßte man genauer sagen: Diese Definitionen von Psychoanalyse waren nicht ausreichend, um das zu erfassen, was in einem psychoanalytischen Prozeß vor sich geht. Da man aber nicht die Definitionen als unzureichend verstand, sondern zum Beispiel die Beschränkung auf die Deutung als einzige Interventionsform, entwickelte sich im Laufe der Zeit eine Vielzahl von „Parametern", das heißt von theoretisch legitimierten Interventionsformen, die von der Deutung als alleiniger Intervention abwichen. Für besondere psychische Störungen, wie etwa Borderline-Zustände oder Psychosen, und für besondere Patienten, wie etwa Kinder und Jugendliche, führte man besondere Behandlungsmethoden ein. Leider wurden diese Behandlungsmethoden zumeist nur unter dem Aspekt der besonderen Not-wendigkeit und Richtigkeit in bezug auf die Effektivität der Behandlung legitimiert. Es fehlte sehr häufig die Analyse dieser Notwendigkeit vor dem Hintergrund der Wiederholung der pathologischen Szene zwischen Analytiker und Patient. Die Parameter wurden als Techniken beschrieben, „bedeutungslos richtig" oder „bedeutungslos nötig", um ein bestimmtes Ziel zu erreichen.

Cremerius weist darauf hin, daß es auf internationaler Ebene kaum noch möglich sei, in der Psychoanalyse zum Dissidenten zu werden, „weil man sich bald in einer Gruppe wiederfindet, die diese Abweichung schon formuliert und sanktioniert hat" (Cremerius, 1982, S. 489). Es gibt also in der Psychoanalyse fast nichts mehr, was es nicht gibt. Auch die von Freud definierten „Grundpfeiler" der Psychoanalyse, „die Annahme unbewußter seelischer Vorgänge, die Anerkennung der Lehre vom Widerstand und der Verdrängung, die Einschätzung der Sexualität und des Ödipus-komplexes" (Freud, 1923, S. 223), sind, so Cremerius (a.a.O.), alle in irgendeiner psychoanalytischen Schule aufgegeben worden. Sind wir damit in der Theorie und Technik der Psychoanalyse in der völligen Willkür angelangt? Ich glaube nicht. Ich glaube, wir brauchen die Analyse unserer *Beziehungen,* um wieder eine Orientie-rung zu finden, die nicht auf den sinnlos gewordenen Kämpfen um die „richtige" Lehre und die „richtige" Methode beruht. An die Stelle dessen, was „richtig" ist, muß das treten, was jedem von uns *wichtig* ist. Das ergibt eine neue Ordnung, die nicht mehr durch Gesetze und Dogmen bestimmt und aufrechterhalten wird. Diese Ordnung orientiert sich an den die Gemeinschaft bildenden Personen, so wie sie *wirklich* sind (Bauriedl, 1986b).

Wenn wir damit beginnen, unser Verhalten und das unserer Kollegen jeweils als Wiederholung unserer eigenen Kindheitsszenen und der Szenen unserer Patienten zu verstehen, dann können wir aufhören, ein bestimmtes Therapeutenverhalten für „psychoanalytisch" beziehungsweise für „richtig" zu erklären; aus dem polemischen Streit zwischen den Psychoanalytikern würde dann die Bemühung um ein aufdeckendes Verständnis für sich selbst und für den anderen. Das Verhalten des Psychoanalytikers würde zum Gegenstand der Analyse, und zwar nicht nach den Kategorien „richtig" und „falsch", sondern nach den Kategorien „befriedigend verstanden" oder „noch nicht ausreichend verstanden". Es war Freuds große Erkenntnis, daß die bewußten Absichten eines Menschen die Motive seines Verhaltens nur sehr unzureichend erklären. Und diese „dritte und empfindlichste Kränkung" nach Kopernikus und Darwin, nämlich die Erkenntnis, daß wir „nicht einmal Herr im eigenen Hause" sind (Freud, 1917, S. 284), möchten wir Analytiker uns immer wieder gerne ersparen. Und doch beruht die Einrichtung der Lehr- und Kontrollanalyse zum großen Teil auf dieser Erkenntnis.

Wir könnten ein Stück Erstarrung loswerden, wenn wir versuchen würden, an all den Stellen, an denen wir aus Gründen der Angstvermeidung dazu tendieren, uns über „richtige Methoden" Gedanken zu machen, die Beziehung zwischen Analytiker und Analysand, zwischen Analytiker und Kontrollanalytiker, zwischen uns selbst und den Theoretikern oder Vertretern einer anderen Schule, usw. zu analysieren. Damit ginge allerdings ein Stück „splendid isolation" für uns als Techniker oder Fachleute im medizinischen Sinn, in der Konkurrenz mit der Medizin und mit anderen psychotherapeutischen Methoden verloren. Es gäbe für den Psychoanalytiker keinen archimedischen Punkt mehr, von dem aus er in seiner Phantasie „die Welt aus den Angeln heben" könnte. Mit anderen Worten, die Psychoanalyse verlöre gleichzeitig mit der sektenartig hierarchischen Struktur ihrer Ausbildung und ihrer Institutionen auch die narzißtische Ersatzbefriedigung für die Analytiker selbst. Wir müßten deutlich sehen, daß aufdeckende Momente, in denen bisher unbewußtes Material bewußt wird, auch in anderen Psychotherapiemethoden vorkommen, und daß auch innerhalb der Psychoanalyse an den Stellen zudeckend, das heißt manipulativ, gearbeitet wird, wo die Angst vor dem Aufdekken zu groß ist. Mit „Dissidenten' müßte sich die psychoanalytische Gemeinschaft dann *persönlich* auseinandersetzen. Es müßte der Versuch gewagt werden, jeweils die Notwendigkeit der Dissidenz aus Gründen der persönlichen Beziehungen und aus Gründen der kollektiven Abwehrstruktur herauszufinden. „Dissidenten" würden dann nicht mehr hinter verschlossenen Türen und mit Hilfe formaler oder berufspolitischer Begründungen „ausgeschaltet".

Dies alles mag wie ein frommer Wunsch oder vielleicht auch wie eine irreale Utopie aussehen. Ich bin trotz allem der Meinung, daß grundsätzlich die Psychoanalyse nur durch Psychoanalyse gerettet werden und überleben kann. Die Psychoanalyse ist eine Wissenschaft, die dadurch voranschreitet, daß sie sich selbst untersucht (Bauriedl, 1982b). Hört sie auf, ihre Methode auf sich selbst anzuwenden, dann wird sie zu einer von vielen psychotherapeutischen Methoden, von diesen nicht mehr unterscheidbar, und wie die anderen Methoden zum Untergang verurteilt, sobald die gesellschaftlichen und ideologischen Grundlagen, die sie tragen, historisch überholt sind.

Nach meinen Überlegungen zur Psychoanalyse in der Politik und zum psychoanalytischen Verständnis des gesellschaftlichen Strukturwandels, in dem wir uns befinden (Bauriedl, 1986), laufen die Versuche von kritischen Psychoanalytikern, die Erstarrung der Psychoanalyse als Glaubensgemeinschaft zu analysieren und dadurch aufzulösen (vgl. auch Lohmann, 1983), parallel mit entsprechenden Entwicklungen in unserer Gesellschaft. Das Bewußtsein für die Eingeschränktheit des Lebens durch unser Richtig-Falsch-Denken nimmt allgemein zu. Es entstehen neue Formen der Solidarität (Bauriedl, 1986b), die nicht mehr auf „Schulterschluß", normierter Gleichheit und gemeinsamen Außenfeinden beruhen. Diese neuen Formen der Solidarität, die in unserer „Wendezeit" (Capra, 1982) sichtbar und möglich werden, haben die persönliche Auseinandersetzung von Individuen zur Grundlage. Sie sind deshalb eine wichtige Chance auch für die Erhaltung, beziehungsweise Demokratisierung unserer Demokratie. Die auszutragenden Konflikte nehmen in solchen Gruppenstrukturen zu, die Gefahr der Erstarrung in (faschistoiden) Glaubensgemeinschaften, und auch die Gefahr der Führbarkeit von Kriegen gegen Außenfeinde nimmt ab.

Innerhalb der psychoanalytischen Theorie habe ich versucht, diesen Übergang als einen Wechsel von der normativen zur emanzipatorischen Lösung des ödipalen Konflikts darzustellen (Bauriedl, 1985b). Die Darstellung dieser Theorie würde hier zu weit führen. Das Grundprinzip läßt sich aber in wenigen Worten ausdrükken: In unserer Zeit kann die Lösung des ödipalen Konflikts nicht mehr darin gesehen werden, daß das Kind lernt, zu tun und zu fühlen, was richtig ist, sondern darin, daß es erfährt, wer es selbst in der Beziehung zu seinen Eltern ist. Je weniger in dieser Dreiecksbeziehung unbewußt bleiben muß, desto lebendiger ist sie, desto gesünder ist das Kind und der spätere Erwachsene.

Schließlich ist dasselbe Veränderungsprinzip auch in neuen Ansätzen zur Wissenschaftstheorie zu finden (Heisenberg, 1959; Weingart, 1984; Bauriedl, 1986). Auch hier geht es zunehmend weniger um die Frage nach der objektiven Übereinstimmung mit der Realität, als um die Frage nach der Art der Gestaltung der Realität *durch* Wissenschaft. Es geht um die Diskussion der Motivation des Wissenschaftlers für diese oder jene Art der Umweltgestaltung durch seine Theorien und Experimente. Nach diesen Entwicklungen wird in Zukunft die Wissenschaftlichkeit beziehungsweise die Vertretbarkeit einer Theorie oder einer Methode nicht mehr nur nach ihrer Brauchbarkeit für sichere Vorhersagen oder nach ihrer Effektivität beurteilt werden, sondern auch nach dem Erkenntnisinteresse (Habermas, 1968) des Wissenschaftlers oder Technikers, und nach den sozialen und ökologischen Folgen dieses Interesses für die Gesellschaft.

Psychoanalyse als eine besondere Form der Beziehung

Im Sinne dieser neuen Wissenschaftlichkeit möchte ich im folgenden darstellen – nicht, was ich an der Psychoanalyse für „richtig" halte – sondern, was *mir* in der Psychoanalyse *wichtig* ist. Diese Ausführungen sind grundlegend für das Verständnis der in den weiteren Kapiteln dargestellten einzelnen Anwendungsformen der „Psychoanalyse ohne Couch". Ich möchte einige, mir besonders wichtige „essentials" der Psychoanalyse beschreiben, die mir bei deren Übertragung auf andere Anwendungsgebiete unverzichtbar erscheinen.

Meine zentrale Vorstellung von Psychoanalyse ist nicht die einer Methode. Ich verstehe Psychoanalyse vielmehr als einen Prozeß, bei dem der „natürliche Auftrieb des Unbewußten" (Freud, 1940, S. 417) nicht behindert wird, und also wirksam werden kann. Durch diesen Auftrieb werden bisher unbewußte oder verdrängte Inhalte ins Bewußtsein integriert, und dadurch die abwehrbedingt starren Beziehungen zwischen den Menschen lebendiger und befriedigender. Dieser Vorgang ist an kein Setting gebunden, und auch nicht an die Person eines Psychoanalytikers – wenn auch das traditionelle Setting und die Ausbildung der Psychoanalytiker zumeist gute Bedingungen für diesen Prozeß darstellen. Er kann sich in allen zwischenmenschlichen Beziehungen und in jedem einzelnen Individuum abspielen, im großen und im kleinen Rahmen, in der Politik ebenso wie in jeder Paarbeziehung. Wo immer die „Wiederkehr des Verdrängten" (Freud, 1939, S. 570f.) zugelassen werden kann, entsteht mehr Lebendigkeit. Wo die Angst vor dieser Wiederkehr zu groß ist, und deswegen die individuelle und/oder kollektive Abwehr aufrechterhalten bleiben muß, bleibt auch die Starre und die Repression in den Beziehungen aufrechterhalten.

Psychoanalyse als eine Form der Psychotherapie (vgl. Kapitel 1) ist in diesem Sinne eigentlich immer schon eine praktische Anwendung dieses Prinzips in der Medizin beziehungsweise in der Psychologie und Psychotherapie. Aber auch hier kann ich Psychoanalyse nicht als eine Methode im Sinne bestimmter Verhaltensweisen des Analytikers oder des Analysanden verstehen. Psychoanalyse als eine Form der Psychotherapie ist für mich vielmehr eine besondere Art der Beziehung zwischen zwei oder mehr Personen, in der bisher unbewußt gehaltene Wünsche und Ängste innerhalb der Personen und zwischen den Personen bewußt erlebt werden können. Auch diese Art der Beziehung ist im Setting mit der Couch und ohne Couch möglich, und ebenso innerhalb und außerhalb der Tätigkeit ausgebildeter Psychoanalytiker.

Diese Definition hat schwerwiegende Folgen für das Selbstverständnis der Psychoanalytiker. Sie können sich aufgrund dieser Definition nicht nur nicht mehr im Alleinbesitz der psychoanalytischen Wahrheit und Methode phantasieren; es ändert sich auch die Grundeinstellung zu ihrer Tätigkeit. Wenn Psychoanalyse keine Methode zur Behandlung von Krankheiten ist, sondern eine Beziehung, die sich dadurch verändert, daß unbewußte Inhalte beim Analysanden und/oder beim Analytiker bewußt werden, dann ist die Grundfrage analytischer Psychotherapie nicht: was muß ich mit diesem Patienten tun?, sondern: wie und weshalb behindere ich *in mir* den Auftrieb des Unbewußten?

Aus dieser Grundposition ergeben sich Konsequenzen für das Verständnis einiger psychoanalytischer Begriffe. Wie ich eben schon ausführlich dargestellt habe, hat der Begriff *Abstinenz* in der Beziehung zwischen Analytiker und Analysand(en) in meinem Konzept eine große Bedeutung. Ich bin der Überzeugung, daß Abstinenz, im Sinn von Analysieren, und im Gegensatz zum Agieren, immer nur partiell und relativ möglich ist. Daraus ergibt sich, daß auch das *Agieren* – schon wegen der Unausweichlichkeit des Wiederholungszwanges – nichts anormales ist. Das Wort „Agieren" hat bei Psychoanalytikern oft eine negative, den agierenden Patienten abwertende Bedeutung; dies vor allem deshalb, weil wir uns häufig von dem Verhalten unserer „schwierigen Patienten" sehr bedrängt fühlen, und in unserer Bedrängnis dieses Verhalten nicht mehr als szenische Wiederholung erleben und verstehen können. Durch die Abwertung des Verhaltens unserer Patienten schützen wir uns emotional vor deren Übergriffen. Wir sind dann scheinbar nicht mehr Mitspieler in der Wiederholungsszene, sondern allenfalls Opfer oder Außenstehende. Die Pathologie und damit in gewissem Sinne auch die Schuld sehen wir dann plötzlich sehr deutlich beim Patienten. Den Zugang zu einem aufdeckenden Verständnis, das das unangenehme „Agieren" verändern könnte, gewinnen wir allerdings nur, wenn wir selbst wieder „abstinent" werden, das heißt, wenn wir versuchen, das Agieren des oder der Patienten als Teil einer Szene zu verstehen, die durch das Ineinandergreifen der Übertragung des/der Patienten und unserer eigenen Übertragung zustandekommt. Nur das Bewußtsein des eigenen Eingebundenseins in die szenischen Abläufe der Umgebung befreit auch den Psychoanalytiker von der Notwendigkeit, unbewußt agierend die Repression zu wiederholen, die er eigentlich auflösen möchte. Abstinenz in diesem Sinne ist die Aufhebung des Wiederholungszwanges, und zwar primär in der Phantasie und sekundär im Verhalten. Unsere und unserer Patienten Phantasien wiederholen sich immer wieder in gleicher Weise unter Vermeidung ängstigender Inhalte. Die Reintegration dieser Inhalte in der Phantasie ist kennzeichnend für die Veränderung der bisher gleichförmig wiederholten Szenen.

Den *therapeutischen Eingriff* verstehe ich also nicht so, daß der Patient in einem aus seiner Kindheit übertragenen neurotischen Mißverständnis seiner Umgebung lebt, und durch den Analytiker erfährt, daß seine heutigen Reaktionen in der Kindheit adäquat waren, jetzt aber inadäquat sind. Es geht mir gerade um das Verständnis der Adäquatheit selbst der „verrücktesten" Aktionen und Reaktionen, sowohl beim Analysanden als auch beim Analytiker. Diese Adäquatheit kann nur verstanden werden, wenn man die für ihr Verständnis nötigen fehlenden Teile, nämlich unbewußt gewordene Wünsche und Ängste, wiederfindet. Nur wenn wir die Adäquatheit unserer Phantasien und Reaktionen begreifen, können wir Kompromißbildungen finden, die unsere Lebenswünsche besser und erkennbarer zum Ausdruck und zur Befriedigung zulassen. Nach Freuds Ansatz besteht das „Heilen" in der Psychoanalyse ausschließlich in der Erforschung des Unbewußten, nicht darin, den Patienten davon zu überzeugen, daß er sich irrt. Die beiden Aufklärungskonzepte laufen allerdings an der Stelle zusammen, wo Analytiker und Analysand die Realität vollständiger wahrnehmen als bisher. Da jede Wahrnehmung selektiv, also unvollständig ist, wird es aus dieser Sicht sinnlos, die „richtige" von der „falschen" Wahrnehmung zu unterscheiden.

So hat nach meinem Verständnis auch der Begriff der *Übertragung* nicht die Bedeutung einer gestörten oder falschen Wahrnehmung mit der Konsequenz einer ebenso gestörten oder falschen Reaktionsweise. Vor allem in seinen frühen Arbeiten verstand Freud selbst die Übertragung in diesem Sinne, wenn er zum Beispiel schrieb: „Die Kranken lernten auch allmählich einsehen, daß es sich bei solchen Übertragungen auf die Person des Arztes um einen Zwang und um eine Täuschung handle, die mit Beendigung der Analyse zerfließe" (Freud, 1895, S. 96). Aber noch für Greenson und viele andere spätere Theoretiker der Psychoanalyse ist die Übertragung ein neurotisches und damit irrtümliches Geschehen, das durch seine Unangemessenheit in der Beziehung zwischen Patient und Therapeut erkannt werden kann (Greenson, 1973, S. 167ff.).

Wenn ich das Konzept des Wiederholungszwanges konsequent durchdenke und anwende, kann ich mich dieser Definition des Übertragungsbegriffes nicht anschließen. Freuds Vorstellungen über den Wiederholungszwang gehören nach meiner Ansicht in die Sichtweise der oben beschriebenen „neuen Wissenschaftlichkeit", bei der es nicht so sehr um die „Richtigkeit" der Annahmen, um die Übereinstimmung mit einer objektiv gegebenen und erfaßbaren Realität geht, sondern vielmehr um das historische und motivationale Verständnis der „Wichtigkeit" bestimmter Wünsche, Ängste und Abwehrmechanismen. Im Grundverständnis dieser Wissenschaftlichkeit kann ich für den Begriff der Übertragung nicht zwischen angemessenen und unangemessenen Phantasien unterscheiden. Jede Phantasie erscheint angemessen, wenn man die in ihr wiederholte Szene versteht.

Ähnliches gilt folgerichtig auch für mein Verständnis der *Gegenübertragung*. Ich verstehe alles, was sich zwischen Analytiker und Analysand ereignet, als Symptom der Szene, die zwischen beiden Beziehungspartnern aus der für diese beiden Menschen charakteristischen Verflechtung ihrer jeweiligen Übertragungsszenen entsteht. Durch die Übertragung des Patienten wird beim Analytiker ein für diesen Patienten und für diesen Analytiker spezifisches Spektrum von Erlebnis- und Reaktionsweisen angeregt; und umgekehrt wird durch die „Übertragung" des Analytikers beim Patienten ein für diesen Analytiker und für diesen Patienten spezifisches Spektrum von Erlebnis- und Reaktionsweisen angeregt. Jedes Phänomen in dieser Beziehung ist deshalb aus der Geschichte der *beiden* beteiligten Personen voll zu verstehen. Damit entfällt die Notwendigkeit, zu unterscheiden, wessen Störung die Ursache für ein bestimmtes Phänomen ist. Es gibt immer die beiden Perspektiven, die Verstehensmöglichkeit aus der Geschichte des Patienten, und die Verstehensmöglichkeit aus der Geschichte des Analytikers. Denn *jede* Reaktion des Analytikers hat *auch* mit dessen Person zu tun.

Ich sehe mich mit diesem Verständnis von Übertragung und Gegenübertragung in einer Tradition, die den von Freud zwar geprägten, aber von ihm selbst nur wenig ausgearbeiteten Begriff Gegenübertragung allmählich immer wichtiger und der Übertragung immer gleichwertiger werden ließ (M. und A. Balint, 1939; Heimann, 1950; Reich, 1951; Searles, 1958; Kemper, 1969; Beckmann, 1974; Béjarano, 1977;

Racker, 1978; Little, 1981). Vor allem bei Racker (a.a.O.) ist eine ähnliche Vorstellung von der „Verzahnung" zwischen Übertragung und Gegenübertragung zu finden, wie ich sie auch habe. Racker schreibt: „Man könnte also auch sagen, daß Übertragung Ausdruck der Beziehungen zu den phantasierten (und realen) Gegenübertragungen des Analytikers ist. Denn so wie die Gegenübertragung die psychische Antwort auf die (realen und phantasierten) Übertragungen des Analysanden ist, so ist auch die Übertragung die Antwort auf die (phantasierten und realen) Gegenübertragungen des Analytikers" (a.a.O., S. 155). Mit den Begriffen konkordante und komplementäre Identifikation steht Racker auch meiner Vorstellung von der in allen Variationen und Rollenverteilungen wiederholten Familienszene des Patienten in der analytischen Beziehung sehr nahe. Die konkordante Identifikation entspricht der Identifikation des Analytikers mit seinem Analysanden in der Beziehung zu dessen frühen Bezugspersonen. Die komplementäre Identifikation entspricht der Identifikation des Analytikers mit den Bezugspersonen seines Analysanden in der Beziehung zu diesem selbst.

Diese theoretischen Fragen zum Problem der Gegenübertragung werden besonders wichtig, wenn man wie ich versucht, die Konzepte Übertragung und Gegenübertragung ohne Verluste auf das Setting der Paar- und Familientherapie zu übertragen (vgl. Kapitel 3,4 und 5). Untersucht man diese Formen der Mehrpersonen-Psychoanalyse, dann wird einem zum Beispiel bei einer Paartherapie deutlich, daß das Beziehungsgeschehen im therapeutischen Prozeß zwischen den drei anwesenden Personen vollständig von den Übertragungsneurosen aller Beteiligten, also auch des Therapeuten bestimmt wird. Für mich entwickelte sich vor allem in meiner ausgedehnten Supervisionstätigkeit allmählich das Bild einer symmetrischen Beziehung zwischen Therapeut und Patient; vielleicht wäre es aber besser, zu sagen: es entwickelte sich eine symmetrische Betrachtungsweise der Therapeut-Patient-Beziehung, wie sie ebenfalls schon im Ansatz bei Racker zu finden ist, wenn er schreibt: „Bisher haben wir den Gegenwiderstand (gemeint ist der Widerstand des Analytikers, T.B.) als Ausdruck einer Identifizierung des Analytikers mit einem Widerstand des Analysanden betrachtet. Das ist die ‚objektive' Wurzel des Gegenwiderstandes. Bei jedem Gegenwiderstand gibt es aber auch einen subjektiven Faktor, da die Identifizierungen mit dem Analysanden und ihre Durcharbeitung auch von der Struktur des Analytikers abhängen" (a.a.O., S. 219). Hier wird ganz deutlich die Fiktion von der „sozialen Null-Situation" aufgegeben. Der Analytiker prägt durch seine Struktur, durch seine Wünsche, Ängste und Abwehrmechanismen das Geschehen des analytischen Prozesses in gleichem Maße wie der Analysand, auch wenn er sich äußerlich „abstinent" verhält (vgl. vor allem auch Little, 1981).

Nach diesen Ausführungen ist es wahrscheinlich verständlich, weshalb für mich die wichtigste Frage in bezug auf den psychoanalytischen Prozeß ist: Kann der Analytiker sich auf die Gefühle und Phantasien seiner „Gegenübertragungsneurose" einlassen? Da ich weiß, daß ich keinen Menschen aktiv verändern kann, ohne ihn zu manipulieren, das heißt ohne seine Abwehrnotwendigkeiten auszunützen und also aufrechtzuerhalten, bleibt mir als Psychoanalytikerin nur die Möglichkeit, meine Beziehung zu meinen Patienten in dem Sinne zu verändern, daß ich die oberflächliche, konventionell beschränkte Wahrnehmung unserer Beziehung verlasse, und möglichst viele scheinbar nebensächliche und peinliche Phantasien und Wünsche wahrzunehmen beginne, die mir der natürliche Auftrieb meines Unbewußten nahebringt. Dies scheint mit die einzige, wirklich aufdeckende *psychoanalytische Haltung* zu sein, die es ermöglicht, die Wiederkehr des Verdrängten in der Wiederholung unserer jeweiligen Familienszenen schrittweise zuzulassen. Diese Haltung ist auch ohne Abstriche auf jedes andere Setting der Psychotherapie und auf alle nicht-psychotherapeutischen Beziehungen und Situationen übertragbar. Sie befreit von der krampfhaften Beschäftigung mit dem Widerstand des oder der Patienten, indem sie die Aufmerksamkeit auf die Auflösung der eigenen Widerstände lenkt. Diese unsere eigenen Widerstände existieren regelmäßig parallel zu denen unserer Patienten. Ihre Auflösung ermöglicht auch die schrittweise Auflösung der Widerstände der Patienten (vgl. Kapitel 3, 4 und 8).

Diese Haltung befreit auch von Vorstellungen, als Analytiker „besser" sein zu müssen als die ursprünglichen Bezugspersonen der Patienten – wegen der „korrigierenden emotionalen Erfahrung", die die Patienten machen sollen (vgl. Kapitel 6). Die Gegenübertragungsneurose nicht zu verleugnen, sondern zuzulassen, hieße, zu erleben, daß in mir Gefühle und Phantasien entstehen, die einerseits denen der frühen Bezugspersonen meiner Patienten entsprechen, andererseits aus meiner eigenen Geschichte verständlich sind. Was sich in der analytischen Beziehung für den Patienten verändert und ihm hilft, ist nicht, daß er einen „besseren" Menschen trifft, sondern daß er sich mit einem Menschen, der darin mit sich selbst und mit anderen Erfahrung hat, darauf einläßt, die Wiederholungen seiner familiären Kindheitsszenen in dem Zusammenspiel von Übertragung und Gegenübertragung zuzulassen und in ihrer Sinnhaftigkeit zu verstehen.

So macht das szenische Verständnis der Therapeut-Patient-Beziehung in der Analyse Freuds Unterscheidung von „reinem Gold" und „Legierung" (s. o.) überflüssig. An ihre Stelle tritt die Unterscheidung zwischen einem lebendig voranschreitenden Prozeß der Wiederkehr des Verdrängten, im Gegensatz zur Stagnation dieses Prozesses, die auf angstbedingte Abwehrnotwendigkeiten zurückzuführen ist.

Die politische und gesellschaftliche Bedeutung der Psychoanalyse

Nach der von mir beschriebenen „neuen Wissenschaftlichkeit" (s. o.) ist jede Theorie im Hinblick auf ihre Ursprünge in den herrschenden gesellschaftlichen Strukturen und im Hinblick auf ihre Folgen für die Gesellschaft zu untersuchen. Jeder Wissenschaftler und jeder Anwender von wissenschaftlichen Erkenntnissen muß sich nach der gesellschaftlichen und politischen Bedeutung seines Tuns fragen und fragen lassen. Was Theoretiker und Praktiker tun, ist immer einerseits bestimmt durch die gesellschaftlichen Verhältnisse, in denen sie leben, und andererseits durch ihr persönliches Interesse, also durch ihre psychische Struktur. Entsprechend der Frage nach der Umweltverträglichkeit der Erkenntnisse von

Naturwissenschaften und Technik, sind meiner Ansicht nach auch die Sozialwissenschaften in bezug auf ihre Sozialverträglichkeit zu reflektieren.

In beiden Wissenschaftsbereichen geht es dabei um die Frage der Subjekt-Objekt-Beziehung, der Beziehung zwischen dem Wissenschaftler und seinem „Gegenstand", zwischen dem Techniker oder Praktiker und seinem menschlichen oder nicht-menschlichen „Objekt": Besteht mein Interesse darin, das Leben, wo immer ich es sehen kann, zu erhalten beziehungsweise nicht zu zerstören, oder bin ich daran interessiert, mich des Lebens oder meines Objekts zu bemächtigen? Nur ein „Erhaltungswissen" (Meyer-Abich, 1984) kann uns selbst, unserer Umwelt und unseren Nachkommen die Bedingungen für ein lebenswertes Leben erhalten. Das Interesse, immer mehr „Bewältigungswissen" anzusammeln, hat uns in die alles Leben gefährdende gegenwärtige Krisensituation gebracht. Es beruht auf der Phantasie, daß die Verstoßung aus dem Paradies in die Mühsal der Arbeit, in die Abhängigkeit von der Umwelt, und vor allem in die Sterblichkeit rückgängig gemacht werden könnte und sollte. In dem Ringen um ein immer zuverlässigeres Bewältigungswissen erforschen Wissenschaftler manipulative Wenn-Dann-Beziehungen: „Wenn ich so ... mit dem Objekt umgehe, dann reagiert es so ... Also muß ich so ... mit ihm umgehen, damit es so ... (wie ich es wünsche) reagiert." Die Verantwortlichkeit des Wissenschaftlers und Technikers oder Praktikers ist bei dieser Wenn-Dann-Beziehung ausgeklammert. Es geht für ihn ausschließlich um ein möglichst „günstiges" Ergebnis, nicht um eine gesunde Beziehung zwischen ihm und seinem Objekt (vgl. Bauriedl, 1986a).

Auch in der Psychoanalyse hat sich teilweise eine Form beziehungsloser Technik entwickelt. Darin unterscheidet sie sich oft nur wenig von anderen Psychotherapieformen. Der „abstinente Psychoanalytiker" wird, wie ich schon ausführlich dargestellt habe, oft als Techniker verstanden, der scheinbar als Person nicht anwesend, mit seinen eigenen Wünschen und Ängsten nicht an dem psychoanalytischen Prozeß beteiligt ist. Als „objektiver", scheinbar unberührter Techniker kann er nur Bemächtigungsinteressen verfolgen, auch wenn er davon überzeugt ist, daß er alles, was er tut, nur zum Besten des Patienten tut. Das Wohlergehen von Subjekt und Objekt ist nicht trennbar. Es ist eine Illusion, zu glauben, daß es eine glückliche Beziehung zwischen einem Herrschenden und einem Dienenden geben kann. Im Bereich der Sexualität wird mir dieser Zusammenhang immer wieder besonders deutlich: wirkliche Zufriedenheit kann nur in dem Maße eintreten, in dem sich beide Partner aufeinander einlassen können. Solange sie Angst davor haben, der andere und sie selbst könnten bemerken, wie abhängig sie von ihren eigenen Triebwünschen und von dem anderen als Partner sind, müssen sie entweder vergewaltigend oder versorgend diese Abhängigkeit und damit ihre eigenen Bedürfnisse übergehen. Solche Zusammenhänge gelten auch für die Therapeut-Patient-Beziehung in der Psychotherapie, in allen Sozialwissenschaften und nicht zuletzt für die Subjekt-Objekt-Beziehung in den Naturwissenschaften.

Die Naturwissenschaftler und Techniker scheinen im Hinblick auf die gegenwärtig nötige und teilweise schon in Gang befindliche Neuorientierung der Wissenschaftlichkeit in größeren Schwierigkeiten zu sein als die Geistes- und Sozialwissenschaftler. Es gibt im naturwissenschaftlichen Bereich viel gefährliches Bemächtigungswissen, das nicht mehr vergessen werden kann; und der gesellschaftliche und politische Druck ist hier besonders stark, das Machbare auch zu tun. Die Angst, sonst in die Unterlegenheit zu geraten, ist hier besonders groß. In den Geistes- und Sozialwissenschaften kommt dieser Druck weniger von außen; er geht hier, so meine ich, zum größten Teil von den Wissenschaftlern selbst aus, von ihrem persönlichen Interesse, Bemächtigungsstrategien zu finden und anzuwenden, die ihnen selbst das Gefühl der Überwertigkeit und der Übermächtigkeit verschaffen. Die Sozialwissenschaftler haben nicht wie die Naturwissenschaftler die anonymen Mächte von Wirtschaft und Politik „im Nacken", ihre „Objekte", die Menschen zwingen sie weniger, Bewältigungswissen bereitzustellen. Außerdem gibt es in den Sozialwissenschaften deutliche Alternativen zum Bewältigungswissen und zu den Bewältigungsstrategien, wie zum Beispiel eine emanzipatorisch verstandene Psychoanalyse. Deshalb sind im allgemeinen die Sozialwissenschaftler, die Angehörigen der sozialen Berufe, und besonders die Psychoanalytiker so bedrohlich für Politiker, die das Heil in der Erhaltung der traditionellen Herrschaftsstrukturen sehen.

Veränderungen in Richtung auf mehr Lebendigkeit und Lebenserhaltung können nicht gesetzlich verordnet werden; auch durch eine strengere Moral, also „von oben", sind sie nicht zu erreichen. Sie beruhen ausschließlich auf Bewußtseinsveränderungen. Nur die verstärkte Diskussion der gesellschaftlichen Bedingungen und Folgen wissenschaftlicher Forschung anstelle der bisher alles überragenden Diskussion über die „objektive Richtigkeit", die technische Machbarkeit und die Effektivität der verschiedenen Methoden wird grundlegende Veränderungen in diesem Sinne bringen. Bisher wird die „Freiheit der Wissenschaft" in dieser Richtung noch zu wenig genützt. Die Angst, ins Abseits zu geraten, wenn man sich nicht dem großen Strom der Erfolgreichen anschließt, ist noch zu groß.

Klaus Michael Meyer-Abich, selbst Naturwissenschaftler und Politiker, schreibt: „Naturwissenschaftler und Ingenieure sollten sich aufgerufen fühlen, jeweils das Ihre zur öffentlichen Entscheidungsbildung beizutragen, dürfen dabei aber von den Geistes- und Sozialwissenschaftlern nicht mehr alleingelassen werden. Denn es geht um die politisch-gesellschaftliche Tragweite physikalisch-technischer Erkenntnisse, sodaß nur beide Wissenschaftsgruppen gemeinsam die meines Erachtens eigentliche Aufgabe einer wissenschaftlichen Politikberatung wahrnehmen können" (Meyer-Abich, 1984). Ich finde, wir sollten als Geistes- und Sozialwissenschaftler, und insbesondere als Psychoanalytiker solche Einladungen nicht übersehen, sondern annehmen. Wir haben in unserem Bereich Erkenntnisse anzubieten, die auch für Naturwissenschaft und Technik von großer Bedeutung sind. Immer mehr Naturwissenschaftler besinnen sich auf die in der Psychoanalyse schon längst bekannte Tatsache, daß nur der Respekt vor dem Leben und der menschlichen und außermenschlichen Natur die weitere Zerstörung des Lebens beenden kann. Der Lebenswunsch ist die einzige Alternative zum Wiederholungszwang. Die Folgen einer Technologie sind nicht abschätzbar ohne Reflexion der Beziehung zwischen Forscher oder Techniker und Gegenstand. Und dazu sind geisteswissenschaftliche und psychoanalytische Kenntnisse nötig. Sonst erscheint immer wieder eine neue Technologie, die nichts weiter bringt als die kurzfristige scheinbare Möglichkeit, die Schäden der Erblast früherer Technologien zu beseitigen – eventuell durch weitere Zerstörung zwischenmenschlicher und ökologischer Lebensmöglichkeiten. Eine Befreiung aus diesem unheilvollen Zirkel der Ersetzung eines Übels durch das nächste (vgl. Kapitel 3) ist nur möglich, wenn man sich auf die mit der Subjekt-Objekt-Beziehung einhergehenden Gefühle und Phantasien einläßt, und diese daraufhin untersucht, ob in ihnen vorwiegend Bewältigungs- oder Erhaltungsinteressen am Werk sind. Weg und Ziel haben immer dieselbe Qualität. Die Vergewaltigung der Natur und der Mitmenschen in den Phantasien des Forschers hat unvermeidlich entsprechende Folgen für den Forscher selbst, für den Techniker, den Psychotherapeuten, und für die „Objekte", die Umwelt, die Patienten, und damit für die physischen und sozialen Lebensbedingungen der ganzen Gesellschaft.

Die Psychoanalyse kann diese von ihr geforderte Hilfestellung bei der Veränderung wissenschaftstheoretischer, technologischer und gesellschaftspolitischer Herrschaftsstrukturen allerdings nur leisten, wenn sie ihre eigenen, systemimmanenten Herrschaftsstrukturen kritisch zu reflektieren beginnt. Wichtige Beiträge dazu sehe ich vor allem in den Arbeiten von Paul Parin (Parin, 1983a und b; Parin und Parin-Matthèy, 1983a und b). Der von Parin so benannte Medicozentrismus in der Psychoanalyse ist ein großes Hindernis für die Psychoanalytiker bei dem Versuch, über den Tellerrand der eigenen Versorgung und der berufspolitischen Kämpfe hinauszuschauen, und so ein erweitertes Selbstverständnis für die Psychoanalyse als *politische* Wissenschaft zu entwickeln (Bauriedl, 1984a, 1986).

Ein zentrales Anliegen Freuds war von Anfang an das der Ideologiekritik. Eingeschränktes Bewußtsein, das auf Angst und Abwehr beruht, sollte durch die Integration der im Bewußtsein fehlenden Anteile, vor allem der Triebwünsche, erweitert, und dadurch aus seiner symptomatischen Starre befreit werden. Heute geht es noch viel deutlicher als zu Freuds Zeiten im Zusammenhang mit der Ideologiekritik auch um Technologiekritik, innerhalb und außerhalb der Psychoanalyse. Innerhalb und außerhalb der Psychoanalyse könnten wir zur Vermenschlichung unserer Gesellschaft beitragen, indem wir durch unsere kritische Haltung zu verhindern versuchen, daß immer neue Runden beziehungslos technischer Entwicklungen gedreht werden müssen. Es entscheidet sich ständig in allen Beziehungen, ob die Entwicklung in Richtung auf eine zunehmende Verkrampfung (Abwehr zur Beseitigung der Abwehr) weiterführt, oder ob das Prinzip der Abwehr und der Feindbildung infragegestellt werden kann.

Die Grundfrage der Technologiekritik ist: beruht die gesuchte oder angewandte Technologie auf der Vorstellung, daß nur das Bewußtsein unserer Abhängigkeit von der menschlichen und außermenschlichen Umwelt unsere Lebensmöglichkeiten erhalten kann, oder beruht sie auf der Vorstellung, daß wir nur überleben können, wenn wir unsere Umwelt, unsere Patienten, und natürlich letztlich uns selbst „fest im Griff" haben. Dieses Kriterium hilft zum Beispiel auch bei der Unterscheidung zwischen einer Technologie, die nur immer wieder versucht, die Neben- und Nachwirkungen früherer Technologien „in den Griff zu bekommen", ohne dabei die Schäden zu berücksichtigen, die sie womöglich selber setzt, und einer Technologie, die auf einem grundsätzlich veränderten Bewußtsein, das heißt auf einer grundsätzlich veränderten Beziehung von Subjekt und Objekt beruht. Auch Freuds Erkenntnis unserer existentiellen Abhängigkeit kann dabei weiterhelfen: Nicht wir haben uns und andere Menschen im Griff, sondern unser Unbewußtes, unser Es (Groddeck, 1974), das Leben trägt uns; wir sind ein Teil des Lebens, auch als Psychotherapeuten. Es ist gefährlich, Teile dieses Lebens, in das wir eingebettet sind, zu verleugnen und Größenphantasien zu entwickeln, die uns die Rettung aus der Abhängigkeit durch die Bewältigung unserer Triebwünsche, unserer Mitmenschen oder unserer Umwelt vorspiegeln.

Dies alles scheinen selbstverständliche Feststellungen zu sein, denen kaum jemand widersprechen wird. Ich halte sie trotzdem nicht für überflüssig, weil die Größenphantasien auch innerhalb der Psychoanalyse eine so bedeutende Rolle spielen, und zwar zumeist in einer mystifizierenden Verkleidung, die sie oft als Größenphantasien unkenntlich macht. In den folgenden Kapiteln wird die Technologiekritik innerhalb der Psychoanalyse einen großen Raum einnehmen. Für die kritische Darstellung der Frage „Psychoanalyse ohne Couch?" bedeutet dies alles, daß Psychoanalyse viel mehr ist als eine medizinische Hilfswissenschaft. Die „Psychoanalyse mit der Couch" erscheint aus dieser Perspektive nur als *eine,* zwar sehr wichtige und zentrale, aber eben nicht als die einzig mögliche Anwendung der revolutionären psychoanalytischen Grundprinzipien. In allen Anwendungsformen der Psychoanalyse, innerhalb und außerhalb des psychotherapeutischen Bereichs, besteht die Möglichkeit der „Veränderung von unten" durch den „natürlichen Auftrieb des Unbewußten", und in allen Anwendungsformen der Psychoanalyse kommt es vor, daß die Angst vor diesem Auftrieb zu groß ist, und deshalb die Veränderung nicht zugelassen werden kann.

3. Kapitel

Das systemische Verständnis der Familiendynamik in der Psychoanalyse

Ich spreche hier von Systemtheorie in der Psychoanalyse, auch wenn die Psychoanalyse häufig als individualistisch, monokausal, linear, also als nicht-systemisch bezeichnet wird, dies vor allem von den sogenannten Systemtherapeuten, aber auch von Psychoanalytikern selbst. Ich möchte zeigen, daß in der Psychoanalyse von Anfang an systemische Konzepte enthalten waren, und welche Folgen eine konsequente Weiterentwicklung dieser Konzepte für die verschiedenen psychoanalytischen Therapieformen hat. Damit stelle ich hier eine Alternative zur Kommunikations- oder Systemtherapie dar, die deutlich machen soll, daß Psychoanalyse durchaus nicht durch die sogenannten systemischen Ansätze in der Psychotherapie überholt ist, wie oft behauptet wird (Haley, 1977; Watzlawick et al., 1969, 1974, 1977, 1980; Selvini-Palazzoli et al., 1963, 1975; Guntern, 1980; Stierlin et al., 1977, 1979), sondern daß eine so verstandene Psychoanalyse vielmehr in unserer aktuellen gesellschaftlichen und politischen Situation eine wichtige Bedeutung hat, die dem ursprünglichen revolutionären Charakter der Psychoanalyse wieder neu entspricht.

Es ist mir wichtig zu betonen, daß ich der sogenannten systemischen Psychotherapie hier keine „bessere" oder „effektivere" Therapie*methode* gegenüberstellen will. Ich will vielmehr auf eine therapeutische *Haltung* aufmerksam machen, die für mein Verständnis das Wesen der Psychoanalyse ausmacht, und die innerhalb und außerhalb der Psychoanalyse oft übersehen wird. Diese Haltung ist nicht einfach aus einer therapietechnischen Konzeption heraus herstellbar, denn ihr Entstehen ist abhängig von den intrapsychischen Bedingungen des Therapeuten und von der Beziehung, in der er sich jeweils befindet. Mein Anliegen unterscheidet sich also grundsätzlich von dem Anliegen der meisten Theoretiker, die versuchen, der allgemeinen Norm von Wissenschaftlichkeit entsprechend, ein in ihrem Sinn möglichst effektives Therapeuten*verhalten* zu beschreiben. Da ich der Überzeugung bin, daß für den therapeutischen Prozeß nicht das Verhalten des Therapeuten sondern die Beziehung zwischen Therapeut und Patient ausschlaggebend ist, versuche ich diese Beziehung zu beschreiben, und zwar nach den Grundprinzipien der Psychoanalyse: unter Einbeziehung des Unbewußten, der Ambivalenz zwischen Wünschen und Ängsten, der Veränderungswünsche und des Widerstandes bei Therapeut und Patient. Ich will versuchen zu zeigen, unter welchen Bedingungen sich eine emanzipatorische Veränderung ergeben kann, und wann mit einer Fixierung des status quo im therapeutischen Prozeß zu rechnen ist. Diese Beschreibung der therapeutischen Beziehung unter psychoanalytisch-systemtheoretischen Aspekten hat nicht nur eine kritische Position den sogenannten systemischen Therapieformen gegenüber zur Folge, sondern auch weitreichende Konsequenzen für alle psychoanalytischen Therapieformen und für das Selbstverständnis der Psychoanalytiker in unserer Gesellschaft.

Systemische Konzepte in der Psychoanalyse

Systemisch oder systemtheoretisch zu denken bedeutet, Gesetzmäßigkeiten im Zusammenspiel verschiedener Einheiten – in unserem Fall von Individuen – zu erkennen und zu beachten. In diesem Sinn entwickelte schon Freud implizit eine Familientheorie (vgl. auch Pohlen und Plänkers, 1982; Ciompi, 1982). Er beschrieb, wie sich die unbewußte Konfliktsituation der Ursprungsfamilie in der Struktur des Individuums niederschlägt, und wie sich dieser Niederschlag durch die Bildung von Objektrepräsentanzen auf die therapeutische Beziehung – wie auch auf jede andere Beziehung – überträgt. Freud entwarf ein systemisches Modell des Individuums, verstanden als Zusammenspiel von Triebwünschen, Ängsten und Abwehrmechanismen, das gleichzeitig Ergebnis und Ausgangspunkt der interpsychischen Systemsicht ist.

Die Lehranalyse, der wichtigste Teil der psychoanalytischen Ausbildung, sucht eine Antwort auf die Frage: wer bin ich?, das heißt: welche Stellung hatte ich in meiner Ursprungsfamilie? wie haben sich die Beziehungsmuster (= das familiäre System) meiner Ursprungsfamilie in mir niedergeschlagen? wie übertrage ich dieses intrapsychische System auf meine jetzigen therapeutischen und nicht-therapeutischen Beziehungen? In der Lehranalyse wie in jeder anderen Analyse wird versucht aufzudecken, welche Wünsche und Gefühle in der Ursprungsfamilie zwar wirksam aber verdrängt oder abgespalten waren. Durch Erinnern, Wiederholen und Durcharbeiten (Freud, 1914) wird dieses unbewußte System der Ursprungsfamilie dem Analysanden bewußt und verfügbar. Die Veränderung, die dadurch eintritt, besteht nicht in einem Ungeschehenmachen oder in einem Wiedergutmachen des Gewesenen, sondern in einer schrittweisen Aufhebung der Verdrängung, sodaß an die Stelle des ständig wiederholten Agierens (Wiederholungszwang) das Analysieren, und das heißt: das bewußte Erleben von Beziehungsmustern (Wünschen, Ängsten und Abwehrmechanismen) treten kann.

Das Konzept von Übertragung und Gegenübertragung fügt zu dieser noch einseitigen, weil auf den Analysanden beschränkten Sichtweise die Sichtweise der Gegenseitigkeit hinzu. Versteht man diese Konzepte symmetrisch, dann ergibt sich ein systemisches Verständnis der Therapeut-Patient-Beziehung, derart, daß jede Übertragung eines Beziehungsmusters des einen beim anderen eine entsprechende Gegenübertragung auslöst. Es handelt sich also in der therapeutischen Beziehung um ein Ineinandergreifen von zwei Systemen, wobei die „Symptome" dieser Beziehung, also alle Erscheinungen von Fixierung oder Veränderung, sowohl aus dem Übertragungs- und Gegenübertragungsmuster des einen als auch aus dem des anderen verstanden werden können.

Die explizit interindividuelle Systemtheorie in der Psychoanalyse: Beziehungsanalyse

Diese letzte Behauptung der vollen Symmetrie zwischen Therapeut und Patient in der therapeutischen Beziehung ist jedoch schon ein Teil der Erweiterung und Weiterentwicklung der psychoanalytisch-systemischen Konzepte durch meinen beziehungsanalytischen Ansatz (Bauriedl, 1980). Ich ging in dieser Weiterentwicklung von meiner 1974 entworfenen Ambivalenztheorie aus (Bauriedl, 1982b), die im wesentlichen darauf hinausläuft, daß alles Erleben unter dem Prinzip der Dialektik zwischen Wünschen und Ängsten verstanden werden kann. Entsprechend dem Freudschen Verständnis von Symptomen als Kompromißbildungen zwischen Antrieb und Abwehr verstehe ich jedes psychische Phänomen als Ausdruck einer spezifischen Kompromißbildung zwischen Wünschen und Ängsten. Die Kompromißbildung folgt dabei dem Prinzip der optimalen Triebbefriedigung bei gleichzeitiger optimaler Befriedigung der Sicherheitsbedürfnisse.

Dieses dialektische Modell der Person habe ich zunächst auf zwei Personen übertragen: auch zwischen zwei Personen werden Gefühle und Wünsche, die zu viel Angst machen würden, abgespalten und entweder auf den jeweils anderen projiziert (das ergibt die typische „Schaukel" der Schuldzuweisungen) oder auf Personen oder Institutionen, etc. außerhalb der Zweierbeziehung projiziert und dort gemeinsam bekämpft (das ergibt die gegenseitige Idealisierung mit gemeinsamem „Feind" außerhalb der Beziehung).

Auch die Ambivalenztheorie läßt sich auf zwei Personen erweitern: die jeweilige intrapsychische Ambivalenz der Partner wird interpsychisch verteilt. Z. B.: Beide Personen schwanken zwischen Wünschen und Ängsten in bezug auf sexuelle Befriedigung. Der gemeinsame Abwehrmechanismus besteht dann in der Spaltung dieser intrapsychischen Ambivalenzen und deren Verteilung auf beide Personen: Sobald der eine sexuelle Wünsche bei sich erlebt, erlebt der andere die Abwehrseite: er ist müde, lustlos, im Streß o. ä., und umgekehrt.

Das typische Interaktionsmuster einer solchen Beziehung weist dann die von Bateson et al. (1969) erstmals beschriebene Doppelbindung auf: Jeder von beiden Partnern sendet, seiner intrapsychischen Ambivalenz entsprechend, doppelte Botschaften aus, die im Prinzip heißen: komm' her, aber bleib' weg! Wenn der andere der Aufforderung zu kommen folgt, wird er abgewiesen, wenn er abweisend ist, wird er aufgefordert zu kommen. Dadurch bleibt immer der gleiche starre Abstand zwischen beiden erhalten, der den bestmöglichen Kompromiß zwischen Triebbefriedigung und Befriedigung des Sicherheitsbedürfnisses repräsentiert.

Der entscheidende Unterschied dieser psychoanalytischen Ambivalenztheorie zur systemischen Double-Bind-Theorie liegt darin, daß in meinem Konzept die doppelten Botschaften immer auf eine intrapsychische, meist unbewußte Ambivalenzspaltung bezogen werden, und therapeutisch dadurch auch aufgehoben werden. Das Agieren der doppelten Botschaften hört nach meiner Erfahrung in dem Augenblick auf, in dem die intrapsychische Ambivalenz erlebt und damit als innerpsychische Spannung ausgehalten werden kann. Außerdem sehe ich Doppelbindungen immer symmetrisch. Ich verstehe grundsätzlich keinen Menschen einseitig nur als „Opfer" der Doppelbindungen des anderen. Wo doppelte Botschaften ausgeschickt werden müssen, handelt es sich nach meiner systemischen Sicht immer um eine wechselseitige Verklammerung, in der jeder der beiden Partner das Gefühl hat, vom anderen unterdrückt oder ausgebeutet zu werden. Allerdings kann ich als Therapeutin so mit in dieses System verwickelt sein, daß ich wegen der Bündnisbildung mit einem der Partner diesen nur als „Opfer" und nicht mehr als Teil einer überindividuellen Verklammerung sehe, an der auch ich nun teilhabe.

Auch der nächste Schritt in der Entwicklung einer umfassenden psychoanalytischen Systemtheorie, die Erweiterung auf die Triade, wurde schon von Freud vorgebahnt, und braucht von uns eigentlich nur noch konsequent vervollständigt zu werden. Freud beschrieb die Entwicklung des Menschen als eine Abfolge triebtheoretisch konzipierter Phasen, die ihren entscheidenden Höhepunkt in der ödipalen Konstellation, also in der (im weitesten Sinn) sexuellen Beziehung zu Vater und Mutter finden. Wohl beschrieb er dabei auch seine eigene psychosexuelle Entwicklung (Krüll, 1979), und ließ, nachdem er die Verführungstheorie widerrufen hatte, auch die das Kind prägenden bewußten und unbewußten sexuellen Erwartungen der Eltern aus dem Spiel. Aber welcher Forscher ist in seiner Theoriebildung nicht von der Beziehungsdynamik seiner eigenen Ursprungsfamilie geprägt? H. E. Richter (1963) führte diese Rollenerwartungen der Eltern wieder in die psychoanalytische Theorie ein, sodaß nun der Ödipuskomplex – den Richter allerdings nicht mehr so nannte – von beiden Seiten, nicht nur von der Seite des Kindes her, betrachtet werden kann. Allerdings blieb bei Richters Betrachtung die Bedeutung der Sexualität sehr am Rande, was nach meiner Ansicht einen Verlust gegenüber dem Freudschen Ansatz bedeutet.

Ich kann hier die vielfältigen Konsequenzen meiner psychoanalytisch-systemischen Betrachtungsweise des Ödipuskomplexes nicht ausführen (vgl. Bauriedl, 1985b), möchte jedoch darauf hinweisen, daß jedes Kind wesentlich durch die Beziehung seiner Eltern zueinander geprägt ist, auch wenn ein Elternteil wegen Tod oder Trennung zu fehlen scheint (vgl. Kapitel 4 und 5). Es wird immer in dem Maß für die Eltern zum Ersatzpartner, wie diese in einer unbefriedigenden weil starren Beziehung zueinander stehen. Die Identität des Kindes ist das exakte Abbild der elterlichen Beziehung. Sind die Eltern in einem echten und umfassenden Sinn miteinander glücklich, dann ist es auch das Kind. Besteht zwischen den Eltern eine „Leerstelle" des Unbefriedigtseins, dann nimmt das Kind oder nehmen die Kinder automatisch diese Stelle zwischen den Eltern ein, mit allen Konsequenzen dieser Position (Bauriedl, 1982a). So verändert die Geburt des Kindes gleichzeitig die Beziehungsstruktur der Familie und erhält sie auch aufrecht, weil das Kind die in der Familie vorhandenen unbewußten Phantasien in Form von Objektrepräsentanzen in sich aufnimmt und entsprechend agiert.

Der Veränderungsprozeß in dieser Sichtweise

Nach diesem kurzen Abriß der von mir entwickelten psychoanalytisch-familiendy-namischen Theorie, möchte ich nun zur Beschreibung des Veränderungsprozesses kommen, wie er sich in dieser Betrachtungsweise darstellt. Ich möchte beispielhaft einige Konsequenzen des systemischen Denkens in der Psychoanalyse für die verschiedenen psychoanalytischen Therapieformen beschreiben, die mir bisher besonders deutlich wurden.

Wenn ich Abwehr nicht mehr nur als ein individuelles Phänomen sondern immer auch als Teil eines interindividuellen Abwehrsystems betrachte, dann ergibt sich daraus zwangsläufig die Überlegung, daß nicht nur der Patient die Abwehrmuster seiner Herkunftsfamilie in die Analyse mitbringt, sondern daß auch ich als Analyti-kerin wegen der Gegenübertragung jeweils komplementär an der Abwehr des Patienten beteiligt bin, so wie auch der Patient wegen seiner „Gegenübertragung" jeweils komplementär an der von mir in die analytische Beziehung eingebrachten Abwehr beteiligt ist. Wir hängen also, dem oben beschriebenen Modell entspre-chend, in der Symmetrie unserer beiderseitigen Doppelbindungen bzw. Ambiva-lenzspaltungen so aneinander, daß sich für uns gemeinsam das bestmögliche Maß an Triebbefriedigung bei gleichzeitiger Einhaltung des nötigen Sicherheitsabstan-des ergibt. Unsere beiden Familienstrukturen haben sich automatisch, von der ersten Begegnung an, untereinander zu einem gemeinsamen Abwehrsystem kom-biniert, in dem die Ambivalenzen, die wir jeweils intrapsychisch nicht aushalten können, aufgespalten und zwischen uns verteilt werden. Zum Beispiel phantasieren wir Rollenverteilungen zwischen uns wie: gesund – krank, abhängig – unabhängig, mächtig – ohnmächtig, groß – klein, etc.

Die Auflösung oder Lockerung des Abwehrsystems des Patienten kann nicht ohne gleichzeitige Lockerung des gemeinsamen Abwehrsystems zwischen Patient und Therapeut erfolgen. Ich glaube, daß dieser Satz für jede Therapieform und für jede therapeutische Situation gilt, auch wenn man ihn nicht beachtet oder für falsch erklärt. Die Korrespondenz zwischen dem intrapsychischen und dem interpsychi-schen Abwehrsystem bedingt auch die Korrespondenz der Auflösung von Macht-strukturen beim Therapeuten und beim Patienten (Bauriedl, 1982a). Wenn man nämlich den Vorgang der Abwehr als Ausübung von Macht gegen störende und ängstigende Anteile in der Person und zwischen den Personen versteht, dann wird einem deutlich, daß das Aufgeben der Abwehr gleichbedeutend mit einem Verzicht auf Machtausübung bzw. auf Allmachtsphantasien ist. So betrachtet kann man jeden analytischen Prozeß auch als einen schrittweisen Verzicht des Analytikers (natürlich auch des Analysanden) auf die Unterdrückung von ängstigenden und störenden Inhalten, und das heißt: als einen Verzicht auf Größenphantasien sehen. Nicht umsonst hat Freud in seiner Selbstanalyse und für alle weiteren Analysen die Grundregel aufgestellt, daß man versuchen soll, alles Material in Form von Phantasien in sich aufsteigen zu lassen, das einem in den Sinn kommt, auch wenn es einem unangenehm, unwichtig, unsinnig oder abschweifend erscheint. Wie sehr der Analytiker selbst bei diesem Wiederzulassen verdrängter Inhalte von seiner Angst und Abwehrnotwendigkeit abhängig ist, zeigt Freuds eigene teilweise veröffentlichte Analyse. Jeder Psychotherapeut, der sich einmal ernsthaft auf diese Grundregel eingelassen hat und sich an seine Ängste und Schwierigkeiten dabei erinnert, weiß, daß dieses Zulassen verdrängter Inhalte Angst macht.

Wird diese Angst allerdings verleugnet, weil man sich als einen Therapeuten phantasiert, der nach abgeschlossener Lehranalyse „durchanalysiert" und das heißt dann „gegen Angst gefeit" ist, oder weil man eine Selbstanalyse sowieso für überflüssig hält, dann tritt an die Stelle des hier entwickelten Verständnisses der Psychoanalyse als Prozeß das technisch-strategische Denken in der Psychotherapie, das die Angst und Abwehr nur noch beim Patienten sieht und deshalb ausschließlich Methoden zur Angstbewältigung beim Patienten entwickelt. Ähnlich wie in der Politik werden dann „Sachzwänge" als Begründung für psychotherapeutisches Handeln gesehen, als ob Sachen uns zu irgendetwas zwingen könnten, als ob es nicht unsere Betrachtung der Sachen wäre, durch die wir uns zu bestimmten Handlungen in Psychotherapie und Politik zwingen. Diese therapeutische Haltung dient aus meiner Sicht der Abwehr und Vermeidung des Risikos, das eingegangen werden muß, wenn man sich „mit gleichschwebender Aufmerksamkeit" (Freud, 1912), also ohne Kontrolle des Weges, auf dem man sich mit dem Patienten befindet, auf den „natürlichen Auftrieb des Unbewußten" (Freud, 1940, S. 417) einläßt. Definitionsgemäß kann man die verdrängten Inhalte und ihre Auswirkungen nicht vor ihrem Wiederauftreten kennen und kontrollieren, man weiß also nicht, wohin der Weg geht. Ein Ziel läßt sich auch nicht festlegen, weil jedes Ziel dem Weg entspricht, der zu ihm führt, und eben der Weg im voraus auch dem Therapeuten nicht bekannt sein kann.

Freilich ist diese Haltung, in der der Therapeut sich dem Patienten und dem natürlichen Auftrieb des gemeinsamen Unbewußten anvertraut, für uns Angehörige einer technologie- und fortschrittsgläubigen Zivilisation sehr ängstigend. Immer wieder glauben wir, nur erfolgreich sein zu können, wenn wir die Dinge fest im Griff haben, wenn wir vorhersehbare, vorhersagbare und deswegen auch bis ins letzte steuerbare Abläufe in Gang setzen. Wir haben das Vertrauen in die natürlichen Gesundungskräfte der menschlichen Psyche verloren und handeln deswegen nicht mehr mit ihnen sondern gegen sie. Jeder Versuch, das Unbewußte kontrollieren zu wollen, bleibt aber im System der Abwehr stecken. Es gibt keine Technik der Befreiung.

Die symmetrische Betrachtung der therapeutischen Beziehung bedeutet für den Therapeuten den Verzicht auf seine Allmachtsphantasien und im gleichen Maß eine schwere Kränkung seines therapeutischen Narzißmus. Hier bestätigt sich der Satz, daß die Psychoanalyse nach Kopernikus und Darwin die dritte große Kränkung der Menschheit darstellt. Der Verzicht auf die Allmachtsphantasien des Technikers – und nur er – enthält aber auch die Chance für eine emanzipatorische Auflösung von Beziehungsstörungen. Wenn sich das Schwergewicht der Betrachtung von technischen Überlegungen weg auf die Machtstrukturen in der therapeutischen Beziehung und ihre intraindividuelle Korrespondenz in Form von Ängsten und Abwehrmechanismen hin verschiebt, ergibt sich die These: Schwierigkeiten der Therapie sind Schwierigkeiten des Therapeuten. Es sind natürlich in gleicher Weise auch Schwierigkeiten des Patienten. Der Therapeut, der sich auf die Symmetrie seiner Beziehung zum Patienten einläßt, hat aber die Chance, in Fortsetzung seiner Lehranalyse die Übertragung seiner eigenen Familienstruktur auf die therapeutische Beziehung und sein Mitagieren in der Familienstruktur des Patienten zu untersuchen und dadurch aufzulösen. Dieser Schritt bedeutet eine Systemveränderung „von innen her", das heißt: aus der Erkenntnis der eigenen Beteiligung am System. Psychoanalyse wird in dieser Sichtweise ein Prozeß, der dadurch fortschreitet, daß er sich selbst untersucht (Bauriedl, 1982b), eine progressive Relativierung scheinbar sicherer Positionen. In diesem Sinn kann die therapeutische Beziehung der Psychoanalyse auch als Abbild des gegenwärtig überall immer deutlicher werdenden Abrüstungsproblems gesehen werden. Denn dieses Problem haben nicht nur die Russen und die Amerikaner in Genf.

Die hier beschriebenen Konsequenzen einer grundsätzlich analytisch aufdeckenden und zugleich systemorientierten Haltung sind natürlich im Prinzip in allen psychoanalytischen Therapieformen dieselben, wenn sie sich auch im jeweiligen Setting unterschiedlich ausprägen. So wird zum Beispiel in der psychoanalytischen Paar- und Familientherapie die Dynamik der Dreierbeziehung besonders relevant. Wenn ich die oben beschriebenen Verklammerungen zwischen Personen durch Doppelbindungen (Verhaltensebene, vgl. Bauriedl, 1980, S. 86 f.) beziehungsweise durch Ambivalenzspaltung (Beziehungs- oder Erlebnisebene, vgl. Bauriedl, 1980, a.a.O.) grundsätzlich als nötige Inzestschranken in der Familie betrachte, und meine eigenen Wünsche und Ängste in der Paar- und Familientherapie nicht durch strategisches Denken unterdrücke, dann wird mir hier besonders deutlich, wie sehr ich als Therapeutin in das familiäre System einbezogen bin, ob ich das will oder nicht. Die Funktion als Ersatzpartnerin bleibt mir nicht erspart, auch wenn ich meine, sie vermeiden zu können oder zu wollen. Der Begriff Inzest bedeutet hier im Freudschen (man mag sagen „pansexualistischen") Sinn ein emotionales Sich-Nahe-Kommen in der Beziehung, das die durch Normen (starre Abstände bzw. Doppelbindungen) gehaltenen Sicherheitsabstände überschreitet und deshalb Angst macht. In jeder Familie sind diese Sicherheitsabstände entsprechend den Inzestwünschen und -ängsten genau festgelegt. Die Inzestgefahr ist umso größer je unklarer die Generationenschranken sind, je schwerer die Frau von der Tochter, der Sohn vom Mann oder Vater, etc. zu unterscheiden ist (Ersatzpartnerschaft). Freud würde sagen: je weniger der Ödipuskomplex bewältigt ist. Diese in der Kindheit aufgenommenen Beziehungsstrukturen der Ursprungsfamilie bestimmen das Erleben in jeder späteren Beziehung, sei sie therapeutischer oder nicht-therapeutischer Art. Wenn ich hier also wiederum selektiv das Augenmerk besonders auf die Struktur des Therapeuten und die damit verbundenen Probleme der therapeutischen Beziehung lenke, muß ich erkennen, daß ich als Therapeut eine Beziehungsstörung zwischen zwei Personen im gleichen Maß nicht auflösen kann, das heißt: aufrechterhalten muß, wie ich selbst auf die Funktion des idealisierten Ersatzpartners angewiesen bin.

Ein Beispiel soll dies veranschaulichen: Eine Familientherapeutin, die längere

Zeit mit einer Mutter und deren 10jährigen Tochter gearbeitet hat, drückt in der Balintgruppe ihr Gefühl aus, daß sie in der Therapie keinen Schritt weiterkomme, weil der Vater nicht an den Sitzungen teilnehme, sondern immer zur gleichen Zeit in den Kegelklub gehe. Ihr ist zu Beginn dieser Balintgruppensitzung nur bewußt, daß sie den Vater gerne dabei hätte, weil das das Beste für die Therapie sei. In der Balintgruppe wird dann mit Hilfe der in der Gruppe auftretenden Phantasien erarbeitet, daß die Therapeutin in dem Familiensystem die Stelle des fehlenden Vaters und Ehemannes einnimmt, und daß dieser ihr deswegen nur noch rational, aus therapietechnischen Gründen, nicht mehr emotional fehlt. Sie ist selber der bessere Vater und Ehemann geworden und bezieht dadurch ihre narzißtische Bestätigung im therapeutischen System. Deswegen hat sie kein emotionales Interesse daran, daß er selbst kommt (ähnlich wie die Tochter in dieser Familie). Wegen ihrer Rolle als Ersatzpartner für die Frau muß die Therapeutin außerdem unbewußt dafür sorgen, daß der Mann lieber in den Kegelklub geht als seine Stelle bei seiner Frau und in seiner Familie wieder einzunehmen. Es wird deutlich, daß die Therapeutin davor Angst hat, daß beide Eltern anwesend sein könnten, weil sie – ihrer eigenen Ursprungsfamilie entsprechend – glaubt, die latenten sexuellen Erwartungen beider Eltern an sie als Ersatzpartnerin gleichzeitig erfüllen zu müssen. Zunächst erscheint diese Angst als Befürchtung, den Vater in ihrer Funktion als Therapeutin nicht zufriedenstellen zu können. Die therapeutische Leistung besteht für sie in der Größenphantasie, die ambivalenten Erwartungen beider „Eltern" gleichzeitig erfüllen zu können, gleichzeitig für beide Eltern der bessere Partner sein zu können ohne sich in die Ehe einzumischen, gleichzeitig die Symptomatik der Familie beseitigen zu können, ohne das unbewußte Beziehungssystem in Frage zu stellen. Nachdem alle diese Überforderungen oder Größenphantasien im Zusammenhang mit der Dynamik der Ursprungsfamilie der Therapeutin aufgedeckt und durchgearbeitet sind, kann der Vater „wie von selbst" in die Therapie und damit auch allmählich an seinen Platz in der Familie zurückkehren. Die Therapeutin konnte durch die Erkenntnis der eigenen Beteiligung an dem gemeinsamen System und durch das Erleben der Überforderung in dieser Position ihr bisher unbewußtes Mitagieren aufgeben und dadurch den Platz für den Vater und Ehemann in dieser Familie wieder freimachen.

Für die psychoanalytische Gruppentherapie wird durch die systemische Betrachtungsweise der therapeutischen Beziehung die Abhängigkeit des Therapeuten von der jeweiligen Gruppensituation, also von der kollektiven Balance der Wünsche, Ängste und Abwehrmechanismen besonders deutlich. Seine Einfälle und Deutungen sind dann nicht mehr unter dem Aspekt therapeutischer Notwendigkeiten zu verstehen, sondern in Abhängigkeit vom Gruppensystem. Auch der Veränderungsprozeß bekommt dadurch ein anderes Gesicht. Verändern kann sich nur, was die Gruppenmitglieder *und* der Therapeut an Veränderung zulassen können. Das hilfreiche Agens dabei ist die ständige Selbstanalyse des Therapeuten und entsprechend dann auch der Gruppenmitglieder, die Analyse des jeweils eigenen Mitagierens und damit der eigenen Beteiligung an der Aufrechterhaltung des sicherheitsspendenden, aber Befriedigung einschränkenden Abwehrsystems. Schrittweise wird auch hier der Übergang vom Agieren (Wiederholen) zum Analysieren

(Durcharbeiten) möglich. Das Ergebnis und gleichzeitig der Weg ist eine Zunahme der Eigenverantwortlichkeit und das heißt der Lebendigkeit aller Beteiligten, auch des Gruppentherapeuten.

Das Grundprinzip der Veränderung: Der Therapeut ist mitbetroffen und mitbeteiligt

Die wichtigste in den bisherigen Ausführungen enthaltene Erkenntnis ist die, daß das Veränderungsprinzip der Psychoanalyse darauf beruht, daß der Therapeut sich auf die Wahrnehmung seines eigenen Betroffenseins von und seiner eigenen Beteiligung an dem gemeinsamen System einläßt. Dieser Vorgang ist nicht durch theoretische Einsichten herstellbar. Er wird nur in dem Maß möglich wie der Therapeut die Allmachtsphantasie aufgeben kann, daß er ein Mechaniker ist, der nur agiert, nicht reagiert, nicht mitagiert, nicht in seiner ganzen psychophysischen Existenz ein Teil des Ökosystems ist, in dem er lebt. Diese Erkenntnis gilt sicher für jeden Menschen, nicht nur für Psychotherapeuten. Allmachtsphantasien, in unserer technischen Welt zumeist als normal angesehen, haben ihre psychodynamischen Gründe. Sie dienen zur Vermeidung des sonst unerträglichen Gefühls von Ohnmacht, Abhängigkeit und Ausgeliefertsein. Wieviel Angst tritt auf, wenn ich mir deutlich mache, daß und wie sehr ich der automaren Bedrohung und der Bedrohung durch eine Umweltkatastrophe ausgeliefert bin! Ähnlich bedrohlich ist es auch oft wahrzunehmen, wie sehr man als Psychotherapeut von den impliziten Geboten und Verboten seiner Patienten abhängt, wie sehr man auf die Wertschätzung durch die Patienten angewiesen ist, und wie sehr einen eine Abwertung durch Patienten trifft. Wenn man dann noch sieht, daß die eigenen Interventionen, auch wenn sie als technische Notwendigkeiten rationalisiert werden können, von der jeweiligen Abwehrlage im „therapeutischen System" abhängen, dann könnte man glauben, als Therapeut eigentlich ganz und gar ohnmächtig zu sein. Lieber verzichtet man da bewußt oder unbewußt auf das Erleben und die Reflexion dieser Abhängigkeiten.

Ähnlich geht es mit dem Sich-Beteiligt-Fühlen. Hier sind es vor allem Schuldgefühle, die uns abhalten, die eigene Beteiligung an einem System zu erkennen, das wir als pathologisch oder pathogen ansehen. Wenn ich mir klarmachen soll, in welchem Ausmaß ich durch meine Lebensgewohnheiten an der allgemeinen Zerstörung der Umwelt beteiligt bin, und in welchem Ausmaß ich durch Passivität und Verdrängung an der Eskalation der Rüstungsspirale beteiligt bin, dann sehe ich doch lieber die Schuld nur bei der Großindustrie und bei ökonomischen Gesetzmäßigkeiten, beziehungsweise die Ursachen der uns alle bedrohenden Situation als Eigengesetzlichkeit des Systems, mit dem ich als Einzelperson nichts mehr zu tun habe. Hier fühle ich mich lieber ohnmächtig als schuldig und projiziere die Schuld auf andere, jedenfalls weg von mir. Auch als Therapeut bin ich darauf bedacht, eine „schiefe Ebene" zwischen mir und den Patienten herzustellen, auf der alle Pathologie und damit in gewissem Sinn auch alle Schuld zu diesen hin „abrutscht", sobald ich die Schuldgefühle, die ich beim Erkennen meiner eigenen Beteiligung an der

Symptomatik der Patienten bekäme, nicht mehr ertragen kann. Lieber fühle ich mich auch hier ohnmächtig in bezug auf die „schwere Erkrankung" des Patienten, als daß ich von meiner Komplementärneurose oder Komplementärpsychose Kenntnis nehme, die ich in Reaktion auf den Patienten und aus eigener Reaktionsbereitschaft ausgebildet habe. Damit folge ich der allgemeinen, mein Selbstwertgefühl schützenden Vorstellung: ein Psychotherapeut muß selbst psychisch gesund sein, und weil er das sein muß, ist er es eben auch.

Diese von Normen gegen Angst und Schuld geprägte Haltung erhält zwar kurzfristig die Phantasie von der eigenen Unabhängigkeit, Unschuld und Gesundheit aufrecht, sie läßt aber dem Therapeuten und damit auch dem Patienten keine Entwicklungschance. In dem Maß wie der Therapeut auf der Beziehungsschaukel die Rolle des „Gesunden" für sich selbst reservieren muß, bleibt für den Patienten nur die Rolle des „Kranken" übrig. Das ist in therapeutischen Beziehungen nicht anders als in Familienbeziehungen, in denen einer der „Kranke" ist und andere die „Gesunden" sind. Erst in dem Maß, wie das eigene Betroffensein erlebt werden kann, kann der in diesem Erleben enthaltene Leidensdruck auch beim „Gesunden" zum Veränderungswunsch werden. Erst wenn ich meine durch Größenphantasien unterdrückten Wünsche und Nöte wieder erleben kann, kann ich etwas dafür tun, daß es mir besser geht. Freud würde sagen: erst in dem Maß wie die Angst als Signal für eine drohende Gefahr erlebt werden kann, tritt eine Veränderung ein. Solange Angst als Signal zur Abwehr bzw. zur Verleugnung der Gefahr dient, bleibt der gefährliche status quo erhalten.

Auch die Erkenntnis der eigenen Beteiligung an dem bestehenden System bringt die Veränderungsmöglichkeit mit sich. Beteiligtsein an einem System bedeutet nicht nur Beteiligtsein an dessen Aufrechterhaltung sondern auch Beteiligtsein an dessen Veränderungsmöglichkeit. Wenn ich also erkenne, wie ich selbst an der gemeinsamen Abwehr beteiligt bin und es riskiere, diesen meinen Abwehranteil schrittweise aufzugeben, verändert sich mit mir das ganze System – wegen der Korrespondenz zwischen intrapsychischem und interpsychischem System. In diesem Gedanken liegt die ganze Hoffnung und auch die Chance der psychoanalytischen Haltung.

Über die Aktualität der Psychoanalyse in unserer gegenwärtigen gesellschaftlichen und politischen Situation

Auch Psychotherapeuten sind Teil des gesellschaftlichen Systems, in dem sie leben, auch sie sind von dessen Problemen und Lösungsmöglichkeiten mit betroffen und an ihnen mit beteiligt. Deshalb ist es nicht verwunderlich, daß so viele Parallelen zwischen Psychotherapie und Politik (im weitesten Sinn) deutlich werden, wenn man anfängt, das eigene Eingebundensein in die verschiedenen Systeme zu sehen, in denen man lebt. Der hier beschriebene systemische Aspekt der Psychoanalyse wird leider sehr häufig auch von Psychoanalytikern übersehen oder nicht für wichtig gehalten. Trotzdem glaube ich, daß ich, indem ich ihn betone, auf eine Richtung hinweise, in der für die Psychoanalyse eine ihrem ursprünglichen Ansatz entsprechende neue Bedeutung entstehen kann. Keine psychotherapeutische Schule hat die anderen Schulen und unsere gesamte Kultur so nachhaltig beeinflußt wie die Psychoanalyse mit ihrem Anliegen, verleugnete und unterdrückte Anteile im Individuum und in der Gesellschaft aufzudecken und dadurch zu einer ständigen revolutionären Veränderung beizutragen. Der Respekt vor den dabei auftretenden Ängsten und Wiederständen machte eine Haltung möglich, die dem Unbewußten eine Chance zur selbstheilenden Regenerierung gibt, die eine völlig andere Qualität von Heilungsprozeß darstellt als er durch auf Verhaltensmodifikation beschränkte Methoden erreichbar ist.

Wenn sich nun die Psychoanalyse heute den aktuellen Gegebenheiten und Notwendigkeiten entsprechend darauf besinnt, daß in Freuds Erkenntnissen ein Selbstverständnis des Psychoanalytikers enthalten ist, das ihn als Teil des therapeutischen Systems erkennbar macht, von diesem mitbetroffen und an ihm mitbeteiligt, dann kann meiner Ansicht nach von der Psychoanalyse ein neuer Impuls ausgehen, der wiederum die anderen Psychotherapieformen und auch unsere gegenwärtige Kultur und Gesellschaft anregen und verändern kann. Psychoanalyse braucht sich nicht auf ein individualistisches Selbstverständnis oder Selbstmißverständnis festzulegen oder festlegen zu lassen. Sie hat dieses Selbstverständnis, das die Abhängigkeiten von der Umwelt verleugnet, längst als pathologische Größenphantasie erkannt.

Aber obwohl uns all diese theoretischen Einsichten zur Verfügung stehen, denken auch wir Psychoanalytiker oft in einem abgespalten technischen Sinn, das heißt: ohne uns selbst und unsere auf ganz persönlichen Wünschen und Ängsten beruhenden Beweggründe in die Betrachtung einzubeziehen. Auch hier sehe ich die Parallele zur allgemeinen gesellschaftlichen Situation: zwar ist uns die Not bekannt, in die uns unser technischer Größenwahn gebracht hat, und doch meinen wir immer wieder, nicht auf ihn verzichten zu können. Immer wieder phantasieren wir uns als außerhalb unseres Ökosystems stehend. Immer wieder müssen wir die Angst- und Ohnmachtsgefühle vermeiden, die mit der Erkenntnis verbunden sind, daß wir nie wirklich einen Außenstandpunkt gegenüber irgendeinem System einnehmen können. Der archimedische Punkt, von dem aus man die Welt aus den Angeln heben könnte, ist eine unerreichbare Fiktion. Wir stehen zu allem und jedem in irgendeiner Beziehung, in der unsere Wünsche und Ängste, auch die unbewußten, eine Rolle spielen. Allzulange haben wir in diesen Beziehungen unsere lebendigen Bedürfnisse zugunsten des Fortschrittsglaubens und der Phantasie von der Bewältigung der Umwelt vernachlässigt. Allzulange haben wir geglaubt, außen unter Kontrolle bringen zu müssen und zu können, was uns in unserem eigenen Inneren bedrohte. Wir haben versucht, die als Not erlebte Abhängigkeit von unserer Umwelt und von unserer Innenwelt loszuwerden. Wir entwickelten immer neue Techniken, um dieses Ziel zu erreichen. Die Techniken konnten uns aber in Wirklichkeit nur immer wieder eine Verschiebung der Not, eine Verschiebung aus unserem unmittelbaren Blickfeld ermöglichen, solange bis die „neue Not" existenzbedrohend für uns alle wurde. Ich glaube, es ist höchste Zeit, sich um die kollektive Verleugnung von Abhängigkeit zu kümmern, die die Grundlage dieser megalomanen Entwicklung darstellt, und an der jeder von uns beteiligt ist.

Der Psychoanalyse war längst bekannt, daß das Schwache, Unterdrückbare, scheinbar Überflüssige als ein lebensnotwendiger Teil des Ganzen anzusehen ist. Hierin entsprachen ihre Erkenntnisse schon lange denen der modernen Ökologie. In der Ökologie wird immer deutlicher, daß wir auf das „Schwache" und das „Leise", das sich leicht verdrängen und ausrotten läßt, wie zum Beispiel auf den Wald oder auf bisher als nutzlos angesehene Tiere, nicht verzichten können, weil sie Teil unserer eigenen Lebensgrundlage sind. Unsere Abhängigkeiten werden immer deutlicher. Und trotz all dieser Einsichten sind auch wir Psychoanalytiker oft der Meinung, daß die Verbesserung der psychotherapeutischen Technik unter pragmatischen Erwägungen, nämlich zum Zweck der möglichst raschen Symptombeseitigung, das Ziel aller Ziele ist. Wir halten uns für potent, wenn wir unsere Umwelt in den Griff bekommen, wenn wir das Symptom unseres Patienten, das uns Ohnmachtsgefühle macht, bewältigt haben. Dabei vernachlässigen wir oft die Erkenntnis unserer Beteiligung am gemeinsamen System, das da heißt: Konflikte werden nicht ausgetragen, sondern der störende Ausdruck ungelöster Konflikte wird beseitigt (vgl. Wölpert, 1983). „Mitagierend" versuchen wir den Patienten möglichst rasch von einem „dysfunktionalen" in einen „funktionalen" Zustand überzuführen – dies alles zur Bestätigung der eigenen Allmacht und Unabhängigkeit. Unkritisch wird die „Verbesserung" des Werkzeugs betrieben, ohne jeweils die Motivation des das Werkzeug entwickelnden und gebrauchenden Psychotherapeuten mit zu untersuchen.

Psychoanalyse bedeutet Analyse der Personen und ihrer individuellen und kollektiven Motive, und damit auch Relativierung der von ihnen angewandten Verhaltensweisen und Techniken. In diesem Sinn wäre Psychoanalyse auch oft uns Psychoanalytikern selbst in stärkerem Maß nötig als wir das zulassen. Unsere persönliche Motivation zu untersuchen, d. h. uns selbst als Behandler im umfassenden Sinn mit all unserer Ambivalenz als Teil des therapeutischen Systems zu sehen, ist allerdings ungleich schwieriger und ängstigender als bestimmte Therapiemethoden zu idealisieren oder zu verdammen. Technologiekritik, die die Auswirkungen und eventuellen Schäden von Technik untersucht, muß ergänzt werden durch Ideologiekritik, und das bedeutet Motivations- und Beziehungsanalyse.

Hier kann und muß die Psychoanalyse einen wichtigen Beitrag leisten, denn sie kennt die Wege und deren Hindernisse, die zur Erkenntnis auch der unbewußten Motivationsanteile führen. Wegen des Zusammenhangs zwischen dem intraindividuellen und dem interindividuellen System kann ich als Psychoanalytikerin wissen, daß in einer Beziehung keine wirkliche „Abrüstung" vor sich gehen kann, wenn ich selbst meine „Rüstung" nicht ablege. Wenn ich selbst nicht fähig und bereit bin, unausgetragene Konflikte auszutragen, sondern hoffe, daß sich die Probleme lösen, ohne daß ich meine Beteiligung daran wahrnehmen und entsprechende Konsequenzen ziehen muß, dann kann ich höchstens eine „Verschiebung der Not" bewirken, weil alle meine Interventionen „im System" bleiben werden. In dieser Überlegung liegt auch eine Möglichkeit, ökonomisch zu denken. Ich kann mir nämlich bei genauer Beziehungsanalyse viele Interventionen ersparen, die in diesem Sinn systemimmanent sind, und Kraft, Zeit und Geld verbrauchen ohne zur Veränderung des Systems beizutragen.

Abschließend möchte ich noch einmal hervorheben, daß ich hier keine neue Methode beschreiben wollte, die als Methode mit der systemtherapeutischen oder mit der klassisch-psychoanalytischen – wie immer diese definiert sein mag – verglichen werden kann. Ich wollte auf die der Psychoanalyse spezifische Systemsicht aufmerksam machen, die die Betrachtung des interindividuellen Systems mit der des intraindividuellen Systems verbindet, und zwar unter Beachtung der unbewußten Beziehungsdynamik. Läßt sich ein Psychoanalytiker auf diese Systemsicht ein, sodaß er sich selbst als Teil des jeweiligen Systems versteht, in dem er lebt, dann gewinnt er Zugang zu Veränderungsmöglichkeiten, die nicht mehr nur durch weitere Verdrängung aus einer alten eine neue Not machen. Ich wollte auch darauf hinweisen, daß Systemimmanenz in diesem psychoanalytischen Sinn bedeutet, das Betroffensein von und das Beteiligtsein an dem jeweiligen System, in dem man sich befindet, *nicht* wahrzunehmen. Ein „Aussteigen" aus dem System, beziehungsweise eine Veränderung des Systems, ist deshalb nur durch „Einsteigen", das heißt durch das Wahrnehmen des eigenen Beteiligtseins und der damit verbundenen Not möglich. Dieses Wahrnehmen der eigenen Beteiligung wird aber zumeist aus Angst vor Schuld- und Ohnmachtsgefühlen vermieden. Stattdessen phantasieren auch wir Psychotherapeuten uns als „Techniker", die „zum Besten ihrer Patienten bestimmte Maßnahmen ergreifen müssen". Diese Phantasie scheinbarer Größe und Unabhängigkeit ist die psychische Grundlage des unreflektierten Fortschrittsglaubens, der uns in die uns alle so sehr bedrohende politische und ökologische Situation gebracht hat. Die Frage, ob das Betroffensein von und das Beteiligtsein an dem System, in dem wir uns befinden, von uns erlebt wird oder nicht, entscheidet sowohl in der Psychotherapie als auch in der Politik darüber, ob wir eine Chance haben, Leben zu erhalten, bzw. von Abwehr und Ideologie unterdrücktes Leben zurückzugewinnen, oder ob wir durch immer neue Technologien immer mehr Leben „unter Kontrolle bringen" müssen und dadurch zwangsläufig zerstören.

4. Kapitel

Der Veränderungsprozeß in der psychoanalytischen Paar- und Familientherapie

Als ich zu Beginn der siebziger Jahre begann, mich für Familientherapie zu interessieren, wollte ich mich nicht zufrieden geben mit der Feststellung einiger Autoren, daß die klassische Psychoanalyse mit der Paar- oder Familientherapie nicht vereinbar wäre, und daß die Familientherapie grundsätzlich neue Paradigmata einführe, die denen der Psychoanalyse entgegenstünden (Stierlin et al. 1977, 1979; Guntern, 1980). Ich wollte nicht glauben, daß man in der Psychoanalyse nur linear und monokausal, das heißt nicht-systemisch denken könne, und daß die Psychoanalyse deswegen durch die Systemtheorie und Systemtherapie überholt sei. Ich war nicht einverstanden mit den Vorurteilen der systemtherapeutischen Autoren (insbesondere Haley, 1977; Watzlawick et al. 1969, 1974, 1977, 1980) gegen die Psychoanalyse, die die Psychoanalyse auf eine reine „Erinnerungstherapie" reduzierten und für ihren eigenen Ansatz die Arbeit im Hier und Jetzt reklamierten.

Andererseits fand ich im psychoanalytischen Bereich kein eindeutig psychoanalytisches Konzept, das die Verbindung zwischen individueller und systemischer Sichtweise ohne Verlust psychoanalytischer Grundprinzipien herstellt. Obwohl die Psychoanalyse sich von Anfang an mit der Genese der psychischen Störungen in der frühen Kindheit und damit in der Familie beschäftigte, fehlte ihr doch eine familiendynamische Theorie, die die psychische Entwicklung des Kindes im Zusammenspiel mit der psychischen Struktur seiner Eltern, mit der Struktur der elterlichen Beziehung, und mit der Struktur der ganzen Familie beschrieb. Die ersten Ansätze der psychoanalytischen Entwicklungspsychologie hatten das Kind entweder ganz individualistisch betrachtet oder es wurde nur das Zusammenspiel zwischen Mutter und Kind beschrieben, wobei vor allem die verschiedenen Schädigungsmöglichkeiten des Kindes durch die Mutter dargestellt wurden. Die Position des Vaters findet erst in der neuesten psychoanalytischen Literatur Beachtung. H. E. Richter (1963) hatte die Prägung des Kindes durch die bewußten und unbewußten Erwartungen der Eltern beschrieben. Aber eine psychoanalytische Theorie über die Genese und die Auswirkungen psychischer Störungen in einem Familiensystem fehlte immer noch.

In meinem Buch Beziehungsanalyse (Bauriedl, 1980), das die Ergebnisse meiner fast zehnjährigen Forschung auf diesem Gebiet umfaßt, bemühte ich mich vor allem darum, klarzustellen, daß der Analytiker als Teil des therapeutischen Systems gesehen werden müsse, wenn man nicht Gefahr laufen wolle, wichtige Teile des revolutionären Potentials der Psychoanalyse auf dem Weg zur therapietechnischen Perfektion zu verlieren. Psychoanalyse war und ist für mich keine Technik, sondern ein Prozeß. Bei der Beschreibung eines Prozesses gibt es keine Unterscheidung in richtig und falsch. Stattdessen gibt es den Prozeß zu sehen, so wie er ist, mit seinen

54

Befreiungsschritten und Abwehrmanövern bei allen Beteiligten, und mit den Vorbedingungen und den Folgen all dieser Vorgänge. Ein Veränderungsprozeß ist auch nicht machbar, er kann nur mehr oder weniger zugelassen werden. Deshalb richtete sich schon damals meine Aufmerksamkeit vor allem auf das Beziehungsgeflecht zwischen Therapeut und Patient. Ich wollte über die Dynamik dieses Beziehungsgeflechts möglichst viel erfahren, da für mich die Hindernisse in der Psychotherapie keine technischen Probleme sind, sondern auf Angst und Abwehr beruhende intrapsychische Probleme des Therapeuten und der therapeutischen Beziehung.

Seit dem Erscheinen des Buches „Beziehungsanalyse" haben sich meine Vorstellungen über die Psychodynamik und die Beziehungsdynamik von Paaren und Familien weiterentwickelt, sodaß ich jetzt ein konkretes Bild von den Grundmustern der Pathologie zwischenmenschlicher Beziehungen in Familien vorlegen kann, und, abgeleitet davon, auch eine, wie ich meine, brauchbare Theorie des Veränderungsprozesses in psychoanalytischen Paar- und Familientherapien auf der Grundlage der Analyse der Beteiligung des Therapeuten am „therapeutischen System".

Grundprinzipien der Pathologie zwischenmenschlicher Beziehungen

Bei der Entwicklung meines psychoanalytischen Konzepts der zwischenmenschlichen Beziehungen ging ich von Freuds Modell der intrapsychischen Spaltung oder Dissoziation aus. Freud definierte die Störung der Persönlichkeit als Dissoziation zwischen zugelassenen und nicht zugelassenen Anteilen. Zunächst unterschied er diese Anteile – vor allem Triebwünsche – beschreibend nach den Kategorien bewußt und unbewußt. Dann führte er das Instanzenmodell Es – Ich – Über-Ich ein und damit eine dialektische Sicht der Persönlichkeit: Das Ich leistet die Integration beziehungsweise die Abspaltung oder Abwehr von Triebwünschen und Umweltansprüchen. Je nachdem, wieviel Spannung das Ich zwischen den Wünschen des Es und der im Über-Ich repräsentierten Umwelt aushalten kann, soviel nimmt es von beidem wahr. Es verdrängt mit Hilfe der verschiedenen Abwehrmechanismen Teile der eigenen Person (Wünsche, Gefühle und Ängste) und entsprechend Teile der Umwelt (Wünsche, Gefühle und Ängste anderer Personen) aus dem Bewußtsein, das heißt aus der bewußten Wahrnehmung. Diese Verdrängung geht mit einer Diffamierung der entsprechenden Repräsentanzen einher; das Ich trennt – zumeist unbewußt – „gute" von „bösen" inneren und äußeren Objekten (Wünsche, Gefühle, Personen, Anteile von Personen).

Auf diese Weise entstehen innere Gesetze der Person, Normen, die Zulässiges und Unzulässiges unterscheiden, und nach denen es sich auch entscheidet, ob und wann sich die Person „gut" fühlen kann, beziehungsweise, wann und weshalb sie sich „böse", „schlecht" oder minderwertig fühlen muß. Bei einer schweren psychischen Störung bleibt nicht viel „Gutes" übrig. Es muß sehr viel abgespalten oder abgewehrt werden, die Erlebnismöglichkeiten des Ichs sind stark eingeschränkt. Charakteristisch für solche schweren Störungen ist ein krasses Entweder-Oder:

Entweder bin ich „ganz gut" oder ich bin „ganz böse". Bei gesünderen Personen herrscht eher eine Und-Beziehung: Ich bin „gut" und „böse", beziehungsweise diese Unterscheidung ist nicht lebensentscheidend. Ich habe solche *und* solche Anteile, und ich darf sie auch haben, das heißt: ich kann sein, wie ich bin.

Diese Sichtweise kennzeichnet die Psychoanalyse als Konfliktpsychologie: Es geht immer um den intrapsychischen Konflikt zwischen Wunsch und Angst, beziehungsweise zwischen Wunsch und Abwehrmechanismus, der die Angst zu verhindern sucht. Im Erleben heißt das: Ich möchte etwas (wobei der Wunsch unbewußt oder verdrängt sein kann), aber ich habe Angst es zu bekommen, oder nicht zu bekommen. Ich habe Angst vor dem Risiko, meine Wünsche wahrzunehmen und auszudrücken. Wenn die Angst zu groß ist, wird das Dilemma durch eine Spaltung gelöst und das Ergebnis ist zum Beispiel: „Ich möchte gar nichts" oder „ich weiß nicht, was ich will" oder, wenn man diese intrapsychische Spaltung in ihren Folgen auf die Außenbeziehungen betrachtet: „ich erwarte, daß Du errätst, was ich will, ohne daß ich meinen Wunsch ausdrücke", oder „ich würde schon etwas wollen, aber Du gibst es mir ja doch nicht".

Diese letzten Beispiele führen schon hin zur Übertragung des Spaltungsprozesses auf die Beziehung zwischen zwei und mehr Personen. Wenn zwei Personen zusammenkommen, jeder mit der ihm eigentümlichen Spaltungs- oder Abwehrtendenz (Übertragungsmuster), dann erstreckt sich jedes der beiden Normensysteme auf den anderen. Was für den einen als abzulehnen gilt, gilt auch für den anderen als abzulehnen. Jeder der beiden versucht automatisch und unbewußt, sein Normensystem für den anderen absolut zu setzen. Täte er das nicht, dann würde er durch die Andersartigkeit des Abwehrsystems des anderen zu sehr in Frage gestellt, die eigenen verdrängten Anteile würden wieder auftauchen und Angst machen, denn die Verdrängung dient ja zur Abwehr von Angst. So enthält jede Begegnung zwischen zwei Menschen das Risiko und die Chance, sich gegenseitig in Frage zu stellen, das heißt die bisher absoluten Abwehrmechanismen zu relativieren und eventuell damit aufgeben zu können. Das wäre die Charakterisierung einer „gesunden", sich ständig fortentwickelnden Beziehung. Deshalb ist dieser Gedanke für den therapeutischen Prozeß besonders wichtig. Solche Relativierung bedeutet nämlich, in Relation, das heißt in Beziehung oder in Kontakt kommen. Die Beziehung hat dann die Form „ich *und* du", das heißt die beiden Übertragungsmuster schließen sich nicht gegenseitig aus, sie können nebeneinander bestehen und relativieren sich in einem lebendigen Prozeß der Veränderung. Wenn sich die beiden Übertragungsmuster ausschließen, muß, wie oben beschrieben, jeder der beiden sein Konzept von sich und der Welt dem anderen aufzwingen; er muß ihn bedrohen, um sich nicht selbst bedroht zu fühlen. Er muß ständig seine Ohnmacht in Macht verwandeln. Daraus entwickelt sich dann unter Umständen ein ständiger Machtkampf, der durchaus auch unter einer scheinbar friedlichen Oberfläche ausgetragen werden kann.

Betrachtet man die beiden Beziehungspartner als eine Einheit, in der die Aktionen jedes einzelnen nur in Korrespondenz zum jeweils anderen verstanden werden können, dann erkennt man, daß sich auch schon bei jedem kurzfristigen Zusammentreffen zweier (oder mehrerer) Personen ein gemeinsames Unbewußtes ausbildet. Wünsche und Ängste, die das von den Beteiligten tolerierbare Maß überschreiten, werden im gemeinsamen Bewußtsein abgespalten und dadurch unbewußt. Häufig erscheinen solche Wünsche und Ängste wieder in einem gemeinsamen Außenfeind, in dem sie dann gemeinsam bekämpft werden. Die Partner einer Zweierbeziehung können so lange in relativer Konfliktfreiheit miteinander leben, wie diese Eliminierung der ängstigenden und die Beziehung in Frage stellenden Anteile gelingt. Zu Beginn einer Paarbeziehung ist fast regelmäßig die aus diesem Vorgang resultierende gegenseitige Idealisierung zu erkennen. Fast ebenso regelmäßig tritt jedoch das gemeinsam Abgewehrte nach einiger Zeit wieder in die Beziehung ein. An die Stelle des gemeinsamen Feindes außerhalb der Beziehung tritt dann der gemeinsame Feind innerhalb der Beziehung. Wo früher gegenseitige Idealisierung war, treten jetzt manifeste oder latente Schuldzuschreibungen auf, nach dem Muster: „Ich kann ja nicht, weil Du . . . so bist, immer das tust, usw." Daß es sich auch hier um einen gemeinsamen Feind handelt, ist daran zu erkennen, daß die Schuldzuschreibungen beim jeweils anderen wirksam sind. Er fühlt sich wegen der Vorwürfe seines Partners „schlecht" oder ausgestoßen, und wehrt sich dagegen, durch Gegenanklage, Verteidigung, oder auch durch Selbstanklage.

Zur Beantwortung der Frage, nach welchen Gesetzmäßigkeiten zwei Personen miteinander interagieren, habe ich die Double-Bind-Theorie von Bateson und Mitarbeitern (Bateson et al., 1956) in mein psychoanalytisches Konzept eingebaut. Die Double-Bind-Theorie führt schizophrene Störungen darauf zurück, daß die frühen Bezugspersonen, insbesondere die Mutter, dem Patienten widersprüchliche Botschaften zukommen ließen, daß der Patient aber die Widersprüchlichkeit dieser Botschaften nicht bewußt wahrnehmen durfte oder konnte, und daß er auch unfähig war, „aus dem Felde zu gehen". Er befand sich also von frühester Kindheit an in einer Lage, in der er nichts richtig machen konnte; folgte er der einen Botschaft, dann hatte er die andere nicht gleichzeitig auch befolgt, und umgekehrt.

Dieses Phänomen sah ich ganz deutlich in *allen* Paar- und Familienbeziehungen. Ich wollte aber nicht nur das Phänomen und seine Auswirkungen auf den Adressaten der doppelten Botschaften beschreiben, ich wollte auch verstehen, aufgrund welcher intrapsychischen und interpsychischen Bedingungen solche doppelten Botschaften ausgesandt werden. Nur so sah ich eine Chance, wiederkehrende Verhaltens- und Beziehungsstrukturen analytisch aufzulösen. Einige Grundpositionen der Psychoanalyse boten sich für dieses Verständnis an. Doppelte Botschaften unterscheiden sich nach meiner Beobachtung nicht nur darin, daß die eine Botschaft verbal, die andere nonverbal gegeben wird. Sie sind vielmehr der Ausdruck einer intrapsychischen Ambivalenzspaltung, wie ich sie oben beschrieben habe. Aus dem Erleben: „Ich möchte etwas von Dir, aber ich habe auch Angst, es zu bekommen" entsteht die Botschaft: „Tu das, aber tu es ja nicht" oder „Komm' her, bleib' weg." Das Zusammenspiel zwischen Triebwunsch und angstbedingter Abwehr ist die psychodynamische Grundlage der doppelbindenden Kommunikation.

Die Ambilanzspaltung betrifft aber regelmäßig nicht nur einen Partner einer Zweierbeziehung, sie greift sofort auch auf den anderen über, sei es in einer kurzfristigen Begegnung oder in einer langfristigen Paarbeziehung. Da jeder Mensch auf ängstigende Situationen intrapsychisch mit Ambivalenzspaltung und Doppelbindung reagiert, verbinden sich die Übertragungsmuster der beiden Partner nicht nur zu einem gemeinsamen Unbewußten (s. o.), sondern auch zu einer gemeinsamen Ambivalenzspaltung. Die jeweilige intrapsychische Ambivalenz der Einzelpersonen wird unbewußt zwischen den beiden Personen verteilt: Wenn der eine den Wunsch hat und/oder äußert, übernimmt der andere die Abwehr des Wunsches. Wenn der eine sexuelle Gefühle und Wünsche äußert, ist der andere gerade müde oder hat zu tun. Wenn der eine den Wunsch nach einem gemeinsamen Spaziergang äußert, fällt dem anderen ein, daß gerade jetzt ein Spaziergang dorthin nicht sinnvoll ist, oder daß sein Partner den Wunsch schon gestern hätte äußern sollen. Heute sei es schon zu spät. Beispiele für diese gemeinsame Ambivalenzspaltung und Verteilung der ambivalenten Anteile auf zwei oder mehr Personen sind in jeder Alltagserfahrung zu finden.

Es erhebt sich nun die Frage, weshalb das so sein muß, welche relativen Vorteile die einzelnen davon haben, wenn sie so viele Nachteile einer unbefriedigenden Beziehung dafür in Kauf nehmen. Betrachtet man dieses Zusammenspiel in einer Paartherapie, dann sieht man, daß die doppelten Botschaften und die Verteilung der Ambivalenzen zur Folge haben, daß die beiden Partner immer im gleichen Abstand voneinander bleiben. Sie kommen sich nicht zu nahe, denn wenn der eine sich nähert, weist ihn der andere ab. Sie entfernen sich auch nicht zu weit voneinander, denn wenn einer sich entfernt, versucht ihn der andere festzuhalten. Es werden also Verschmelzungs- und Verlustängste für beide Partner vermieden. Je größer diese Ängste sind, desto geringer ist der Spielraum der emotionalen Bewegung für beide. In schwer gestörten Familienbeziehungen hat man oft das Gefühl, daß sich das ganze System mitbewegt, wenn sich einer bewegt; eine relativ kleine Veränderung der emotionalen Abstände innerhalb des Systems löst sofort starke existentielle Ängste aus.

Es bleibt zu fragen, woher denn diese Ängste kommen, die sich natürlich auch sofort auf jedes Kind einer solchen Paarbeziehung und auch auf den Therapeuten übertragen. Warum ist in manchen Familiensystemen die Gefahr, ausgestoßen oder verschlungen zu werden so groß, daß die emotionalen Beziehungen der Familienmitglieder so starr reguliert werden müssen? Diese Frage ist deshalb so wichtig, weil die Starre nur dann analytisch aufgelöst werden kann, wenn sie als psychodynamisch sinnvoll zu verstehen ist. Die theoretische Annahme, die diese Frage beantwortet, habe ich an verschiedenen Stellen dieses Buches beschrieben und auch mit Beispielen belegt, so daß ich sie hier nur kurz anführen möchte: Um die Genese der intrapsychischen Abspaltungen mit ihren interpsychischen Auswirkungen beim Individuum zu verstehen, stelle ich mir vor, daß die Beziehung der Eltern oder anderer früher Bezugspersonen in einem mehr oder weniger großen Maß unbefriedigend war, weil die Eltern aufgrund ihrer Geschichte durch Ambivalenzspaltungen den Abstand zwischen sich aufrechterhalten mußten. Die unbefriedigten Wünsche der Eltern richteten sich von Anfang an an das Kind, das dadurch für beide Eltern zum Ersatzpartner wurde. Manchmal ist die doppelte Ersatzpartnerschaft nicht sofort zu sehen, zum Beispiel wenn nur die Mutter mit dem Kind zusammenlebte, oder wenn die Bindung einseitig nur zwischen Kind und Vater zu bestehen scheint, die Mutter aber von beiden abgewertet wird. Untersucht man solche scheinbar einseitigen Verklammerungen oder Ersatzpartnerschaften näher, und bezieht man die Ablehnungen und Abwertungen als Schutz vor Nähewünschen in das Bild der Ersatzpartnerschaft mit ein, dann ergeben sich regelmäßig zwei Verklammerungen oder Ersatzpartnerschaften, zwischen dem Kind und seiner Mutter einerseits und zwischen dem Kind und seinem Vater andererseits. Die Verklammerung zweier Personen durch Doppelbindungen ist das Kennzeichen jeder ersatzpartnerschaftlichen Beziehung.

Aus diesem triangulären Verständnis der ambivalenten Verklammerungen geht hervor, weshalb bei stark gespaltener und sehr unbefriedigender Elternbeziehung die Nähewünsche und die Trennungswünsche so viel Angst auslösen. Ein Kind, das seine Identität durch alle Entwicklungsphasen hindurch auf die Ersatzpartnerschaft für seine Eltern gegründet hat, fühlt sich nur wertvoll, wenn es besser, größer, lieber, fähiger ist, als der jeweils ersetzte Elternteil. Diese Angst überträgt sich dann auf alle Objektbeziehungen seines späteren Lebens. Ein Mensch, der sich grundsätzlich dadurch definiert, daß er besser ist als ein Elternteil, kann sich auf seine Position als Sohn oder Tochter nicht einlassen. Er muß ständig befürchten, daß in seine Zweierbeziehungen ein Dritter einbricht, der doch noch besser und größer ist, als er oder sie selbst. Der Zusammenschluß zweier anderer, ursprünglich der Eltern, ist die größte Bedrohung für das Selbstwertgefühl dieses Kindes und späteren Erwachsenen. Deshalb muß dieser Mensch ängstlich darauf bedacht sein, daß sein Ersatzpartner, also ein Elternteil, oder, wenn er selbst Elternteil ist, sein Kind, sich nicht von ihm wegbewegt. Wegbewegung bedeutet immer zugleich Hinbewegung zu einem Dritten, also größte emotionale Gefahr.

Weshalb muß nun aber zwischen den Ersatzpartnern auch die Distanz aufrechterhalten werden? Weshalb ist nicht nur die Entfernung so bedrohlich, sondern auch die Annäherung? Soweit ein Kind einen Elternteil ersetzt, entwickeln sich notwendigerweise zwischen ihm und dem anderen Elternteil inzestuöse Wünsche. Die unbefriedigten sexuellen Wünsche im weitesten Sinn richten sich zunächst von dem Elternteil an das Kind; das Kind antwortet aber auch mit entsprechenden Wünschen, die bei ihm durch die Verführungssituation, durch das Angebot der Triebbefriedigung und der gleichzeitigen narzißtischen Überhöhung, ausgelöst werden. Für ein kleines Kind ist die sexuelle Annäherung eines Elternteils aber nicht nur wegen der drohenden Bestrafung (Kastration) des anderen Elternteils ängstigend, sondern auch wegen der emotionalen Erschütterung, die die sexuelle Erregung und Annäherung eines Erwachsenen in diesem frühen Lebensalter mit sich bringt. Phantasien und Ängste von Verschlungenwerden und totaler Verschmelzung sind regelmäßige Begleiterscheinungen der Ersatzpartnerschaft, weshalb beide Ersatzpartner in irgendeiner Weise auch Abstand voneinander halten müssen. Das Zusammenspiel der Ambivalenzspaltung und Ambivalenzverteilung ist die Grundform der Kommunikation in ersatzpartnerschaftlichen Beziehungen, die sich aus der Ursprungsfamilie auf alle späteren Beziehungen überträgt. Die Bedeutung dieses familiendynamischen Konzepts für die Narzißmustheorie und für andere zentralen Themen in der Psychoanalyse habe ich an anderer Stelle ausführlich beschrieben (Bauriedl, 1985b).

Die psychoanalytische Intervention in der Paar- und Familientherapie: Erinnern, Wiederholen und Durcharbeiten

Das von mir entwickelte Konzept der psychoanalytischen Paar- und Familientherapie erscheint manchen strategisch denkenden Psychotherapeuten irrelevant oder vielleicht auch überflüssig, weil es die in der strategischen Psychotherapieforschung herausgefundenen Erkenntnisse über die Bedingungen psychotherapeutischer Effektivität nicht übernimmt. Psychoanalytische Kollegen haben oft den Verdacht, daß in der Mehr-Personen-Psychotherapie eben doch manipulativ gearbeitet werden müsse. Es besteht also darin Übereinstimmung in der Kritik von beiden Seiten, daß es schwer vorstellbar zu sein scheint, wie Psychoanalyse in der Paar- und Familientherapie wirklich befriedigend wirksam werden kann.

Ich kann meinen psychoanalytischen Kritikern darin zustimmen, daß eine Übertragung der psychoanalytischen Haltung „hinter der Couch" auf die Situation in Paar- und Familientherapien ohne die deutliche Akzentuierung *eines* wichtigen psychoanalytischen Aspekts nicht möglich ist. Dieser Aspekt besteht in der Arbeit mit der Gegenübertragung und in der deutlichen und permanenten Analyse des Einbezogenseins des Therapeuten in das therapeutische System. Und meinen systemtherapeutischen Kritikern kann ich darin zustimmen, daß eine „freundliche", nur auf das Bedürfnis nach Einsicht bei den Patienten bauende „psychoanalytische Haltung" in der Paar- und Familientherapie nur sehr wenig oder nichts in Bewegung bringt. Versteht man den Psychoanalytiker in diesem Sinne als einen distanziert-zurückhaltenden Guru, der darauf wartet, daß die Patienten seine Weisheiten dankbar annehmen, dann ist der Versuch, diese Haltung auf die Paar- und Familientherapie zu übertragen, freilich sinnlos. Ich glaube, daß viele Mißerfolge und Enttäuschungen mit einer so verstandenen „psychoanalytischen" Methode in dem Bereich der Paar- und Familientherapie auf die fehlende Selbstreflexion des Analytikers zurückzuführen sind.

Für mich steht das Verständnis des eigenen Einbezogenseins in das therapeutische System an erster Stelle aller Überlegungen zur klassischen und zur Angewandten Psychoanalyse. In der Angewandten Psychoanalyse habe ich, viel deutlicher noch als im traditionellen Couch-Setting gelernt, daß ohne dieses analysierende Verständnis meiner eigenen Beziehung zu den Patienten nur „blinde" Wiederholungen, also keine therapeutischen Veränderungen zustande kommen. Ich gehe von der Grundannahme aus, daß der Therapeut in jeder Therapie nach dem Muster der oben beschriebenen Verklammerungen in die verschiedenen Ersatzpartnerschaften einbezogen wird, und sich einbeziehen läßt. Es stellt sich deshalb nicht die Frage, ob und wie sich das vermeiden läßt, sondern die Frage, ob und wie weit der Therapeut sein Einbezogensein schrittweise bewußt werden lassen kann. Das

Prinzip der therapeutischen Intervention heißt: Aussteigen durch Einsteigen, Veränderung der Beziehungsstruktur durch Aufhebung von Unbewußtheit an den Stellen, an denen ein „blindes" oder unbewußtes Mitagieren nach dem Wiederholungszwang abläuft. In der Psychoanalyse geht es nicht primär um eine Verhaltensänderung, sondern um eine Bewußtseinsveränderung; und Bewußtseinsveränderung bedeutet in diesem Kontext, daß unbewußte, bisher selbstverständlich erscheinende Erlebnis- und Reaktionsweisen in ihrer Psychodynamik bewußt werden. Deshalb war es für mich so wichtig, das Phänomen der doppelbindenden Kommunikation auf intrapsychische und interpsychische Konflikte und deren Abwehr zurückzuführen. Die in diesem Verständnis mögliche Verbindung von Verhaltens- beziehungsweise Kommunikationsweisen mit dem zum Teil unbewußten Erleben der Person, mit der Dialektik ihrer Wünsche und Ängste, ergibt eine Vervollständigung der Szene; Unbewußtheit, die die Symptomatik bedingt oder trägt, wird dadurch aufgehoben, die Verhaltensänderung ist eine spontane Folge der Bewußtseinsveränderung.

Dieser Vorgang entspricht den von Freud erarbeiteten Prinzipien des psychoanalytischen Prozesses: Erinnern, Wiederholen und Durcharbeiten (Freud, 1914). Auch Freud ging es in seinen psychoanalytischen Bemühungen letztlich darum, daß die vollständige Szene, aus der Kindheit und im Hier und Jetzt der analytischen Beziehung, wieder im Bewußtsein zugelassen wird, mit allen ihren verdrängten Anteilen der Trauer, der Sexualität, der Rivalität, usw. Die inneren Normstrukturen von Individuen, aber auch von Paaren, Familien, Gruppen, im gewissen Sinne auch von Völkern oder kulturellen Einheiten, beruhen immer zum Teil auf Unbewußtheit (Erdheim, 1982), das heißt: Normen regeln die Beziehungen an den Stellen, an denen das Zusammenleben ohne diese Regelung zu gefährlich schiene. Triebwünsche, die für die intrapsychische Stabilität des Individuums und/oder für die interpsychische Stabilität der Gruppe oder einer Gesellschaft zu ängstigend sind, werden verdrängt, tabuisiert oder auch verschoben, je nachdem, welche Form der individuellen oder kollektiven Abwehr gewählt wird. Dadurch sind diese Triebwünsche – vielleicht sollte ich besser sagen: Lebenswünsche – aber nicht beseitigt. Sie dringen in verkleideter Form wieder in das Verhalten ein, in Form von Riten, in Form von Ersatzbefriedigungen, oder eben auch in Form von als Symptome bezeichneten Auffälligkeiten oder Abweichungen von der Norm (vgl. Wölpert, 1983). Damit sich solche Symptome auflösen können, ohne daß andere, vielleicht weniger als „Symptome" auffallende Normstrukturen dafür eingesetzt werden müssen, ist ein emanzipatorischer Prozeß erforderlich. Emanzipation bedeutet hier: Infragestellung von bisher selbstverständlichen intrapsychischen und interpsychischen Normstrukturen durch Auflösung der ihnen zugrundeliegenden Unbewußtheit. Es geht also primär nicht um eine Veränderung des Verhaltens, die Veränderung besteht vielmehr in der Aufhebung von Unbewußtheit.

Freuds Vorstellung vom psychoanalytischen Prozeß als *Erinnern* von vergessenen oder verdrängten Gefühlen oder Wünschen entspricht diesem Vorgang in der Paar- und Familientherapie. Er verglich das Erinnern deskriptiv mit dem Auffüllen von Lücken der Erinnerung. Dynamisch ging es ihm um die Überwindung der

Verdrängungswiderstände, und um die Aufhebung der Zensur: An den zensierten Stellen einer Zeitung sollte wieder der Originaltext erscheinen. Auch in der psychoanalytischen Paar- und Familientherapie geht es darum, daß die wahren, aber abgespaltenen Wünsche und Gefühle, deren Unbewußtheit die Symptomatik entstehen ließ und aufrecht erhält, wieder im Erleben zugelassen werden. Die in Machtkämpfen und Erpressungen, in psychischer und/oder somatischer Symptomatik gebundenen Triebwünsche und Ängste, die Gefühle von Trauer, Wut, Sexualität, Rivalität, die Wünsche nach Geborgenheit, Zuneigung, Nähe und Anerkennung, werden so in den Kompromißbildungen der Abwehr wiederentdeckt und dadurch frei. Da man aber innere Freiheit nicht verordnen oder erlauben kann, geht es für den Analytiker letztlich um die Frage, ob und an welchen Stellen *er selbst* an der Aufrechterhaltung der gemeinsamen Abwehrnormen beteiligt ist. Nimmt er selbst seine abgespaltenen Wünsche, Phantasien und Gefühle wieder wahr, dann steht er in einer anderen Beziehung zu den Patienten, als wenn auch ihm die entsprechenden tabuisierten Anteile fehlen. Er sieht die Patienten dann zunehmend „mit den Originaltexten auf den zensierten Zeitungsseiten", er kann diese Wünsche akzeptierend deuten, oder er kann auch seine eigenen Phantasien äußern. Entscheidend ist nicht die Methode, sondern die Beziehung und die grundsätzlich emanzipatorische Haltung des Analytikers.

In der Vorstellung vom *Wiederholen* im psychoanalytischen Prozeß wurde für Freud die Übertragungsneurose zum wichtigsten Therapeutikum. Er schrieb: „Das Hauptmittel aber, den Wiederholungszwang zu bändigen und ihn zu einem Motiv fürs Erinnern umzuschaffen, liegt in der Handhabung der Übertragung. Wir machen ihn unschädlich, ja vielmehr nutzbar, indem wir ihm sein Recht einräumen, ihn auf einem bestimmten Gebiete gewähren lassen. Wir eröffnen ihm die Übertragung als den Tummelplatz, auf dem ihm gestattet wird, sich in fast völliger Freiheit zu entfalten, und auferlegt ist, uns alles vorzuführen, was sich an pathogenen Trieben im Seelenleben des Analysierten verborgen hat. Wenn der Patient nur so viel Entgegenkommen zeigt, daß er die Existenzbedingungen der Behandlung respektiert, gelingt es uns regelmäßig, allen Symptomen der Krankheit eine neue Übertragungsbedeutung zu geben, seine gemeine Neurose durch eine Übertraungsneurose zu ersetzen, von der er durch die therapeutische Arbeit geheilt werden kann. Die Übertragung schafft so ein Zwischenreich zwischen der Krankheit und dem Leben, durch welche sich der Übergang von ersterem zum letzteren vollzieht. Der neue Zustand hat alle Charaktere der Krankheit übernommen, aber er stellt eine artifizielle Krankheit dar, die überall unseren Eingriffen zugänglich ist" (Freud, 1914, S. 214).

In der Paar- und Familientherapie kann ein ähnlicher Prozeß ablaufen. Wenn ich mich in das Familiensystem *fühlend* hineinbegebe, dann spüre ich an mir selbst die Kompromißhaftigkeit unserer gemeinsamen Abwehr, der Normen, die unser Zusammenleben regulieren. Ich kann also Schritt für Schritt in der *unvermeidlichen* Wiederholung der verschiedenen Übertragungsszenen die Bedeutung von Verhaltensweisen als Ausdruck dialektischer Konfliktlösungen zwischen Wünschen und Ängsten beziehungsweise Abwehrnotwendigkeiten verstehen. Ich schreibe heute nicht mehr wie Freud, daß der Wiederholungszwang durch den Analytiker „gebändigt" werden kann und muß. Ich sehe den Analytiker viel deutlicher noch als Freud als Teil der sich wiederholenden Szenen. Ich unterscheide auch nicht zwischen Übertragung als Krankheit einerseits und Nicht-Übertragung als „Leben" andererseits. Für mein Verständnis wiederholen in jeder therapeutischen Begegnung sowohl der oder die Patienten ihre szenischen Beziehungsmuster als auch der Therapeut die seinen. Dabei werden jeweils die für diese Begegnung spezifischen Ausschnitte aus der Gesamtheit der Reaktionsmöglichkeiten aller beteiligten Personen aktiviert. Jede Übertragung provoziert eine ihr komplementäre Gegenübertragung. Auch die Übertragung des Analytikers provoziert bei seinen Patienten eine komplementäre Gegenübertragung. So kann man jedes Phänomen auch der therapeutischen Beziehung als Ausdruck sowohl der Übertragungs-Gegenübertragungsszene des Patienten als auch als Ausdruck der Übertragungs-Gegenübertragungsszene des Therapeuten verstehen. Dadurch entfällt die Entscheidung darüber, „wessen Problem" ein bestimmtes Ereignis zum Ausdruck bringt. Die Aktionen und Reaktionen beider Partner sind von den Szenen dieser beiden Partner her voll zu verstehen, und das genügt.

Über das *Durcharbeiten* im psychoanalytischen Prozeß schreibt Freud, „daß das Benennen des Widerstands nicht das unmittelbare Aufhören desselben zur Folge haben kann. Man muß dem Kranken die Zeit lassen, sich in den ihm unbekannten Widerstand zu vertiefen, ihn durchzuarbeiten, ihn zu überwinden, indem er ihm zum Trotze die Arbeit nach der analytischen Grundregel fortsetzt. Erst auf der Höhe desselben findet man dann in gemeinsamer Arbeit mit dem Analysierten die verdrängten Triebregungen auf, welche den Widerstand speisen und von deren Existenz und Mächtigkeit sich der Patient durch solches Erleben überzeugt. Der Arzt hat dabei nichts anderes zu tun, als zuzuwarten und einen Ablauf zuzulassen, der nicht vermieden, auch nicht immer beschleunigt werden kann ... (Das Durcharbeiten) ist ... jenes Stück Arbeit, welches die größte verändernde Einwirkung auf den Patienten hat und das die analytische Behandlung von jeder Suggestionsbeeinflussung unterscheidet" (Freud, 1914, S. 215).

Auch diese Ausführungen Freuds finden ihre Parallele in der psychoanalytischen Paar- und Familientherapie. Gerade im familientherapeutischen Setting habe ich gelernt, daß das Ansprechen der Widerstände nicht nur nicht ausreicht, sondern sogar den Veränderungsprozeß blockieren kann, nämlich dann, wenn sich der Therapeut selbst im Widerstand befindet. Ich sehe mich selbst als im Widerstand befindlich an, wenn ich nur noch den Abwehr- oder Widerstandsaspekt der Äußerungen oder Verhaltensweisen meiner Patienten wahrnehmen kann. Bildlich gesprochen hat der Patient für meine Wahrnehmung dann „seine untere Hälfte verloren". Ich sehe ihn „oben" kämpfen, gegen seinen Partner oder seine Kinder oder Eltern, oder auch gegen mich; ich sehe nicht mehr, wie er in sich selbst gegen seine eigenen Triebwünsche kämpft, und welche Ängste bei ihm von der „Mächtigkeit der Triebregungen" (s. o.) ausgelöst werden. Ich sehe nur noch den Kampf gegen Außenfeinde, der mich unter Umständen selbst betrifft, oder den ich glaube verhindern oder beenden zu müssen. Die psychodynamische Grundlage dieses

Kampfes, die Abwehrnotwendigkeit der Angst vor den eigenen Lebenswünschen, ist auch mir unbewußt – soweit ich mich selbst im Widerstand befinde. Ich beginne dann, wie jeder andere im Widerstand befindliche Therapeut auch, gegen die Abwehr oder gegen den Kampf vorzugehen, was die Abwehr und den Kampf selbstverständlich verstärkt. Der Kampf hat sich fortgesetzt, der Widerholungszwang ist zur „Ansteckung" geworden, ich wiederhole die Abwehr der Patienten und verstärke sie gleichzeitig. Aus dem Resultat eines Verhaltens kann man oft auf die unbewußte Motivation schließen, und so meine ich, daß ich immer dann in den Widerstand gerate, wenn ich selbst – systemkonform – übergroße Angst vor dem spontanen Auftreten eigener oder fremder Triebwünsche habe. Sexuelle, insbesondere inzestuös-sexuelle Angebote der Patienten, die mir zu viel Angst machen, nehme ich dann einfach nicht wahr. Unbewußt und automatisch greife ich zu dem besten Mittel, um zu verhindern, daß sich solche Gefühle und Wünsche bei mir und bei meinen Patienten spontan einstellen können: Ich verordne sie. Ich verordne Befreiung, diffamiere die Abwehr und den Widerstand, und verhindere dadurch genau das, was ich bewußt will und unbewußt fürchte, den natürlichen Auftrieb verdrängter Triebwünsche.

Freud schreibt: „Der Arzt hat dabei nichts anderes zu tun, als zuzuwarten und einen Ablauf zuzulassen, der nicht vermieden, auch nicht immer beschleunigt werden kann" (s. o.). Genau dieses Zuwarten und Zulassen ist aber für den Analytiker gerade in der paar- und familientherapeutischen Situation besonders schwierig. Die Angst vor einer aufdeckenden Veränderung ist in der Paar- und Familientherapie zumeist ungleich größer als in der Einzelanalyse, sowohl bei den Patienten als auch bei den Therapeuten. Das Abwehrsystem schließt den Therapeuten in der Paar- und Familientherapie deswegen ganz besonders schnell ein, so daß mancher Anfänger auf diesem Gebiet bald wieder aufgegeben oder zu einer anderen Methode gegriffen hat. Es genügt aber auch hier nicht, nur den Abwehraspekt des Systems zu sehen und deswegen zu resignieren. Wo viel Abwehr ist, ist auch viel Angst und entsprechend bestehen auch große Verführungs- oder Triebwünsche, die auftauchen wollen. Der Begriff Durcharbeiten bekommt für mich immer mehr die Bedeutung von Durchstehen, die eigene Abwehr immer wieder bemerken und in Frage stellen oder aufgeben, mich immer wieder auf die unter der Abwehr liegenden Wünsche einlassen. Die Veränderung, so schreibt schon Freud, ist erst möglich, wenn die Existenz und die Mächtigkeit der Triebregungen wieder *erlebt* werden kann. Und dazu braucht nicht nur der Patient Zeit, sondern im gleichen Maße auch der Therapeut. Nur wenn die Abwehr nicht als Feind erlebt wird, wenn die Symptomatik in ihrer Sinnhaftigkeit als Kompromißlösung zwischen Triebwünschen und Ängsten verstanden und erlebt werden kann; dann ist eine Veränderung möglich, die sich „von jeder Suggestionsbeeinflussung unterscheidet" (s. o.).

Während des Durcharbeitens wird immer wieder der Zusammenhang zwischen Verhalten und Erleben der einzelnen Personen bewußt. Die als Begründung für das Verhalten oft angeführten Rationalisierungen, „Sachzwänge" oder Verklammerungen (ich kann ja nicht, weil du . . .) werden in ihrem Abwehrchrakter erfahrbar.

Anstelle dieser Begründungs- oder Argumentationssequenzen erscheinen zunehmend Äußerungen, die den Zusammenhang zwischen dem eigenen Verhalten und den eigenen Gefühlen und Wünschen beinhalten: Ich kann nicht, weil *ich* Angst habe; ich kann, weil *ich* den Wunsch spüre. Gleichzeitig mit dem Erleben dieser Zusammenhänge werden auch die intrapsychischen Ambivalenzen wieder bewußt, wodurch die interpsychischen Ambivalenzspaltungen und die damit verbundene doppelbindende Kommunikation aufgelöst werden. Auch diese Veränderung kann vom Therapeuten ausgehen, wenn er versucht, seine eigene Ambivalenz wiederzuerleben, und seine unbewußten Phantasien in bezug auf die Patienten aufsteigen zu lassen. Er findet dann regelmäßig in sich einen Konflikt zwischen Wünschen an die Patienten und Angst davor, daß die Wünsche in Erfüllung gehen könnten, zum Beispiel: „Ich möchte gerne, daß ihr (das Paar) euch emotional annähert, aber ich habe auch Angst davor, dann überflüssig zu werden". Ist dem Therapeuten diese seine eigene Ambivalenz bewußt, dann wird er nicht mehr „blind" (in der Übertragung) die „Vereinigung seiner Eltern" betreiben, und dadurch unbewußt verhindern. Je mehr er versucht, die beiden zusammenzuschieben, desto mehr werden sie auseinanderstreben.

Vielleicht sieht dieses Durcharbeiten mit dem Ergebnis, daß die Symptomatik sinnvoll erscheint, für manchen Leser ähnlich aus, wie die Umdeutung beziehungsweise die positive Konnotierung in der systemischen Familientherapie. Dort wird das Symptom „positiv konnotiert", das heißt, für sinnvoll und nötig erklärt, und die Empfehlung gegeben, es ja nicht aufzugeben. Ich bin der Ansicht, daß gerade an dieser äußeren Ähnlichkeit die innere Unvereinbarkeit der beiden Ansätze, des psychoanalytischen und des „systemischen", deutlich wird. Die „positive Konnotation", die die Symptomatik in der Psychoanalyse durch das Durcharbeiten erhält, steht nicht im Gegensatz zu einer negativen Konnotation, die in der systemischen Familientherapie durch Umdeutung aufgehoben werden soll. Das Ergebnis des Durcharbeitens in der Psychoanalyse ist ein Sinnverständnis, das grundsätzlich nichts mit den Kategorien gut oder schlecht zu tun hat. Es ist ein Verständnis für psychodynamische Zusammenhänge, in dem immer alle drei wichtigen Komponenten der intrapsychischen und interpsychischen Beziehungsdynamik enthalten sind: Der Wunsch als bewegendes Element, die Angst als zurückhaltendes Element, und der Abwehrmechanismus als kompromißhaftes drittes Element, das Triebbefriedigung und Sicherheitsbedürfnis in optimaler Weise miteinander vereinbart. Die therapeutische Konsequenz dieses Sinnverständnisses ist deshalb auch nicht eine Trotzreaktion des Patienten, der – wie in der systemischen Familientherapie postuliert wird – das Symptom nicht mehr produzieren kann, wenn es ihm als etwas Positives verschrieben wird. Die therapeutische Konsequenz des Durcharbeitens ist ein vollständigeres Selbst-Erleben und Selbst-Verstehen, das bisher nicht wahrgenommene Trieb- oder Lebenswünsche umfaßt.

Das zentrale Thema: Das Paar und der Dritte

Nach diesen allgemeineren Überlegungen zum therapeutischen Prozeß und zur therapeutischen Intervention in der psychoanalytischen Familientherapie möchte ich mich nun dem speziellen Fall der Paartherapie zuwenden. Die Paartherapie ist für mich das „Herz" der Familientherapie. Da ich psychische und psychosomatische Symptome als Ausdruck von ersatzpartnerschaftlichen Beziehungen (s. o.) verstehe, muß ich primär in jeder Familie die Beziehung jedes Kindes und auch meine eigene Beziehung zur Paarbeziehung der Eltern untersuchen. Das trianguläre Verständnis zwischenmenschlicher Beziehungen ist für mich die beste und einzige Möglichkeit, dyadische Verklammerungen aufzulösen. Die Entstehung von Störungen in den Objektbeziehungen (Entweder-Oder-Verklammerungen) geht für mein Verständnis immer auf eine Reduktion des naturgemäß gegebenen Dreiecks zwischen Vater, Mutter und Kind zurück. In den bewußten und unbewußten Phantasien der Beteiligten entsteht durch die Ersatzpartnerschaft des Kindes jeweils ein dyadisches Bündnis zwischen Mutter und Kind gegen den Vater einerseits, und zwischen Vater und Kind gegen die Mutter andererseits. Den in der Psychoanalyse vielfältig beschriebenen Störungen der Objektbeziehungen liegt, familiendynamisch verstanden, immer das Prinzip zugrunde: „Ich kann es nicht ertragen, daß Du Dich mir zu sehr annäherst, oder daß Du Dich zu weit von mir entfernst, weil ich fürchte, dadurch verschlungen beziehungsweise verstoßen zu werden" (vgl. Baauriedl, 1985b). Diese Ängste kann man intraindividuell, dyadisch und triadisch verstehen. Für mich ist das triadische Verständnis auch in der Einzelanalyse und in der Paartherapie das wichtigste, weil es die Reduktion der Phantasien auf die Zweierbeziehung mit ihren typischen Ambivalenzspaltungen rückgängig macht, und zum Beispiel den scheinbar nicht existenten Vater, die scheinbar nicht existente Mutter und auch das in seinen Wünschen und Ängsten scheinbar unwichtige Kind wieder als Dritten in die Beziehung einführt.

Da sich für jeden Menschen die Grundform seiner Objektbeziehungen in der (eventuell auch nur phantasierten) Beziehung zu beiden Eltern entwickelt, ist zunächst für jedes Individuum dessen Originalszene als Kind, als Drittes in der Beziehung zu Vater und Mutter wichtig. Diese Originalszene überträgt sich auf alle späteren Objektbeziehungen, in denen es immer wieder darum geht, wieweit das frühere Kind in seiner Beziehung zu den Eltern einen Platz als Tochter oder als Sohn hatte, oder wieweit die Generationengrenze verwischt war, und das Kind die Grundangst entwickeln mußte, daß einer von beiden Elternteilen es unter Ausschaltung des anderen als Ersatzpartner verschlingen könnte, beziehungsweise daß die Eltern sich gegen das Kind zusammenschließen könnten und dieses deswegen keinen Platz mehr im Leben hätte. Die Ängste vor zu großer Nähe mit einem Partner und die Angst, ausgestoßen und wertlos zurückzubleiben, weil zwei oder mehrere andere sich zusammenschließen, sind Urängste, die jeder Mensch in mehr oder weniger starkem Maß aus seiner Kindheit mitbringt. Auch die Methoden des Kampfes um die Position als jeweils Zweiter im Bündnis und gegen die Position als Dritter, Ausgestoßener, die jeder Mensch in der Übertragung seiner Kindheitsszenen mit sich führt, werden in der Beziehung zu den Eltern erworben und weitergeführt in der Beziehung zum Partner, zu den eigenen Kindern und zum Therapeuten. In der Familientherapie ergibt sich durch diese Sichtweise eine Vielzahl von Dreiecken; von jedem einzelnen aus gesehen geht es um die Übertragung seiner Beziehung zu Vater *und* Mutter beziehungsweise zu Vater *oder* Mutter.

In der Dreierbeziehung einer Paartherapie verschränken sich drei solcher Dreiecke – jedenfalls, was die anwesenden drei Personen betrifft. Das Paar kommt zum Therapeuten mit dem Wunsch: Jetzt suchen wir uns einen Dritten, der uns hilft, unsere Beziehung zu verbessern. Derselbe Entschluß war mehr oder weniger bewußt oft auch Motiv für die Zeugung und Geburt des Therapeuten selbst. In gewisser Weise erwarteten auch seine Eltern von ihm, daß er ihre Beziehung festigen oder auch trennen würde. Soweit die Beziehung seiner Eltern unbefriedigend war, entwickelte sich seine Identität als besserer Partner für beide Eltern. Diese Szene ist wohl regelmäßig an der Berufswahl zum Psychotherapeuten, und zum Paar- und Familientherapeuten mitbeteiligt. Soweit sie analysiert werden kann, halte ich sie nicht für ein Hindernis für die Berufsausübung. Die Familienselbsterfahrung als wichtigster Teil der Ausbildung zum psychoanalytischen Paar- und Familientherapeuten dient vor allem dem Erinnern, Wiederholen und Durcharbeiten der eigenen Ersatzpartnerfunktion in der Beziehung zu den eigenen Eltern. Die Anfälligkeit für ein blindes Mitagieren der jeweils dyadischen Bündnisse wird um so geringer, je besser die entsprechende Szene der eigenen Ursprungsfamilie und die unbewußte Psychodynamik der Ersatzpartnerschaft analysiert und in das Selbstverständnis der eigenen Person integriert werden konnte.

Das heißt nicht, daß ein derart „familiendynamisch durchanalysierter" Therapeut dagegen gefeit ist, die Abwehrstruktur des in „Zweiecke" zerfallenden Dreiecks mitzuagieren. Soweit er in seiner eigenen Entwicklung und Ausbildung die Erfahrung machen konnte, daß solche Bündnisstrukturen etwas ubiquitäres und aus der intrapsychischen und interpsychischen Beziehungsdynamik verständliches ist, wird er auch sein eigenes entsprechendes Mitagieren nicht mehr für etwas „schlechtes", für einen Fehler halten, und deshalb besser wahrnehmen und aufdecken können. Er wird innere Signale entwickeln, die ihm anzeigen, daß er mit einem der beiden Partner in einem bündnisbedingten Clinch steckt, und er wird solche Bündnisse leichter aufdecken und in Frage stellen können, wenn er in seinem Selbstverständnis nicht nur darauf angewiesen ist, der jeweils bessere Partner zu sein. Die Dreiecksdynamik mit ihrem Kampf um die Überwertigkeit oder Gradiosität gegen die Unterwertigkeit des ausgestoßenen Dritten kann er leichter durchschauen, durcharbeiten oder auch durchstehen, wenn er in seiner eigenen Entwicklung eine positive Identität als Sohn beziehungsweise Tochter der eigenen Eltern gefunden hat. Die Rückversicherungsverträge mit der entsprechenden Erpressung: „Wenn du mich nicht liebst (= wenn du mir nicht das Paradies herstellst), dann liebe ich eben die/den andere(n)", greifen weniger, wenn man selbst erfahren hat, daß die Liebe zwischen den eigenen Eltern die Grundlage für die eigene physische und psychische Existenz ist.

Soweit oder solange dem Therapeuten das Analysieren der Dreiecksbeziehungen und der jeweils übertragenen triangulären Szenen nicht gelingt, muß er sie agieren oder mitagieren. Ich muß dann zum Beispiel in einer Paartherapie die Aufträge der Frau zu erfüllen versuchen, was wegen des Double-Bind-Charakters der Beziehung unmöglich ist, und mich in die entsprechende Lähmung versetzt. Ich werde auf diese Weise zum willigen, nicht unterscheidbaren Anhängsel der Frau, das denkt, fühlt und tut, was auch die Frau denkt, fühlt und tut. Dieses Bündnis hilft uns beiden, die Rivalität um den anwesenden Mann zu vermeiden. Es behindert aber auch unsere Wahrnehmung; wir können beide den Mann nicht mehr sehen und erleben, wie er wirklich ist. Er scheint gar nicht mehr existent zu sein. Und auch unsere gegenseitige Wahrnehmung ist nur partiell; wenn man mit einem der Partner „in einem Boot sitzt", kann man ihn nur noch in seiner Not oder in seiner Abwehr sehen. Man erlebt ihn nicht mehr in seiner sexuellen Identität und gibt gleichzeitig bei sich selbst das psycho-physische Gefühl der eigenen sexuellen Identität auf. Für einen angestrengten und bemühten Helfer ist die sexuelle Identität scheinbar Nebensache. Solange sie Nebensache bleibt, kann sich in der Verklammerung zwischen jeweils Zweien gegen einen Dritten nichts verändern.

Bei der Supervision von Paartherapien oder auch bei dem Versuch, mir meine eigene Position zwischen den Partnern bewußt zu machen, habe ich manchmal das Bild vor Augen, daß der Therapeut zwischen dem Paar im Bett liegt. Er wendet sich hin und her, und geht bereitwillig auf das jeweilige Angebot ein, der bessere Partner zu sein. Dabei phantasiert er, daß er die Hinwendung zu einem Partner, die in dem Bild unausweichlich eine Abwendung von dem anderen Partner bedeutet, vor dem Partner, dem er jeweils „den Rücken zukehrt", geheimgehalten werden kann und muß. Sonst ist der „Rückversicherungsvertrag" nicht aufrechtzuerhalten, der immer die Möglichkeit gibt, den jeweiligen Bündnispartner zu Höchstleistungen an Fürsorge und Loyalität zu verpflichten, immer mit der Drohung, sich sonst „umzudrehen". Außerdem ist nur so die Größenphantasie aufrechtzuerhalten, daß beide Eltern oder Partner von ihm, dem Therapeuten, abhängig sind, und daß es dem Therapeuten deshalb nicht ohne sein Einverständnis und ohne seine Erlaubnis passieren kann, daß die Eltern sich einander annähern. Die jeweils gegenüberliegende Seite im Dreieck ist für das Selbstwertgefühl immer die bedrohlichste, weshalb auch bei schweren psychischen Störungen regelmäßig die Tatsache, durch den Koitus der Eltern entstanden zu sein, mindestens emotional geleugnet wird. Das mit dieser Vorstellung verbundene Gefühl der Abhängigkeit der eigenen Existenz von der sexuellen Annäherung zwischen den Eltern ist bei solchen schweren Störungen nicht aushaltbar. Sie wird verkehrt in die Phantasie: Die Eltern sind von mir abhängig, nicht ich von ihnen.

Wie ein Kind, so wird auch der Therapeut zwischen dem Paar sowohl hin- und hergeschoben als auch hin- und hergerissen. Um die Größenphantasie von der eigenen Unabhängigkeit nicht aufgeben zu müssen, versucht er oft, die Bewegungen, die er selbst zwischen den Partnern macht, nicht wahrzunehmen und nicht aufzudecken, und gleichzeitig nicht zu spüren, wie die Partner ihn sich gegenseitig zuschieben und um ihn kämpfen. Er nimmt dann auch nicht wahr, daß er die beiden durch seine Vermittlerhaltung sowohl trennt als auch verbindet, und daß er, sobald ihm selbst die Nähe zu einem der beiden zu gefährlich wird, automatisch den anderen zwischen diesen und sich schiebt, um selbst „in Deckung gehen" zu können. Alle diese Wiederholungen von frühen Szenen der Patienten und des Therapeuten können schrittweise aufgedeckt und dadurch aufgelöst werden, soweit es die abnehmende Angst der Beteiligten zuläßt.

Bei diesen Ausführungen werde ich oft mißverstanden. Man nimmt dann an, ich würde von mir und anderen verlangen, immer alle diese Bewegungen überblicken und sofort aufdecken zu können. Die von mir dargestellte Paar- und Familientherapie erscheint dann mit einem ungeheuren Anspruch belastet. Was ich als Chance verstehe, wird plötzlich zum therapeutischen Soll. Aber Chancen, die man – „zum Besten der Patienten" – ergreifen *muß*, sind keine das Leben erleichternden Chancen mehr. Die therapeutische Devise: Wenn ich weiß, wie die Veränderung gehen kann, dann muß ich sie auch sofort und total herbeiführen, ist meiner Meinung nach eine typische Größenphantasie, die die eigene Angst und die Angst der Patienten nicht berücksichtigt, und deswegen jeden Schritt verhindert, nur weil er nicht mit Siebenmeilenstiefeln gemacht werden kann. Ich meine, daß sowieso immer nur ein sehr kleiner Teil der sich ständig wiederholenden Abwehrszenen bewußt wahrgenommen und aufgedeckt werden kann. Es geht auch für mich immer wieder darum, dieses Aufdecken nicht als ein Soll zu empfinden, sondern jeweils meine entsprechenden Einfälle daraufhin zu untersuchen, ob ich das Gefühl habe, den durch mein Aufdecken virulent werdenden Konflikt so durchstehen zu können, daß er sich wirklich löst, oder ob ich befürchten (und hoffen) muß, daß die nach einer Intervention selbstverständlich zunächst eintretende Abwehrfront nur mein Feindbild bestätigt, und der Konflikt auf diese Weise keine neue Lösung finden kann. In diesem Fall habe ich dann den emanzipatorischen Anteil des gemeinsamen Systems übernommen und die Angst und Abwehrnotwendigkeit dem Patienten zugeschoben. Diese schützen nicht nur sich selbst sondern auch mich durch ihren Widerstand gegen eine neue, freiere aber auch weniger sichere Konfliktlösung. Wenn es so ist, werde ich auch keinen „zweiten Schritt" unternehmen, der anzeigt, daß der in mir aufgetretene emanzipatorische Impuls die „Abwehrwelle" überleben konnte. Ich werde mit einem bestätigten Feindbild (*die* können das ja nicht aushalten) aus der „Schlacht" zurückkehren, was für alle Beteiligten bewußt oder unbewußt die Resignation verstärkt; weitere emanzipatorisch-aufdeckende Impulse, sei es beim Therapeuten, sei es beim Patienten, werden dadurch entmutigt oder gelähmt.

Ich möchte mit diesen Ausführungen darauf hinweisen, daß ich nicht sagen will: Ein guter Paar- und Familientherapeut deckt alles sofort auf und agiert nicht mit. Ich will sagen: Ein guter Paar- und Familientherapeut kann die Chance zur Veränderung seiner Wahrnehmung und seiner Beziehung zu dem Paar nützen. Das schließt ein, daß er nicht „blind" aufdeckt, sondern daß er ein Gefühl für die eigenen Wünsche und Ängste hat, die denen der Patienten entsprechen. Die inhaltliche Arbeit an der Bündnisstruktur der Dreierbeziehung in der Paartherapie ist auch nicht so vorzustellen, als würde da ständig nur „Zwei gegen Einen" analysiert. Ich möchte mit meinen Vorschlägen zum Verständnis dieser Beziehungsstruktur Hilfestellung leisten beim Erkennen von Fixierungen, die auf der ins Hier und Jetzt des therapeutischen Systems übertragenen Szene beruhen, und Hilfestellung beim Lösen solcher Fixierungen durch ein aufdeckendes Verständnis der Grundstrukturen.

Wenn man sich durch entsprechende Selbsterfahrung damit vertraut gemacht hat, daß die von mir beschriebenen gemeinsamen Abwehrmechanismen auch in der Paartherapie sowieso immer ablaufen, genügt einem auch der Gedanke, daß die therapeutische Intervention „nur" im Analysieren als Alternative zum Agieren besteht. Dann genügt einem das Gefühl, an manchen Stellen der Therapie den Mut aufgebracht zu haben, Wünsche und Aufträge, Ambivalenzen und Doppelbindungen bei sich und bei dem Paar bewußt wahrzunehmen und anzusprechen, anstatt sie unbewußt zu erfüllen beziehungsweise von sich zu geben. Das Bewußtmachen *ist* die Veränderung, forschen *ist* heilen.

In der Ersatzpartnerbeziehung mit dem Therapeuten werden die Wünsche des Paares aneinander verleugnet, und gleichzeitig auch die sexuelle Identität aller drei Anwesenden unbewußt gemacht. Das Erleben der sexuellen Identität mit den dazugehörigen sexuellen Wünschen und Ängsten würde zu dem riskanten Erleben führen, daß jeweils zwei Frauen und ein Mann oder zwei Männer und eine Frau im Raum sind. Deshalb hilft es mir oft, wenn ich in sehr rational und rationalisierend verklammerten Situationen, in denen es manifest um Kränkungen, um fehlende Versorgung und mangelhafte Leistungen geht, versuche, auf mein Körpergefühl zu achten, und bemerke, daß ich in der gemeinsamen Abwehr das Erleben für meine weibliche Identität aufgegeben habe. Stattdessen bin auch ich in die anstrengende Ersatzpartnersituation geraten, in der es darum geht, ob einer für den anderen das Paradies herstellen kann oder nicht. Das Alles-Oder-Nichts-Prinzip hat mich erfaßt: Wer nicht für mich ist, ist gegen mich; wer nicht tut, was ich will, liebt mich nicht; wer sich bewegt, verstößt mich oder vergewaltigt mich. All diese Formen pervertierter Sexualität im weiteren und engeren Sinn sind nur aufzulösen, wenn an einer Stelle des Systems die Anstrengung aufgegeben werden kann, und wenn der Konflikt zwischen den emotionalen Wünschen und den entsprechenden Ängsten der anwesenden Männer und Frauen zum Leben erwachen darf.

Die therapeutische Abstinenz in der Paartherapie bekommt in dieser Sichtweise eine ganz spezifische Bedeutung: Das Verzichten auf die Position als Ersatzpartner. Wohl die meisten Paartherapeuten haben in ihrer Kindheit die Nicht-Einmischung als beste Konfliktlösung in der Beziehung zu ihren Eltern kennengelernt. Sie hoffen deshalb, daß die anderen beiden aufhören, sich zu streiten, wenn sie selbst das Signal von sich geben: „Mich gibt's gar nicht, um mich geht's gar nicht." Und doch ist die therapeutische Konsequenz dieser scheinbar abstinenten Haltung, daß die Partner sich um so mehr bekämpfen müssen, wenn der Dritte, um den der Kampf geht, nur als scheinbar willenloses Streitobjekt existiert. In vielen Familien kann man beobachten, daß Vater und Sohn oder Mutter und Tochter in einem unaufhörlichen Krieg miteinander verbunden sind, weil die dazugehörige Mutter beziehungsweise der Vater so tun, als wären sie nicht da, als ginge es nicht um sie, als hätten sie keine – zumeist wechselnde – Zuneigung zu einem der Streitpartner, als wären die beiden anderen eben verrückt, als müßten die beiden anderen unbedingt voreinander geschützt werden, und so weiter. Der oder die „hilfreiche" oder „nicht existente" Dritte „läßt streiten"; als Therapeut glaubt er dann oft, daß diese Haltung als „abstinente Haltung" geboten sei.

Der Verzicht auf die Ersatzpartnerschaft durch Verzicht auf deren Geheimhaltung (Verdrängung) ermöglicht die systemüberschreitende Veränderung der Beziehungsstrukturen. Systemimmanent ist das agierend wiederholte Zweierbündnis des Therapeuten mit einem der beiden Partner, wobei er seine Bewegungen zwischen den beiden verheimlicht. Der Therapeut hat die Phantasie, er könne gleichzeitig „auf dem Schoß" des Vaters und der Mutter sitzen, beide befriedigend, oder so schnell zwischen beiden wechseln, daß man den Wechsel gar nicht bemerkt. Das Dreieck ist systemimmanent „zusammengeklappt zu einem Zweieck", in dem jeweils zwei Eckpunkte des Dreiecks durch Identifikation zusammenfallen. Systemverändernd oder systemüberschreitend ist der Versuch, den Winkel des Dreiecks an dem eigenen Eckpunkt zu halten, und die Verschiebungen in Form von emotionalen Annäherungen und Entfernungen bewußt wahrzunehmen und auch aufzudecken. Unter der Vorstellung, „den Winkel zu halten", verstehe ich den Versuch, sich bewußt zu machen, daß man mit dem einen *und* mit dem anderen Partner eine jeweils spezifische und sich verändernde Beziehung hat. Diese beiden Beziehungen schließen sich nicht gegenseitig aus. Wenn ich den einen verstehe, bedeutet das nicht, daß ich der Feind des anderen geworden bin, und so weiter. Dazu ist es nötig, sich auf die Spannungsverhältnisse der Dreierbeziehung einzulassen, die entsprechenden, dann auftretenden Gefühle und Phantasien ernstzunehmen, und zu riskieren, daß Betroffen- und Beteiligtsein im Sinn emotionaler Bewegung und Bewegtheit bei einem selbst und bei dem Paar erlebt wird. Nur so kann der Machtkampf „Zwei gegen Einen" aufgegeben und aufgelöst werden.

Der Verzicht auf die Ersatzpartnerschaft ist aber nicht nur wegen der Übertragung des Therapeuten so schwierig, sondern auch wegen der mit dieser Übertragung regelmäßigen übereinstimmenden doppelten Aufforderung der Partner: „Befriedige jeden von uns, und komm' keinem von uns zu nahe. Nimm mir den Partner nicht weg, aber nimm ihn mir ab. Verbinde und trenne uns." Diesen Beziehungsfallen kann ein Therapeut nur entgehen, wenn er sie als solche erkennt und sich um seine eigene Individuation bemüht. Wenn er beginnt, neben den Aufträgen des Paares auch seine eigenen Gefühle, seine Wünsche und Ängste wahrzunehmen, dann wird er in gleichem Maße frei von dem Zwang, widersprüchliche Aufträge erfüllen zu müssen. Er kann dies aber nur, wenn er die elterliche Beziehung oder die Paarbeziehung, mit der er therapeutisch umgeht, anerkennt *so wie sie wirklich ist,* wenn er sie weder idealisiert noch annulliert. Die Beziehung der beiden anderen zu sehen, ohne das Gefühl zu haben, sie verbinden oder trennen zu müssen, ist nicht leicht. Man kann im Lauf einer gelingenden Paartherapie als Therapeut aber so weit kommen, daß man das Paar miteinander leben *lassen* kann, ohne dabei den Kontakt zu beiden zu verlieren. Das Anerkennen der elterlichen Beziehung bedeutet nicht Gleichgültigkeit, sondern ein intensives Miterleben *als Kind* (oder als Therapeut), das (der) nicht für die Rettung der Eltern zuständig ist, sondern das (der) seine eigenen Gefühle an seinem Platz hat und sich auch entsprechend diesen seinen eigenen Gefühlen verhält.

Paartherapie wird so zu dem vielleicht paradox erscheinenden Versuch, das Paar zusammenkommen oder auch auseinandergehen zu *lassen,* je nachdem, was die beiden als endgültigen Wunsch herausfinden. Der Therapeut hat nach meinem Verständnis prinzipiell nicht die Aufgabe, das Paar zusammenzubringen. Empfindet er diese Aufgabe trotzdem, dann kommt er damit aus seiner eigenen Übertragung heraus einem ambivalenten Wunsch des Paares entgegen. Denn, wie gesagt, der Versuch, ein Paar miteinander zu verbinden, hat zur Folge, daß es um so intensiver auseinanderstrebt. Intrapsychisch geht es für den Therapeuten in jeder Paartherapie immer wieder um den Abbau seiner eigenen Größenphantasien: Nicht ich habe die Beziehung der Eltern gemacht (die Welt gemacht), sondern ich bin aus der Beziehung meiner Eltern hervorgegangen als ein von äußeren Objekten und inneren Triebwünschen abhängiges Geschöpf. Ich bin auch nicht der bessere Partner für Vater oder Mutter. Als Therapeutin stehe ich in einer natürlichen Rivalität zu der Frau des Paares, ein Therapeut steht in Rivalität zu dem Mann des Paares. Die Frustration, daß die beiden vielleicht zusammenfinden, ist für mich nicht nur enttäuschend und kränkend, sondern auch befreiend. Ich kann mich als Kind beziehungsweise als Therapeut von dem (Eltern-)Paar nur dann in befriedigender Weise trennen, wenn wir die Generationengrenze wieder gefunden haben. Dann sind auch sexuelle Gefühle zwischen uns nicht mehr so gefährlich, weil sie ihren inzestuösen Charakter verloren haben. Wenn ich weiß und erlebe, daß ich die Tochter oder der Sohn meiner Eltern bin, wenn ich weiß und erlebe, daß ich die Therapeutin oder der Therapeut des Paares bin, muß ich das Erleben meiner eigenen sexuellen Identität nicht mehr abwehren.

Zur Kritik an der psychoanalytischen Familientherapie

Mit diesem Konzept der Paar- und Familientherapie glaubte ich eine befriedigende Lösung für das Problem der Übertragung psychoanalytischer Prinzipien auf die Mehrpersonen-Psychotherapie gefunden zu haben. Viele Kollegen waren auch dieser Meinung (z. B. Buchholz, 1983; Buchholz und Huth, 1983), andere nicht. In verschiedener Hinsicht wurden das Anliegen und die Möglichkeiten psychoanalytischer Paar- und Familientherapie bisher unterschätzt.

In dem viel beachteten Aufsatz von Pohlen und Plänkers: „Familientherapie. Von der Psychoanalyse zur psychosozialen Aktion" (1982) kritisieren die Autoren, allerdings anscheinend ohne meinen Ansatz zu kennen, die Familientherapie allgemein dahingehend, daß sie die Macht des (gesellschaftlichen und individuellen) Unbewußten unterschlage. Sie, die Familientherapie, diene zur Aufrechterhaltung der „beschädigten kleinbürgerlichen Familie", und betreibe „harmonisierende Arbeit am Konflikt, der in sozialen Interaktionen fokussiert ist" (a.a.O., S. 418). Die Autoren stellen fest, daß Freud selbst eine implizite Familientheorie entwickelte, die in der klassischen Psychoanalyse zum Tragen komme. Nur dort, in

Abwesenheit der Familie, erhalte „der Patient die Möglichkeit, seine Subjektivität ins Recht zu setzen, den Objektstatus gegenüber der Familie zu transzendieren und nach Möglichkeit zu überwinden. In dieser Art ist Psychoanalyse von Freud als eine Befreiungsstrategie gegenüber der Familie konzipiert" (a.a.O., S. 422).

Familientherapie dagegen, so schreiben die Autoren weiter, mit ihrer „systemischen Interventionstechnik" diene der sich ständig ausbreitenden psychosozialen Aktion, verstanden als „Reparaturbetrieb des beschädigten, dysfunktional gewordenen Lebens" (a.a.O., S. 439). Dies widerspreche psychoanalytischen Grundsätzen, die dem unterdrückten Triebschicksal des Subjekts verpflichtet seien (ebd.). Die Auflösung aller Konflikte ins Soziale leugne die Triebnatur des Menschen. Sie verspreche die Lösung der Probleme im Hier und Jetzt (a.a.O., S. 440). Die Verselbständigung des Subjekts sei nur im klassischen analytischen Setting möglich, weil dort der andere, beziehungsweise die primären Objekte immer nur über die Imagination eingeführt würden. „Diese notwendige Distanzierung läßt Raum für die Entfaltung der eigenen Imagination und für die Abarbeitung an den in der Übertragung aufscheinenden Objekten" (a.a.O., S. 442). In der Familientherapie würden dagegen die „Herrschaftsstrukturen in der Familie ‚systemisch' aufgelöst, indem jeder jeden bedingt. Der einzelne wird damit den herrschenden, sinnlich beschädigenden Verhältnissen um so stärker ausgeliefert" (ebd.). Das Therapieziel der Psychoanalyse sei: „Herr seiner eigenen Geschichte zu sein", während das Therapieziel der Familientherapie „das Ideal einer ‚systemisch' gut funktionierenden Variablen hochhalte ... Die Realinszenierung der Familie – im Gegensatz zur imaginativen in der Psychoanalyse – muß als ein Mechanismus zwanghafter Kontrolle gegen die Verselbständigung des Subjekts im Freudschen Sinne erscheinen" (a.a.O., S. 443). „Der Analytiker nimmt hier nicht mehr Partei für das Subjekt: er nimmt jetzt Partei für die Gesellschaft und gegen das Subjekt" (a.a.O., S. 450).

So sehr ich manchen dieser Kritikpunkte, insbesondere gegenüber der „strategischen" Familientherapie, beipflichten kann, so unverständlich ist mir die in dieser Arbeit vertretene These, daß eine Erweiterung des klassisch-psychoanalytischen Settings auf die Paar- und Familientherapie eo ipso die Macht des Unbewußten verleugne, den Konflikt harmonisiere und zum Reparaturbetrieb im Sinne der herrschenden gesellschaftlichen Normen verkomme. Hier stehen sich zwei absolut gegensätzliche Positionen im Verständnis von Psychoanalyse gegenüber. Für mich ist Psychoanalyse nicht eine Befreiungstrategie *gegenüber* der Familie oder der Gesellschaft, sondern eine Befreiungsstrategie *in* der Familie und *in* der Gesellschaft. Da man als Psychoanalytiker immer mit Projektionen der inneren Objekte auf die Umwelt, also mit Objekt*repräsentanzen* umgeht, auch wenn man in der Primärfamilie arbeitet, ist diese Befreiung *in* der Familie sowohl im direkten Umgang mit den realen Bezugspersonen, also im familientherapeutischen Setting, als auch im Umgang mit den auf den Psychoanalytiker projizierten Übertragungsbildern, im klassischen Setting, möglich. Ich halte es auch in der klassischen Psychoanalyse für sehr bedenklich, wenn der Analytiker sich als Parteigänger gegen die Familie des Patienten versteht. Die Aufrechterhaltung der Spaltung zwischen Täter und Opfer, zwischen guten und bösen inneren und äußeren Objekten, ist die unvermeidliche Folge solcher unaufgelöster Parteinahme (vgl. Kapitel 5).

Das Individuum im prinzipiellen Gegensatz zur Gesellschaft und als deren selbstverständliches Opfer zu verstehen, diese Grundkonzeption geht für mein Verständnis von einem phantasierten (narzißtischen) Außenstandpunkt aus, der mit den Minderwertigkeits- und Größenphantasien der Opferrolle verbunden ist. Die Tatsache, daß „jeder jeden bedingt", in der Psychoanalyse zu leugnen, halte ich für einen Rückschritt in vor-ökologische Denkweisen. Die Abhängigkeit jedes einzelnen von jedem anderen einzelnen und von den kollektiven Strukturen anzuerkennen, bedeutet *nicht,* die Herrschaftsstrukturen zu „verdoppeln", wie Pohlen und Plänkers schreiben. Die Anerkennung von Abhängigkeiten führt vielmehr zu der typisch psychoanalytischen Möglichkeit, solche Strukturen „von innen her", im als Teil der Gesellschaft verstandenen Individuum infrage zu stellen und dadurch aufzulösen. Soweit der Psychoanalytiker für das Subjekt und gegen die Gesellschaft Partei ergreift, verhindert er gerade die Relativierung *innerer* Normstrukturen beim Patienten und bei sich selbst. Die Aufrechterhaltung des gemeinsamen Feindes Familie oder Gesellschaft verschont den Analytiker zwar von der Wut des Patienten, aber sie wiederholt auch die fixierende Spaltung in Opfer und Täter anstatt sie analysierend aufzulösen.

Die Beschädigung des Subjekts ist immer auch Selbstbeschädigung des Subjekts in der Gesellschaft zum Zweck der Anpassung und des Machtgewinns. Diese Selbstbeschädigung aufzugeben bedeutet deswegen immer auch Verzicht auf Macht und gleichermaßen Verzicht auf die Phantasie, als „Opfer" außerhalb der Welt zu leben. Ergreift der Analytiker nur Partei für die Triebwünsche des Analysanden gegen die triebeinschränkende Familie oder Gesellschaft, dann setzt er die phantasierte und externalisierte Gegnerschaft zwischen Subjekt und Objekt fort, und hält die Verleugnung des Eingebundenseins auch von Analytikern und Analysanden in die kollektiven Strukturen aufrecht. Die individuelle und kollektive „Beschädigung" besteht für mein Verständnis gerade in dieser Verleugnung. Das Therapieziel der Psychoanalyse und deswegen auch der psychoanalytischen Paar- und Familientherapie besteht darin, die Wiederholung gesellschaftlicher Herrschaftsstrukturen in jedem Subjekt zu erkennen, wodurch eine Befreiung aus der aussichtslosen Gegnerschaft gegen die Familie oder gegen anderen kollektive Systeme möglich wird (vgl. auch die von mir dargestellte psychoanalytische Revolutionstheorie: Bauriedl, 1984a und Bauriedl, 1986).

Eine ganz speziell gegen meinen Ansatz der psychoanalytischen Paar- und Familientherapie gerichtete Kritik schrieb Plänkers (1984), nachdem er zwei meiner Arbeiten gelesen hatte. Da die hier vorgebrachten Einwände ähnlich auch gelegentlich von anderen psychoanalytischen Kollegen geäußert werden, möchte ich auch auf das hier deutlich werdende Mißverständnis der psychoanalytischen Paar- und Familientherapie eingehen. Plänkers subsumiert meinen explizit psychoanalytischen Ansatz, wie ich meine unkritisch, unter die anderen nicht-analytischen familientherapeutischen Konzepte und kritisiert ihn mit ähnlichen Argumenten, die auch schon in der allgemeinen Kritik von Pohlen und Plänkers an *der* Familientherapie enthalten waren (vgl. die Kritische Glosse zur Arbeit von Pohlen und Plänkers: Lüders, 1983): Durch das Postulat, daß sich das psychoanalytische Erkenntnisinteresse im wesentlichen auf Beziehungen richte, würde ich Psychoanalyse „zu einer allgemeinen Wahrnehmungspsychologie (umformulieren), die sich auf die intersubjektive Konstitution von Wahrnehmungsrepräsentanzen bezieht ... Oberflächlich handelt es sich nur um eine Akzentverschiebung in der Begriffsbildung, inhaltlich geht es dabei jedoch um die Abschaffung einer triebpsychologischen Begrifflichkeit ... zugunsten einer neutral-systemischen und technologischen Sichtweise ... Der anstößige Charakter abgewehrter Triebregungen gerät in den Hintergrund ... Die Verabsolutierung des formalen Beziehungsaspekts leistet hier die Abstraktion von der für Psychoanalytiker wesentlichen Beziehung: dem Verhältnis von Trieb und Objekt ... Diese Verdünnung der Psychoanalyse zur Beziehungslehre macht sie zur entscheidenden Referenztheorie für jenen systemischen Ansatz, der z. Zt. besonders favorisiert wird: den der Familientherapie" (a.a.O., S. 653). Und weiter: „Wird Psychoanalyse als Beziehungswissenschaft konzipiert, so liegt ihr Schwerpunkt im Kommunikativen, also im Sozialen; als triebdynamische Konfliktpsychologie wird sie aufgegeben" (a.a.O., S. 654).

Ich meine, daß Plänkers hier einen Widerspruch zwischen Triebpsychologie und Anerkennung des Unbewußten einerseits und systemtheoretischer Sichtweise andererseits konstruiert, der zwar auch von den sogenannten Systemtherapeuten immer wieder behauptet wird, der aber weder notwendig ist, noch, wie ich meine, in meinem Ansatz zu finden ist. Ich glaube, daß diese künstliche Trennung vor allem der gegenseitigen Abwertung der beiden psychotherapeutischen Schulen dient. Auch Psychoanalytiker haben manchmal die Vorstellung, daß familientherapeutische Arbeit „nur" Beziehungsanalyse sei, also eine kommunikationstheoretisch verdünnte Auseinandersetzung zwischen Lebenspartnern und Familienmitgliedern unter Anleitung des Therapeuten.

Ich glaube, mit der Darstellung meines Konzeptes gezeigt zu haben, daß ich weder die triebtheoretische Konflikttheorie Freuds noch sein Verständnis des Unbewußten aufgegeben habe. Ich habe beides in ein systemtheoretisches Verständnis zwischenmenschlicher Beziehungen integriert und dabei zumeist nur fort- und ausgeführt, was von Freud schon angelegt war. Ich glaube, daß die explizite Anerkennung der gegenseitigen Abhängigkeit der Triebwünsche und Abwehrnotwendigkeiten von zwei oder mehr Personen eine Kränkung unseres individualistischen Selbstverständnisses bedeutet: hier stehen sich dann nicht mehr nur „Trieb und Objekt" gegenüber, sondern jeweils zwei Subjekte, die voneinander abhängig sind, und deren Wünsche und Ängste miteinander in Beziehung stehen. Es wird eine wie auch immer geartete Resonanz des einen auf den anderen wahrgenommen; das Triebgeschehen des einzelnen und seine Verdrängungsmechanismen werden im „systemischen" Zusammenhang mit den korrespondierenden Vorgängen bei seinen Partnern, bei seinem Analytiker und in der Gesellschaft verstanden. Dieses

Verständnis ist oft ängstigend oder zumindest verunsichernd; es befreit aber auch von der ständigen Schuldzuschreibung an andere oder an sich selbst. Und es ermöglicht eine grundsätzlich andere Qualität von Veränderung als jedes Befreiungskonzept, das die Korrespondenz von Befreiungswünschen und Abwehrgeschehen in der Person und zwischen den Personen übersieht.

5. Kapitel

Die Therapie von Kindern, Jugendlichen und ihren Eltern aus familiendynamischer Sicht

In den Anfängen der Psychoanalyse wurde die Analyse von Kindern und Jugendlichen analog zur Analyse von Erwachsenen vorwiegend als Einzeltherapie verstanden und durchgeführt. Die Funktion der Eltern von Patienten wurde, wenn überhaupt, dann zumeist nur als für die Therapie störend empfunden, weshalb man sich bemühte, die Eltern möglichst von der analytischen Situation fernzuhalten.

Allmählich setzte sich jedoch die Erkenntnis durch, daß man ein Kind nicht erfolgreich „gegen die Eltern" behandeln kann, und es entstanden Arbeiten über die „Erziehung der Eltern", über die Einbeziehung der Eltern in den Therapieplan der Kinder, und Überlegungen über die Möglichkeiten der Einflußnahme auf das Erziehungsverhalten der Eltern durch Elternberatung. Diese Vorstellungen führten dann auch zu der heute üblichen Regelung der Krankenkassen, die im Normalfall eine alle zwei Wochen stattfindende Beratung der Eltern, genannt „begleitende Psychotherapie der Beziehungspersonen", und zwei Wochenstunden analytische Psychotherapie mit dem Kind vorsehen.

Erst die Entwicklung familiendynamischer Vorstellungen in der Psychoanalyse (vor allem H. E. Richter, 1963, 1970) machte es deutlich, daß und weshalb die Eltern nicht eindeutig an der Beseitigung der kindlichen Symptomatik interessiert sind, sondern daß immer auch gegenläufige, zumeist unbewußte Tendenzen bei den Eltern zu erwarten und zu finden sind, die die Aufrechterhaltung der Symptomatik mit bedingen. Wenn die Symptomatik des Kindes zur psychischen Stabilität der Familie und damit auch der Eltern beiträgt, dann ist nicht zu erwarten, daß eine einfache Beratung im Sinne einer Aufklärung über bessere Erziehungsmethoden den Eltern helfen kann, zur Auflösung der Symptomatik des Kindes beizutragen. So geht mit der Veränderung der wissenschaftlichen Erkenntnis notwendigerweise eine Veränderung in der therapeutischen Zielsetzung und in der Methodik der Kinder- und Jugendlichen-Psychotherapie einher. Auch wenn berufspolitisch die Vorstellungen von Erwachsenenpsychotherapeuten und ebenso von Kinder- und Jugendlichen-Psychotherapeuten oft dahin gehen, daß Kinder- und Jugendlichen-Psychotherapeuten Erwachsene, nämlich die Eltern ihrer Patienten, nicht als Patienten ansehen und behandeln dürfen, so ist die Realität der Gesprächssituation mit den Eltern doch so, daß diese – wenn es gut geht – sich selbst als Patienten oder als Mitpatienten erleben, und selbstverständlich als solche behandelt und mitbehandelt werden müssen. Daß in solchen, oft einer psychoanalytischen Kurztherapie, oder auch einer psychoanalytischen Paar- und Familientherapie ähnelnden Behandlungen analytische Kinder- und Jugendlichen-Psychotherapeuten häufig überfordert sind, hat für mich nicht die Konsequenz, daß sie die Mitbehandlung der Eltern im Rahmen der Therapie von Kindern und Jugendlichen nicht übernehmen sollten. Ich bin vielmehr der Meinung, daß bei der Auswahl und bei der Ausbildung von Kinder- und Jugendlichen-Psychotherapeuten stärker darauf geachtet werden sollte, daß sie auch in bezug auf die „begleitende Psychotherapie der Beziehungs-personen" eine echte *psychoanalytische* Identität und Kompetenz erwerben können.

Beziehungsanalyse oder Technik der Kinder- und Jugendlichen-Psychotherapie?

Aus meinem beziehungsanalytischen Konzept (Bauriedl, 1980) folgt, daß das Verständnis der Beziehung zwischen Therapeut und Patient für den psychoanalyti-schen Prozeß wichtiger ist als die Beachtung therapeutischer Techniken. Techni-sche Überlegungen können, soweit sie von der Therapeut-Patient-Beziehung abse-hen, zu Rationalisierungen von Abwehrmanövern des Therapeuten dienen, die dieser dann unter Umständen nicht mehr durchschauen und deswegen auch nicht mehr zur Disposition stellen kann. Alles was in einer Beziehung grundsätzlich und dauerhaft nicht mehr zur Disposition gestellt werden kann, fixiert diese Beziehung. Diese Überlegung ist uns bekannt aus der Beobachtung von Eltern, die bestimmte Erziehungsgrundsätze für absolut unanfechtbar halten; auch sie möchten auf keinen Fall zulassen, daß diese Grundsätze dadurch relativiert werden, daß sie vor dem Hintergrund ihrer eigenen Wünsche und Ängste verstanden werden. Ähnli-ches trifft meiner Ansicht nach für uns Therapeuten zu, wenn wir uns bestimmte Regeln für unser therapeutisches Verhalten ausdenken, ohne uns mit der Bedeu-tung dieser Regeln für die jeweils aktuelle Beziehungsdynamik mit unseren Patien-ten zu beschäftigen.

Es geht mir also hier nicht um die Darstellung bestimmter Techniken für die Kinder- und Jugendlichen-Psychotherapie, sondern um die Erhellung der Bezie-hungsdynamik der Gesamtfamilie unter Einbeziehung der Psychodynamik des Therapeuten. Die Betrachtung des „therapeutischen Systems" geschieht dabei auf psychoanalytischer Grundlage, nämlich unter Berücksichtigung von Übertragung und Gegenübertragung *beider* Seiten. Der Therapeut reagiert bewußt und unbe-wußt mit seiner Gegenübertragung auf die Szene der Familie, mit der er es zu tun hat. Die Familie reagiert ihrerseits mit einer „Gegenübertragung" auf die Fami-lienszene, die der Therapeut durch Übertragung aus seiner Ursprungsfamilie mitbringt. Die Analyse dieses Gesamtsystems von Übertragungen und Gegenüber-tragungen ist der Kern jeder analytischen Psychotherapie. Die Beziehungsdynamik wird im Wiederholungszwang so lange weiteragiert, bis sie durch Analyse, und das heißt: Aufdecken und Durcharbeiten, verändert werden kann.

Für die Ausbildung analytischer Psychotherapeuten hat dieses beziehungsanaly-tische Verständnis die Konsequenz, daß es in den Kontroll- oder Supervisionssit-zungen, ähnlich wie in den Elterngesprächen, weniger um Beratung im Sinn von Ratschlägen als um Beziehungsanalyse geht. Hier ist dann die Beziehung zwischen Ausbilder und Lernendem zu analysieren. Auch für den Kontrollanalytiker oder

Supervisor stellt sich dann die Frage, wieweit er seine eigenen Übertragungs- und Gegenübertragungsgefühle in ein szenisches Verständnis der Patienten-Familie, des supervidierten therapeutischen Sytems, der Supervisionsbeziehung und nicht zuletzt seiner eigenen Ursprungsfamilie einbeziehen kann. Dieses Konzept bringt also nicht nur die Notwendigkeit der Veränderung der Kassenpraxis sondern auch die Notwendigkeit einer Veränderung des Selbstverständnisses aller an der Ausbildung beteiligten Personen mit sich.

Verklammerungen zwischen dem Therapeuten und seinem Patienten

Die beziehungsanalytische Betrachtungsweise der Therapeut-Patient-Beziehung bringt es auch mit sich, daß jede Fixierung einer solchen Beziehung, also eigentlich jeder schwierige status quo, als gegenseitige Manipulation oder Verklammerung verstanden werden muß (Bauriedl, 1980). Der Begriff Manipulation bedeutet hier, daß Therapeut und Patient durch Doppelbindungen miteinander verbunden sind. Die Doppelbindung als ambivalente Beziehungsform hat die Grundform: „komm' her, bleib' weg", d. h. der Beziehungspartner wird aufgefordert, einen Wunsch zu befriedigen und gleichzeitig aufgefordert, das nicht zu tun, weil die Befriedigung des Wunsches dem Aussender dieser Botschaft zu viel Angst machen würde. Die Botschaft „komm' her, bleib' weg" sichert die Einhaltung eines festen Abstandes, eines Abstandes, der zugleich ein Optimum an Befriedigung und an Sicherheit möglich macht. Dieser Abstand schützt beide Beziehungspartner vor einem nicht erträglichen Maß an Infragestellung, Frustration und Nähe. Die Angst vor der Befriedigung bzw. vor einer zwischenmenschlichen Nähe, die das aushaltbare Maß an Triebbefriedigung überschreitet, wird als Grundlage der interpersonellen Abwehrmechanismen zumeist übersehen (vgl. Bauriedl, 1982a, 1985b).

Erkennbar wird die Doppelbindung zwischen Therapeut und Patient daran, daß ein gemeinsamer Feind innerhalb oder außerhalb der Beziehung besteht. Existiert dieser „Feind" innerhalb der Beziehung, dann hat diese die Form eines mehr oder weniger manifesten Dauerstreites, oft als „clinch" bezeichnet, in dem jeweils der andere die Schuld an der frustrierenden Beziehung zu haben scheint. Aber auch die gegenseitige Idealisierung ist eine Form gemeinsamer Abwehr und damit eine Form gegenseitiger Verklammerung von Therapeut und Patient. Der „Feind" befindet sich hier außerhalb der Beziehung. Angst, Wut und Abwertung sind innerhalb der Beziehung nicht manifest erlebbar, sie werden auf Personen oder Situationen außerhalb der Beziehung projiziert und gemeinsam dort bekämpft. Keiner der Beziehungspartner darf den anderen verletzen oder in Frage stellen, weil er sonst vom Ausschluß aus der gemeinsamen „Schutz- und Trutzburg" bedroht wäre. Solche idealisierenden Verklammerungen werden vor allem in narzißtischen Beziehungsstörungen oft mit Liebe verwechselt.

Da in beiden Formen der Verklammerung die Bewegungsfreiheit beider Partner eingeschränkt ist, ist auch deren Kontakt auf das zwischen beiden mögliche Maß beschränkt. Die Frustrations- und Befriedigungstoleranz von Therapeut und Patient bestimmt das Maß ihrer Bewegungsfreiheit im Bereich der Gefühle und Phantasien. Der Therapeut ist zum Beispiel „unfähig", sich bestimmte Deutungen einfallen zu lassen, er hat Angst, den Patienten zu sehr zu lieben oder auch zu hassen; er verliert unter Umständen überhaupt die Fähigkeit, Phantasien über die Beziehung zu bilden, weil er sich selbst nicht mehr fühlt und stattdessen nur noch beim Patienten „mitfühlt". Er fühlt sich verpflichtet, nur für den Patienten zu sorgen und glaubt, daß es für diesen gut sei, wenn er Schmerzen und Kränkungen, die der Patient ihm zufügt, scheinbar gefühllos hinnimmt. Der Patient seinerseits wagt es nicht, sich auf die therapeutische Beziehung einzulassen und hält mühsam die Distanz zum Therapeuten aufrecht, indem er zum Beispiel „sowieso nie in diese blöde Spielstunde kommen will", oder indem er sich bemüht, alles zu tun, damit der Therapeut zufrieden ist. Das Kind oder der Jugendliche ist dann ständig bemüht zu erraten, was der Therapeut gerade denkt und fühlt, und vermeidet jeden Konflikt, indem er sich perfekt anpaßt, jeder Deutung ohne Reflexion zustimmt, und vielleicht zusammen mit dem Therapeuten die eigenen Eltern für böse oder schädigend erklärt. Die möglichen Ausformungen fixierter Beziehungen sind so vielfältig, daß sie hier nur beispielhaft beschrieben werden können. Grundsätzlich möchte ich festhalten, daß Schwierigkeiten in der therapeutischen Beziehung nicht als technische Probleme sondern als Beziehungsprobleme zu verstehen sind, wenn man den Therapeuten und seine Wünsche, Ängste und Abwehrmechanismen als einen Teil des therapeutischen Systems versteht.

Die Veränderung der Therapeut-Patient-Beziehung

Ähnlich ist unter diesem Aspekt auch der therapeutische Fortschritt zu sehen: als eine Veränderung der Therapeut-Patient-Beziehung. Technische Überlegungen von Wiedergutmachung der in der Familie erlebten Traumata durch den Therapeuten oder die Befriedigung eines Nachholbedarfs an Zuneigung und Versorgung für ein „abgewiesenes", unverstandenes oder vernachlässigtes Kind werden unter dem familiendynamischen und beziehungsanalytischen Gesichtspunkt suspekt. Ein systemisch denkender Analytiker sieht in dem Patienten nicht mehr nur ein „leeres Faß" vor sich, sondern auch ein „Faß ohne Boden", d. h. er versucht nicht nur, Befriedigung nachzuholen und erlittene Frustration wiedergutzumachen, oder etwa defiziente Ichfunktionen zu üben, sondern er untersucht, warum der Boden des Fasses bei einer gewissen Füllung oder schon von vornherein immer offen gehalten werden muß, warum das Kind zum Beispiel ausdrücken muß: „gib mir etwas, aber was Du mir gibst, befriedigt mich nicht." Entsprechend untersucht er auch, warum er selbst, symmetrisch zu dieser Doppelbindung des Kindes diesem zum Beispiel ausdrückt: „ich möchte Dir schon etwas geben, aber wenn Du mich immer abweist, dann kann ich mich nur noch zurückhalten und warten, bis Du Deine Abwehr endlich aufgibst."

Die Analyse einer solchen Verklammerung führt zur Erkenntnis gemeinsamer

Ängste von Therapeut und Patient. Zumeist handelt es sich um Ängste vor Verführung, Kränkung, Wut, Verlassenwerden, etc., die durch die Übertragung beider Beziehungspartner in die therapeutische Beziehung eingebracht werden. Wagt es der Therapeut, in diesem Sinne seine Lehranalyse in der Beziehung zu seinem Patienten fortzusetzen, dann riskiert er Schritt für Schritt mehr Auseinandersetzung mit dem Patienten, was diesem zwar Angst macht, ihm aber auch einen Anstoß gibt, seinerseits auch mehr libidinöse oder aggressive Gefühle und Wünsche, beziehungsweise mehr Annäherung oder Entfernung zuzulassen. Die als Symptome gekennzeichneten Auffälligkeiten einer gestörten Beziehung verschwinden mit der Auflösung der Beziehungsstörung.

Der wesentliche Unterschied zwischen technischer und beziehungsanalytischer Betrachtungsweise der Psychotherapie besteht darin, daß sich der Therapeut im ersten Konzept in einem phantasierten Leistungssystem befindet, während er im zweiten Konzept einen Prozeß der Veränderung in sich selbst und in der Beziehung zu seinem oder seinen Patienten erlebt. Der Therapeut im Leistungssystem versucht, sich richtig zu verhalten, damit der Patient sich verändert und einen bestimmten Soll-Zustand erreicht. Der Therapeut als Teilnehmer an einem Entwicklungsprozeß erlebt seine und des Patienten Ängste und Wünsche, Sicherheitsbedürfnisse und Veränderungsbedürfnisse, und versucht, die gemeinsame Abwehr (Verklammerung) zu erkennen und aufzugeben. Das Leistungsdenken in der Therapie von Kindern und Jugendlichen impliziert außerdem immer eine Aufrechterhaltung der Spaltung in gute und böse Elternteile, da der Therapeut auf diese oder jene Art das zu korrigieren versucht, was die Eltern „falsch" gemacht haben. Dadurch wird er zum besseren Vater oder zur besseren Mutter. In der Prozeßvorstellung wird die Übertragung der Doppelbindungen aus der Eltern-Kind-Beziehung auf die therapeutische Beziehung gesehen und bearbeitet. Dadurch entspricht sie dem Freudschen Gedanken „Erinnern, Wiederholen und Durcharbeiten" (Freud, 1914), und vermeidet die Position des besseren Elternteiles oder Erziehers.

Gerade im Bereich der Kinder- und Jugendlichenpsychotherapie werden die Phänomene von Übertragung und Gegenübertragung und damit die systemische Konzeption der Psychoanalyse oft noch weniger beachtet als in der Einzeltherapie von Erwachsenen. Therapeuten von Kindern und Jugendlichen phantasieren sich besonders häufig als bessere Eltern ihrer Patienten, was zur Folge hat, daß sie sich als Versager fühlen, wenn sie nach einiger Zeit entdecken, daß sie gar nicht viel „besser" auf das Kind oder den Jugendlichen reagieren können als dessen Eltern, oder daß sie den Eltern des Therapiekindes gegenüber in die Rolle des Kindes geraten und sie bekämpfen oder schonen, zu spalten oder zu verbinden versuchen, etc. All diese Leistungsansprüche und Versagensgefühle müssen nicht sein, wenn die Kinder- und Jugendlichentherapie als Teil einer psychoanalytischen Familientherapie verstanden und erlebt wird.

In der familientherapeutischen Situation lernte ich den systemischen Aspekt der Kinder- und Jugendlichenpsychotherapie kennen. Ich erlebte mich im direkten und übertragenen Sinn neben den Eltern sitzend und sehr ähnlich auf das Kind reagieren wie diese; oder ich sah, wie ich mich bemühte, mich gerade entgegengesetzt zu den Eltern zu verhalten. Wenn die Eltern das Kind anklagten, schwankte auch ich zwischen Anklagen gegen das Kind und Verteidigung des Kindes durch Anklagen gegen die Eltern hin und her. Ich erkannte, daß jede Übertragung eine Gegenübertragung konstelliert, und daß sich die problematischen Szenen immer wieder gleichen, wobei die Rollen dieser Szenen prinzipiell von jedem Mitglied der Familie und auch von mir selbst übernommen werden können. Es war aussichtslos, ein besserer Elternteil, ein besseres Kind oder überhaupt auch nur ein besserer Mensch als die Familienmitglieder sein zu wollen, ja der Versuch, dies zu sein, erschien mir zunehmend als ein systemimmanenter Versuch, auf Kosten der übrigen Beteiligten die moralische Oberhand zu behalten oder zu gewinnen.

Diese Erkenntnisse brachten es mit sich, daß ich begann, *jedes* Phänomen einer Beziehung als Ausdruck eines Geflechts von Übertragungen und Gegenübertragungen zu verstehen. Damit wurde nicht nur die Symptomatik eines einzelnen Familienmitgliedes sondern auch alle nicht als Symptome bezeichneten Verhaltensweisen und Gefühle der Beteiligten zurückführbar auf die Struktur, und das heißt auf die Dynamik der Wünsche, Ängste und Abwehrmechanismen *jedes* Einzelnen. Ich brauchte deshalb nicht mehr zu unterscheiden, wer auf wen reagiert; eine Interpretation der Beziehung nach den Kategorien von Schädiger und Opfer entfiel. Damit entfiel aber auch mein Richteramt, und ich konnte mich auf meine Aufgabe konzentrieren, die ich nun darin sah, die Gegenseitigkeit oder Symmetrie der Beziehungen aus der scheinbaren Komplementarität (Täter-Opfer, aktiver-passiver Partner, etc.) herauszuarbeiten. Ich bemerkte, daß ich durch komplementäre Identifikation nicht nur den Eltern eines Patienten sehr ähnlich wurde, sondern gleichzeitig auch dem Patienten selbst in der Beziehung zu seinen Eltern. Außerdem fiel mir auf, daß ich selbst die Szenen meiner eigenen Herkunftsfamilie auf meine Patientenfamilien übertrug, und diese, ebenfalls in komplementärer Identifikation, oder, wie Searles (1958) sagen würde, in introjektivem Agieren auf meine Beziehungsangebote komplementär reagierten.

Die Untersuchung all dieser Übertragungs- und Gegenübertragungsreaktionen folgt dem Freudschen Prinzip, daß Heilen durch Forschen möglich wird, und daß die therapeutische Veränderung in der Psychoanalyse nicht durch korrigierende Nacherziehung oder technische Tricks, sondern durch das Bewußtwerden beziehnungsweise das Wiederzulassen unbewußter oder verdrängter Persönlichkeits- oder Beziehungsanteile vor sich geht. Allerdings ist diese therapeutische Haltung wesentlich riskanter für das Selbstwertgefühl des Therapeuten als eine Therapeutenrolle, die vom Therapeuten verlangt, daß er der gesündere und damit bessere Beziehungspartner ist. Sie ist aber in gewisser Hinsicht auch sicherer, da sie weniger Realität ausspart und weniger starr oder ideologieverhaftet ist als die Rolle des Richters oder des „besseren" Partners. Die Rolle des Therapeuten als besserer Beziehungspartner ist immer gefährdet, genauso gefährdet wie die Rolle eines Kindes, das der bessere Partner für Vater oder Mutter zu sein versucht. Ebenso wie das Kind als Partnerersatz muß auch der Therapeut als Partnerersatz ständig auf sein eigenes Wohlbefinden zugunsten eines vermeintlichen Wohlbefindens des Patienten verzichten.

Das traditionelle Setting in der Kinder- und Jugendlichen-Psychotherapie – Vor- und Nachteile

Die Aussage, daß es wenig sinnvoll ist, nur das Kind oder den Jugendlichen analytisch zu behandeln, die Eltern aber nur – unanalytisch – zu beraten (was immer das dann sein mag), diese Aussage stellt das traditionelle Setting (zwei Wochenstunden für das Kind, jede zweite Woche eine Stunde für die Eltern) noch nicht prinzipiell in Frage. Ich möchte allerdings mit meinen Überlegungen für eine Lockerung der zur Zeit noch relativ starren Vorgaben der Krankenkassen plädieren, eine Lockerung, die die Anpassung des Settings an die Bedürfnisse und Möglichkeiten des jeweiligen Falles und des Therapeuten erleichtern würde. Wie ich sehe, kommt eine solche Lockerung in der Kassenpraxis gegenwärtig auch langsam in Gang.

Die getrennte Behandlung von Kind und Eltern kann ganz spezifische Vor- und Nachteile haben, von denen ich hier nur einige exemplarisch anführen will. Wenn zwei Schwerpunkte der Konfliktdynamik in einer Familie bestehen, nämlich die persönliche Problematik des Kindes und die Beziehungsproblematik der Eltern, dann kann es auch vom familiendynamischen Verständnis her unter Umständen sinnvoll sein, mindestens anfänglich oder auch zwischendurch in getrennten Sitzungen mit den Eltern und dem Kind zu arbeiten.

Ein besonders wichtiges Kriterium für die Auswahl des Settings scheint mir auch die Belastbarkeit und die Erfahrung des Therapeuten zu sein. Wenn der Therapeut das sichere Gefühl hat, daß ihn die gemeinsame Arbeit mit der ganzen Familie überfordern würde, dann ist ein solches Setting auf jeden Fall kontraindiziert. (Das gilt aber für jedes Setting.) Dieses Gefühl des Therapeuten zeigt nicht nur seine eigene Angst, sondern auch die Angst der Familie vor einer aufdeckenden Konfrontation im Beisein aller Familienmitglieder an. Und wenn man über diese Ängste hinweggeht – unter der Devise: Psychotherapeuten sind stark – dann wird man notwendigerweise im gleichen Maß den analytischen Prozeß unbewußt sabotieren. Wenn man sich als Therapeut den gegebenenfalls nötigen Schutz durch ein getrenntes Setting nicht erlaubt, wird man einen anderen Schutz brauchen und unbewußt herbeiführen. Man „vertreibt" dann zum Beispiel unbewußt die Familie oder einzelne Familienmitglieder aus der Therapie. Nach außen hin sieht dieser Vorgang zumeist wie ein ausschließlich von der Familie herbeigeführter Abbruch aus. Oder man gerät in ein zudeckendes Mitagieren, das zwar vielleicht den Abbruch verhindert, aber eben auch die Veränderung. Besonders während der Ausbildung und in den ersten Jahren der eigenständigen Arbeit mit Kindern, Jugendlichen und ihren Familien ist der Schutz des getrennten Settings mit der in ihm gegebenen besseren Überschaubarkeit der jeweiligen Konfliktdynamik für den Therapeuten oft unerläßlich, um zu vermeiden, daß er sich überfordert und dadurch die Chancen der Therapie vermindert.

Die Nachteile des getrennten Settings sind vor allem aus der *Bedeutung* dieses Verfahrens vor dem Hintergrund des Verständnisses der Familiendynamik erkennbar. Am schwerwiegendsten scheint mir dabei die Gefahr zu sein, daß der Therapeut durch die Einzelbehandlung des Kindes die von den Eltern in diesem Setting angebotene und natürlich gleichzeitig auch nicht angebotene Rolle des besseren Elternteils übernimmt. Wenn die Kränkung der Eltern durch die Notwendigkeit einer Therapie ihres Kindes, und die eifersüchtige Rivalität zwischen den Eltern und dem Therapeuten um das Kind nicht aufgedeckt und durchgearbeitet werden kann, entsteht unter Umständen für das Kind wie für alle Beteiligten die Phantasie, daß es von „schlechten" Eltern zu einem „guten" Vater oder einer „guten" Mutter gehen mußte, um sich von den Schädigungen durch seine „schlechten" Eltern zu erholen. Diese Phantasie verhindert eine Versöhnung des Kindes mit seinen Eltern durch direkte Auseinandersetzung mit ihnen, vor allem dann, wenn auch die negative Übertragung in der analytischen Einzeltherapie mit dem Kind nicht zugelassen und als Wiederholung der Eltern-Kind-Beziehung durchgearbeitet werden kann. Unter diesen Umständen bleibt die Spaltung zwischen guten und bösen Elternobjekten und entsprechend zwischen guten und bösen Anteilen des kindlichen Selbst erhalten, auch wenn die Symptomatik vielleicht im Sinne einer Übertragungsheilung dem Therapeuten zuliebe aufgegeben wurde.

Für die Elterngespräche besteht im getrennten Setting auch die Gefahr, daß der Therapeut das „bessere Kind" bei den Eltern wird. Je nach dem Stand der bewußten und unbewußten Beziehung zu seinen eigenen Eltern wird er die angebotene Rolle als Dritter im Bunde mit den Eltern übernehmen, ohne sie reflektieren und damit schrittweise aufgeben zu können. Diese Gefahr ist etwas geringer, wenn das Kind oder die Kinder des Paares gleichzeitig im Raum sind. Fehlen sie, dann verläuft das Hineingeraten des Therapeuten noch „selbstverständlicher", das heißt noch weniger bewußt, als wenn sie anwesend sind. Die Dynamik der komplementären Rollen zwischen Eltern und Kindern ist nach meiner Erfahrung oft leichter zu überblicken, wenn Eltern und Kinder gleichzeitig im Raum sind. Im anderen Fall muß der Therapeut dieses Zusammenspiel „nur" an seiner Gegenübertragung erkennen, und das ist oft schwieriger.

Es ist also auch aus familiendynamischer Sicht nicht so, daß das gemeinsame Setting mit allen Familienmitgliedern in jedem Fall günstiger wäre. Vielmehr scheint aus dieser Sicht eine *gemeinsame* Indikationsstellung mit allen Familienmitgliedern unter Berücksichtigung der Wünsche und Ängste des Therapeuten die optimale Lösung des Problems zu sein. Aus psychoanalytischer Sicht ist es wichtig, daß kein Setting von vornherein idealisiert wird, sodaß *jedes* Setting in seinem Kompromißcharakter (Bedeutung für die Veränderung und für die Erhaltung des status quo) reflektiert werden kann. Oft wird durch eine solche Reflexion ein Settingwechsel überflüssig, weil man den Wunsch nach einer äußeren Veränderung vielleicht als einen Ersatz für den Wunsch nach einer inneren Veränderung erkennen kann. Oder der Settingwechsel zeigt eine wichtige Veränderung der Beziehung an, wenn zum Beispiel in einer bisher nur äußerlich getrennten Ehe jetzt der bisher ausgeschlossene Partner dazukommen kann und dadurch auch die psychische Trennung der früheren Partner möglich wird.

Die Dreiecksperspektive

Ich habe oben schon darauf hingewiesen, daß nach meiner Meinung jede Verklammerung durch Doppelbindungen auf eine ungelöste ödipale Situation (Ersatzpartnerschaft) in der Ursprungsfamilie zurückgeht. Aus meiner familientherapeutischen Erfahrung halte ich deshalb jede Phantasie (oder Theorie) über eine Beziehungsstörung, die sich nur mit zwei Beziehungspartnern befaßt, für systemimmanent, d. h. in gewissem Sinn für eine Wiederholung der Störung selbst. Ich kann nicht mehr annehmen, daß es Störungen gibt, die ausschließlich aus der Mutter-Kind-Beziehung hinreichend verstanden werden können. Spätestens vom Zeitpunkt der Zeugung an ist für jeden Menschen das Dreieck zwischen ihm und seinen Eltern von zentraler Bedeutung. Auch wenn der Vater unbekannt ist oder nicht mehr lebt, hat er für die Phantasie von Mutter und Kind und für deren Beziehung zueinander eine ebenso wichtige Bedeutung im Dreieck wie Mutter und Kind selbst. Die Beziehung von Mutter und Kind kann nicht verstanden werden ohne Beachtung der Beziehung zwischen Vater und Mutter und zwischen Vater und Kind. Entsprechendes gilt für scheinbar fehlende Mütter.

Natürlich werden Beziehungsprobleme oft als Zwei-Personen-Probleme präsentiert. Sie haben dann meist die Form typischer Doppelbindungsbeziehungen, in denen der Therapeut entscheiden soll, wer wen schädigt oder verletzt. Jugendliche haben oft zu einem Elternteil eine „bessere" Beziehung als zum anderen, und man ist dann versucht zu glauben, daß nur die als schlechter bezeichnete Beziehung der Hilfe bedarf. Ich habe die Erfahrung gemacht, daß eine Verklammerung zwischen zweien immer mit der Beziehung dieser beiden zu einem oder mehreren Dritten zu tun hat, daß also zum Beispiel die „schlechte" Beziehung eines Jugendlichen zu seiner Mutter damit zusammenhängt, daß er als Ersatzpartner zwischen den Eltern fungiert, daß ihn die Mutter deshalb anziehen und abstoßen muß, daß der Vater ihn gleichzeitig zur Mutter hinschiebt und auch verhindert, daß sich die beiden nicht zu nahe kommen, und daß er sich selbst in zwei „Zweiecken" statt in einem Dreieck erlebt. Er schaltet dann zum Beispiel Phantasien über die potentiell befriedigende Beziehung zwischen seinen Eltern aus seinem bewußten Erleben aus, und erlebt sich in einer „guten" Beziehung zum Vater und in einer „schlechten" Beziehung zur Mutter.

Ähnliches kann auch Therapeuten von Kindern und Jugendlichen passieren. Auch sie folgen häufig Theorien, die nur zwei Personen umfassen, und bemühen sich dann entsprechend um die fehlende Abgrenzung zwischen Mutter und Kind, oder sie kämpfen selbst einen verzweifelten Kampf um die eigene Abgrenzung von einem „symbiotischen" Kind. In solchen Fällen fehlt meiner Ansicht nach die Dreiecksperspektive, aus der ganz eindeutig hervorgeht, daß Individuation und Abgrenzung nur durch Anerkennung der elterlichen Beziehung möglich ist. Alle Versuche, Abgrenzung „im Zweieck" zu erreichen, bleiben notgedrungen in der Gegenabhängigkeit stecken. Abgrenzung hat dann nur die Bedeutung von „Nein-Sagen-Können". Es fehlt die Möglichkeit, Ja zu sagen zu sich selbst und zu den Eltern in der Spannung, die ein Dreieck zwischen drei Personen mit sich bringt.

Die eben beschriebene Dreiecksperspektive verändert natürlich auch die Beratungssituation mit den Eltern. Wo es bisher mehr oder weniger um Erziehungsberatung ging, werden die Gespräche mit den Eltern unter familientherapeutischem Aspekt mehr und mehr zur Paartherapie. Der zentralen Position des ödipalen Konflikts entsprechend, geht es dann in jedem Fall bewußt oder unbewußt um die sexuelle Identität aller Beteiligten. Ein Kinder- und Jugendlichentherapeut, der unter der psychoanalytisch-familiendynamischen Perspektive arbeitet, ist nicht mehr nur ein Helfer bei Schulproblemen, Bettnässen, Stottern und ähnlichen Symptomen, der sich um das Kind kümmert. Er kümmert sich im gleichen Maß auch um die Beziehung zwischen den Eltern und um seine eigene Beziehung zu diesen im Dreieck der Beratungssituation. Wenn der Therapeut in dieser Situation versucht, sich selbst im Dreieck zu erleben, beginnen auch die Eltern, sich selbst zu erleben, wodurch zum Beispiel auch Delegationen der Eltern an das Kind zurückgenommen werden, die heißen: „sei krank an meiner Stelle und laß' Dich auch an meiner Stelle behandeln." Die Eltern entdecken auf diese Weise, in welchem Maß sie selbst in durch Verklammerung eingeschränkten Beziehungen leben und sich nicht frei bewegen können, aus Angst, der jeweils andere könnte sich dann auch bewegen. Das durch Bündnisbildungen und Doppelbindungen starr gewordene Beziehungsnetz zwischen Eltern und Kind, oder in der Beratungssituation zwischen Eltern und Therapeut, wird nur dadurch wieder lebendig, daß der Therapeut nicht – wie das Kind – verzweifelt zwischen den beiden Partnern hin und her springt, jeweils den im Augenblick als Opfer erscheinenden Elternteil stützend; es wird dadurch lebendig, daß er versucht – was das Kind und die Eltern nicht können – sich selbst in seiner dauernd wechselnden Beziehung zu beiden Eltern zu erleben. Individuation von einer Stelle des Systems bewirkt Individuation an allen Stellen des Systems.

Diese Haltung ist in den meisten Fällen leichter aufrecht zu erhalten, wenn beide Elternteile anwesend sind, als wenn nur einer kommt. In der Zweiersituation mit nur einem Elternteil besteht genauso wie in der Zweierbeziehung mit dem Kind oder Jugendlichen die Gefahr, daß die Existenz des jeweils Dritten vergessen oder systemgerecht verleugnet wird, und dadurch das Dreieck sozusagen „zusammenklappt"; so entsteht eine Verklammerung durch Doppelbindungen, die nur in der Dreiecksperspektive auflösbar wäre. Der Therapeut wird in der Zweiersituation noch leichter zum Ersatzpartner als in der Dreiersituation. Erkennbar ist dieser Vorgang immer an der doppelten Botschaft: „komm' her zu mir und befriedige meine frustrierten Wünsche, aber bleib' bloß weg, weil ich auch Angst vor der Befriedigung dieser Wünsche habe."

Wenn der Therapeut beiden Eltern gegenübersitzt, gerät er zumeist in die Rolle des Kindes, das die Funktion hat, die leere Stelle zwischen den Eltern einzunehmen, und dadurch die Eltern gleichzeitig zu verbinden und zu trennen (vgl. Bauriedl, 1982a). Dieser Auftrag vermischt sich regelmäßig mit der entsprechenden Rolle, die der Therapeut in der Beziehung zu seinen eigenen Eltern innehatte, und so entsteht zunächst eine Starre, die aus den Übertragungsmustern der drei Beteiligten resultiert. Die Wünsche aneinander werden mehr oder weniger durch die Sicherheitsbedürfnisse aufgehoben, das Ergebnis ist an all diesen Stellen Bewegungslosigkeit und Lähmung. Der Therapeut soll dann alles ändern und gleichzeitig alles lassen wie es ist, er soll als Ersatzpartner für die in der Ehe nicht mögliche Befriedigung jedes Elternteiles sorgen und gleichzeitig keinem von beiden zu nahe kommen. Der einzige Ausweg aus dieser Verklammerung durch Doppelbindungen ist der Versuch, die Wahrnehmung der eigenen Gefühle und Wünsche wieder zu riskieren und die eigenen Gefühle sowie die Gefühle des Paares wieder für bedeutsam zu halten; dies im Gegensatz zur Ebene des „richtigen" Verhaltens, die in der Verklammerung für alle Beteiligten überwertig geworden ist. Der therapeutische Prozeß besteht letztlich aus vielen kleinen emanzipatorischen Schritten dieser Art, die freilich nicht intellektuell konstruiert werden können, sondern nur den wahren Gefühlen der beteiligten Personen entsprechend zugelassen werden können. Wo kein Risiko eingegangen wird, besteht auch keine Chance einer echten Emanzipation.

Wenn schließlich alle drei, beide Eltern und das Kind (oder eben die ganze Familie) anwesend sind, ist die Gefahr, als Therapeut in das „Loch" eines nicht anwesenden Teils der Triade zu geraten, und dadurch dessen Anteil an der Beziehung zu agieren anstatt zu sehen, prinzipiell geringer. Natürlich ist die Gefahr der Verklammerung zwischen Therapeut und Familie dadurch nicht gebannt. Und doch bestimmt die Überlegung, daß ich in der Situation mit der ganzen Familie noch am ehesten die Chance habe, der Ersatzpartnerschaft zu entgehen und mich als Therapeutin zu erleben, oft meinen Entschluß, lieber mit der ganzen Familie zu arbeiten als mit Teilen davon. Insbesondere in der Einzeltherapie mit Kindern sehe ich mit zunehmender familientherapeutischer Erfahrung immer weniger Chancen gegenüber der gemeinsamen Therapie von Eltern und Kindern, oder eventuell von Eltern alleine im Sinne der Paartherapie. Obwohl ich die Einzeltherapie von Kindern hier nicht prinzipiell als unfruchtbar oder überholt darstellen will, erscheint mir doch die Gefahr der Spaltung bei dieser Therapieform schon fast regelmäßig im Setting impliziert, nämlich in dem Auftrag, daß ich als Therapeutin des Kindes die bessere Mutter sein soll. Wenn ich dabei meine Rolle im Familiensystem berücksichtige und die Schwierigkeiten bedenke, die die Übernahme eines solchen Auftrags für die Aufhebung der Spaltung gute Mutter – böse Mutter mit sich bringt, kann ich mich in dieser Situation kaum mehr wohlfühlen. Dies ist auch ein Grund warum ich glaube, daß die Zukunft der psychoanalytischen Kinder- und Jugendlichenpsychotherapie in der Familientherapie, zumindest aber im familiendynamischen Denken liegt.

Die Symptomatik des Kindes – Folge und Ursache der gestörten Elternbeziehung

Um die gegenläufigen Aufträge, die in den Elterngesprächen relevant werden, noch besser zu verstehen, scheint es mir sinnvoll zu sein, die Bedeutung der Symptomatik des Kindes als Folge und Ursache der gestörten Elternbeziehung noch genauer zu beleuchten. Ich bin in den letzten Jahren meiner Forschungen zur Familiendynamik zu dem Schluß gekommen, daß man die Symptomatik eines Kindes, und damit letztlich die Symptomatik jedes Menschen, familiendynamisch betrachtet, immer auch als Ausdruck seiner Ersatzpartnerrolle verstehen kann. Ich will damit nicht bestreiten, daß es andere, wichtige Perspektiven für die Betrachtung von Symptomen gibt, etwa die individuelle oder die gesellschaftliche; vom familiendynamischen Gesichtspunkt aus läßt sich ein Bettnässen, ein Asthma bronchiale, oder der psychotische Zustand eines Kindes regelmäßig auch in seiner Funktion in dem beschriebenen Kampf um und gegen die Position des besseren Partners für die Eltern begreifen.

Charakteristisch für diese Betrachtungsweise ist, daß man mit ihr auf Schritt und Tritt auf Ambivalenzen oder Gegenläufigkeiten stößt. Soweit die der Symptomatik zugrundeliegende Beziehungsdynamik aufspürbar ist, ist keine Aussage eindeutig.

Ein Beispiel: Ein Mädchen hat einen Asthmaanfall und stellt dadurch die Nähe zur Mutter her, die nachts aufsteht, ihren Mann verläßt, und bei der Tochter im Zimmer oder im Bett schläft. Als besserer Partner der Mutter schützt das Kind die Mutter vor den für sie bedrohlichen sexuellen Wünschen des Vaters. Der Vater und alle Männer sind die Feinde dieses Bündnisses zwischen Mutter und Tochter. Das ist eine Ebene der Beziehungsdynamik. Die zweite Ebene bringt eine Umkehrung: Die Mutter fühlt sich durch den Asthmaanfall der Tochter in ihrem Schlaf gestört, von der Tochter gequält und ausgebeutet. Sie haßt die Tochter mehr oder weniger bewußt dafür, und schiebt sie manifest dem Vater zu, der „sich doch endlich auch einmal um sein Kind kümmern" soll.

Der Vater reagiert verärgert auf den Vorwurf der Mutter und nimmt diesen Vorwurf zum Anlaß, sich als „Bösewicht" zu fühlen und zu verhalten, der nichts mit dem lästigen Kind zu tun haben will. So lautet dann auch die Beschreibung der Familiendynamik, die das Kind eventuell in einer späteren Anamnese gibt: „Wäre mein Vater nicht so abweisend gewesen, dann hätte ich mich als Frau verstanden fühlen und als Frau entwickeln können. Meine gute Mutter konnte das durch ihre Fürsorge alleine nicht schaffen!" Die in dieser Darstellung nicht berücksichtigte gegenläufige Ebene sieht so aus: Heimlich bestand auch zwischen Vater und Tochter ein Bündnis gegen die Mutter. Das Kind phantasierte mehr oder weniger unbewußt, daß es kein Asthma hätte, wenn es nur mit dem Vater leben würde und diese schreckliche immer fürsorgliche Mutter fort wäre. Die unbewußten Phantasien des Vaters korrespondierten mit denen der Tochter, und so wird das abweisende Verhalten des Vaters als notwendige Sicherheitsmaßnahme aller drei beteiligten Familienmitglieder verständlich. Die geheime Inzestgefahr, tradiert durch die Übertragungsszenen der Eltern aus deren Ursprungsfamilien, machte die Spaltung der Paarbeziehung nötig, und wegen dieser Spaltung wurde das Kind zum umkämpften und gleichzeitig zwischen den Partnern hin und her geschobenen Ersatzpartner. Die Symptomatik ist Ausdruck, Folge und Ursache dieser Beziehungsdynamik.

Freud hat das Symptom grundsätzlich als Kompromißbildung zwischen Triebwünschen und Abwehr des Individuums verstanden. Heute können wir dieses dialektische Verständnis der Symptomatik auf die Beziehungsdynamik der Familie erweitern: Ein Symptom in der Familie ist eine Kompromißbildung zwischen den Wünschen und den Ängsten *aller* Familienmitglieder. Es hilft den notwendigen emotionalen Abstand zwischen den Familienmitgliedern aufrecht zu erhalten, der jeweils den optimalen Kompromiß zwischen Triebwünschen (im weitesten Sinn) der Familienmitglieder aneinander und der Angst vor der Erfüllung dieser Triebwünsche darstellt.

Deshalb findet man im psychodynamischen „Untergrund" von Symptomen auf Schritt und Tritt ambivalente Gefühle und Aufträge, und scheinbar widersprüchliches Verhalten. Diese Konzeption ist die psychoanalytische Grundlage der kommunikationstheoretischen Beobachtungen, wie sie in der von Bateson und Mitarbeitern entwickelten Double-Bind-Theorie dargestellt sind (Bateson et al. 1962, 1969). Charakteristisch für die psychoanalytische oder beziehungsanalytische Betrachtungsweise dieser Phänomene ist, daß der Aussender von „doppelten Botschaften" nicht nur als gegebenenfalls „verrückter" oder „verrückt machender" *Täter* gesehen wird, und der Empfänger nicht nur als „verrückt gemachtes" *Opfer.* In dieser Sichtweise handelt es sich bei den beobachteten Verklammerungen immer um *gemeinsame* Konfliktlösungen, die von *jedem* Beteiligten, auch vom Therapeuten her, voll verstanden werden können, und deshalb prinzipiell auch von jedem Beteiligten her aufgelöst werden können – soweit es seine Angst und die gemeinsame Entwicklung des „Systems" zuläßt.

Für die Beziehungsanalyse der Elterngespräche bedeutet das, daß jede Symptomatik in der Familie, also auch die zumeist in solchen Gesprächen im Vordergrund stehende Symptomatik eines Kindes, die Eltern sowohl trennt als auch verbindet. Sie hält den Abstand zwischen den Eltern, der als optimaler Kompromiß zwischen Triebwünschen und Sicherheitsbedürfnissen (Angst vor der Triebstärke) nötig ist. In der Phantasie vom Kind als besserem Partner und Bundesgenossen wird das Kind von beiden Eltern im direkten oder übertragenen Sinn ins Ehebett zwischen die Eltern gelegt. So schützt es beide vor allzugroßer emotionaler und sexueller Nähe zum Partner, und ist gleichzeitig ein Hindernis, das die Eltern nicht zusammenkommen läßt. Jeder der Beteiligten, auch das Kind, phantasiert sich das Paradies mit dem jeweiligen Bündnispartner, das nur durch den immer störenden Dritten verhindert wird.

Aus diesem Verständnis der Symptomatik als Ausdruck der familiären Beziehungsdynamik wird die Beobachtung erklärbar, daß die Symptomatik so häufig nicht nur dann auftritt, wenn die Gefahr besteht, daß die Eltern sich zu sehr annähern, sondern auch dann, wenn die Beziehung zwischen den Eltern zu zerbrechen droht. Ein Asthmaanfall vereint sie wieder in der gemeinsamen Sorge um das Kind, schlechte Schulnoten vereinen sie im gemeinsamen Ärger über das Kind. Die Eltern schieben sich das Kind gegenseitig zu und sie reißen es sich im gleichen Maß auch gegenseitig weg. Die Symptomatik des Kindes erscheint dabei als Anlaß und Begründung für das Verhalten der Eltern: „Wenn das Kind das Symptom hat, muß ich es doch dem schlechten Einfluß des anderen Elternteils entziehen" oder: „Wenn das Kind das Symptom hat, muß ich doch dafür sorgen, daß der andere

Elternteil sich endlich um das Kind kümmert." Familiendynamisch verstanden sind diese Überlegungen vor allem Ausdruck der Beziehungsdynamik zwischen den Eltern. Sie können so direkt als Manifestationen ihrer Wünsche aneinander und ihrer Ängste voneinander verstanden werden, die sicherheitshalber über das Kind und seine Symptomatik laufen.

Ablösungsprobleme

Ich möchte nun näher auf ein wichtiges Problem der Kinder- und Jugendlichentherapie eingehen: das Problem der Ablösung zwischen Eltern und Kindern. Wenn der Weg und das Ziel psychoanalytischer Familientherapie in der Individuation des Einzelnen aus der „amorphen Ichmasse" der Familie (Bowen, 1975) besteht, dann muß es auch in der Einzeltherapie von Kindern und Jugendlichen um diese Veränderung gehen. Es stellt sich also die Frage, welche Beziehungsveränderung dem ständigen Ablösungsprozeß in und von der Ursprungsfamilie zugrunde liegt, und wie sie zustande kommt. Ich meine, daß man allgemein sagen kann, daß die Ablösungsprobleme Jugendlicher und auch Erwachsener umso schwieriger sind, je weniger Individuation in der Kindheit möglich war. Die Ersatzpartnerfunktion des Kindes, die aus der unbefriedigenden weil starren Elternbeziehung erwächst, bindet Eltern und Kinder durch Doppelbindungen aneinander, die die psychodynamische Grundlage aller Ablösungsprobleme sind. Die Ersatzpartnerbeziehung entspricht in jedem Fall einer ungelösten ödipalen Situation, weshalb für die Generationentrennung und die Individuation jedes einzelnen das Durcharbeiten der ödipalen Problematik von zentraler Bedeutung ist.

Der Kinder- und Jugendlichentherapeut wird in der Situation mit dem Kind oder Jugendlichen zunächst zu einem Teil der „amorphen Ichmasse", die die Familie zu Beginn der Therapie darstellt. Dieser Vorgang ist zumeist in der Situation mit der ganzen Familie deutlicher erkennbar als in der Einzelsituation mit nur einem Familienmitglied. Das ändert aber nichts daran, daß der Therapeut auch in der Einzeltherapie von Eltern und Kindern durch Doppelbindungen gebunden wird und seinerseits diese entsprechend zu binden versucht. Die Doppelbindungen haben zum Beispiel folgende Form: Die Eltern tragen dem Therapeuten auf, das Symptom des Kindes zu beseitigen, etwa einen Jugendlichen selbständig zu „machen", und gleichzeitig dessen Rolle als Bündnispartner aufrechtzuerhalten. Jugendliche haben oft den Wunsch an den Therapeuten: „binde mich los von meinen Eltern und laß' mich gleichzeitig noch weiterhin an ihnen festhalten", oder: „bring' meine Eltern dazu, daß sie mich loslassen, aber verhindere gleichzeitig, daß sie mich loslassen, weil ich sonst Angst bekomme, von ihnen fallengelassen zu werden." All diese unerfüllbaren doppelten Aufträge sind mit Sanktionen und Drohungen für den Fall der Nichterfüllung verbunden. Was auch immer der Therapeut versucht, er hat nicht gleichzeitig das Gegenteil getan, und so droht ihm von allen Seiten die innere Ausstoßung in Form von Abwertung, oder eventuell auch die äußere Ausstoßung in Form von Therapieabbruch.

Die spontane Reaktion auf Doppelbindungen und Spaltungen besteht wiederum in Doppelbindungen und Spaltungen. Soweit der Therapeut in das erpresserische Karussell hineingerät – und zu Beginn einer Therapie ist kein Therapeut dagegen gefeit – versucht er die innere und äußere Ausstoßung durch Bündnisbildung zu vermeiden. Er versucht, den Jugendlichen selbständig zu „machen" ohne daß sich dieser selbst emanzipieren muß und darf. Er versucht unter Umständen mit Hilfe seiner Autorität (!) die Autoritätsabhängigkeit des Jugendlichen zu lösen, oder er bietet sich als besserer, verstehender Elternteil an und versucht dadurch (unbewußt) die Symptomatik von seinem Patienten weg auf ein anderes Familienmitglied zu verschieben. Diese Versuche dienen alle der Konfliktvermeidung und damit der eigenen Rettung vor Abwertung und Ausstoßung, und auch vor den Gefahren der Ersatzpartnerschaft, die sich natürlich auch auf den Therapeuten erstrecken. Die einzige Lösungsmöglichkeit ist auch hier das Aufdecken und Durcharbeiten der vielfältigen ambivalenten Übertragungs- und Gegenübertragungsbeziehungen, wobei Durcharbeiten nicht intellektuell verstanden werden darf, sondern immer auch Durchstehen von Konflikten bedeutet.

Gerade in der Kinder- und Jugendlichenpsychotherapie ist der Therapeut als Person gefordert. Hier wird besonders deutlich, daß ein Rückzug in begleitendes Zuhören, wie es in Erwachsenenanalysen sinnvoll sein kann, zumeist nur das Chaos und die Angst erhöht, weil keine Auseinandersetzung mit der Person des Therapeuten möglich ist. Ein Kinder- und Jugendlichenpsychotherapeut, der als Person nicht erfahrbar ist, sondern „sich im Nachfolgen versteckt", vermeidet zwar, daß er direkt angegriffen wird, er vermeidet aber auch, daß wichtige, bisher unausgetragene Konflikte in der Familie ausgetragen und dadurch gelöst werden. Er gleicht darin der Mutter, die in ihrer Angst, als Mutter zu versagen, ihre eigenen Wünsche und Gefühle verleugnet und nur noch Rücksicht auf die Gefühle und Wünsche des Kindes nimmt. Sie übermittelt dem Kind dadurch die doppelte Botschaft: „Nur Deine Wünsche und Gefühle sind lebensberechtigt, aber wenn Du sie äußerst, oder damit Du sie äußern kannst, muß ich auf mein Leben (das heißt: auf meine Wünsche und Gefühle) verzichten." So entsteht die paradoxe Verklammerung zwischen beiden: entweder die Mutter oder das Kind kann nur leben, und gleichzeitig: keiner von beiden kann ohne den anderen leben, denn jeder delegiert den Ausdruck und das Erkennen seiner Wünsche an den anderen. Das Austragen eines gesunden Konflikts zwischen Mutter und Kind oder zwischen Therapeut und Patient wird zugunsten dieser Verklammerung vermieden. Individuation und Ablösung ist dem Patienten in einem solchen therapeutischen Klima nicht leichter möglich als in seiner Herkunftsfamilie.

Um den Individuations- und Ablösungsprozeß in Gang zu bringen oder in Gang zu halten, muß der Therapeut ständig um seine eigene Individuation ringen. Da die Forderung, allparteilich oder unparteiisch zu sein, nach meiner Ansicht prinzipiell nicht erfüllbar ist – vor allem wenn man die ständige unbewußte Parteinahme in Form von Bündnisbildungen berücksichtigt – gerät der Therapeut unweigerlich in das Bündnissystem der Familie und überträgt zu seiner eigenen Sicherheit die Bündnissysteme (Abwehrstrukturen) seiner eigenen Familie auf die Situation mit den Patienten. Die Forderung, dies nicht zu tun, und jedem Familienmitglied „gerecht" zu werden, dient oft der Verschleierung dieser Vorgänge, deren Aufdekken für den therapeutischen Prozeß so fruchtbar ist. Man glaubt dann oft lieber, man sei unparteiisch, „weil nicht sein kann, was nicht sein darf", und weil man so weniger angreifbar ist. Um mir die Sicht auf meine Übertragung und Gegenübertragung nicht verbauen zu lassen, habe ich deshalb für mich die Vorstellung der multiplen Identifikation eingeführt, die impliziert, daß der Therapeut darum ringt, die Übertragungsanteile *aller* Beteiligten, auch die eigenen, mit den in ihnen zwangsläufig enthaltenen Bündnisbildungen, Doppelbindungen und Spaltungen herauszuarbeiten. Der Begriff der multiplen Identifikation beinhaltet also keine moralische oder wie auch immer geartete therapietechnische Forderung, sondern den ständigen Versuch der Individuation und damit der Ablösung des Therapeuten von seinen eigenen Ersatzpartnerbedürfnissen und von denen seiner Patientenfamilien. Diese Ablösung besteht für alle Beteiligten im Wiederentdecken der eigenen Wünsche und Gefühle und ist damit die einzige Grundlage, auf der ein gesunder Ablösungsprozeß zwischen Jugendlichen und Eltern ablaufen kann.

Die Auflösung der kindlichen Symptomatik in Korrespondenz zur Auflösung der Spaltung in der Beziehung der Eltern

Wenn die Symptomatik des Kindes als Folge und Ursache der gestörten Elternbeziehung verstanden wird, dann wird die Korrespondenz zwischen Elternbeziehung und kindlicher Symptomatik wichtig für die Therapie. Das bedeutet noch nicht, daß in jedem Fall zuerst die Elternbeziehung behandelt oder verändert werden muß, damit es dem Kind besser gehen kann, oder daß in jedem Fall immer alle Familienmitglieder gemeinsam oder parallel behandelt werden müssen. Die Indikation für das bestmögliche Setting ergibt sich, wie schon ausgeführt, aus der Beurteilung der Veränderungsmöglichkeiten im jeweiligen Fall. Ein wichtiger Hintergrund für diese Entscheidung ist freilich das Verständnis der psychodynamischen Zusammenhänge zwischen Elternbeziehung und kindlicher Symptomatik. Vor diesem Hintergrund erscheinen therapeutische Bemühungen um eine Besserung der kindlichen Symptomatik *gegen* die Eltern oder ohne die Eltern, beziehungsweise gegen oder ohne einen Elternteil oft von vornherein sinnlos. Die Grunderkenntnis, daß alle Beteiligten in ihrem Wohlergehen zusammenhängen, bringt auch die Einsicht mit sich, daß kein Familienmitglied auf Kosten der anderen wirklich gesund werden kann. Und diese Erkenntnis hat wiederum wichtige Konsequenzen für die Beurteilung der Gefahr einer Symptomverschiebung.

Symptomverschiebungen ergeben sich dann, wenn die unter den Symptomen liegenden Konflikte nicht aufgedeckt und durchgearbeitet werden, und zwar unter Berücksichtigung der Betroffenheit und Beteiligung *aller* wichtigen Bezugspersonen. Eine Hilfestellung für einen Patienten gegen seine Familie oder gegen einzelne seiner Angehörigen, ist keine wirkliche Hilfe. Wenn ein Kind sein Symptom nur deswegen aufgegeben hat, weil es zum Beispiel im Therapeuten einen besseren

Elternteil gegen seine Eltern gefunden zu haben glaubt, dann wird die gestörte Elternbeziehung eine andere Symptomatik beim selben Kind, bei einem Geschwister, oder bei einem Elternteil hervorrufen. Aus dieser Überlegung heraus ist es so wichtig, sich die Bedeutung der jeweiligen Symptomatik für die Psychodynamik jedes Einzelnen und für die Beziehungsdynamik der ganzen Familie klar zu machen.

Für die Betrachtung dieser Beziehungsdynamik ergaben sich mir einige wichtige Aspekte, die ich kurz andeuten will:

Wenn ich das Dreieck als die kleinste relevante Einheit in zwischenmenschlichen Beziehungen ansehe (vgl. Kapitel 4), dann bleibt diese Dreiecksperspektive für mich natürlich auch ausschlaggebend bei der Beurteilung der therapeutischen Beziehung in der Einzeltherapie mit dem Kind oder Jugendlichen und in den Elterngesprächen. Die Grundform der Ersatzpartnerschaft im Dreieck ist, wie schon beschrieben, das Bündnis von zweien gegen einen. Von jedem Individuum aus ergeben sich also zwei Linien nach den beiden anderen Eckpunkten des Dreiecks. Diese beiden Linien versucht das Individuum auf jeden Fall zu halten, den einen Partner als Bündnispartner, den anderen als „Rückversicherungspartner". Die Bedrohung kommt immer von der gegenüberliegenden Seite des Dreiecks. Wenn diese Seite sich verkürzt, wenn die Beziehung zwischen den beiden anderen zu nah wird, dann bedeutet das für den Dritten, daß die Bündnisse, die seinen Selbstwert bestätigen, mehr oder weniger aufgelöst werden. Gefühle von Wertlosigkeit und Resignation haben deswegen immer mit dem tatsächlichen oder phantasierten Zusammenschluß von zwei anderen zu tun. Aber auch wenn die beiden anderen zu weit auseinanderrücken, besteht für den Dritten eine Gefahr, die er vermeiden muß: Da die beiden anderen wegen ihres Auseinanderrückens verstärkt einen Ersatzpartner brauchen, wird dieser noch mehr zwischen beiden zerrissen und von jedem der beiden verschlungen. Folgerichtig versucht er, die beiden anderen einander wieder näher zu bringen von dem Moment an, an dem für ihn die Belastung durch die Ersatzpartnerschaft den Gewinn, den er aus ihr zieht, übersteigt. Er versucht dann sozusagen als „Ehevermittler" für sich selbst die Sicherheit wiederzugewinnen, daß er nicht zerrissen und verschlungen wird, gleichzeitig aber auch die Kontrolle über die Beziehung der beiden anderen aufrechterhalten kann.

Neben unseren technischen Überlegungen vergessen oder übersehen wir oft, daß die hier beschriebene Beziehungsdynamik für den Therapeuten nicht weniger gilt als für das Kind und für jeden anderen „Patienten" im gemeinsamen therapeutischen System. Auch für den Therapeuten geht es um die Frage: „Fühle ich mich zwischen Vater und Mutter hin- und hergerissen, habe ich das Gefühl: Entweder der Vater oder die Mutter? Welche narzißtischen Vorteile bringen mich dazu, zwischen beiden hin und her zu springen? Welchen Nachteil oder welche Gefahr würde ich in Kauf nehmen, wenn ich aufhören würde, jedem der beiden das zu ersetzen, was ihm der andere nicht bieten kann, beziehungsweise was er vom anderen nicht annehmen kann? Kann ich mich darauf einlassen, daß die Eltern die Beziehung zueinander haben, die sie wirklich haben, nämlich eine ambivalente?"

Zur Aufrechterhaltung des eigenen Selbstwertgefühls wird von Kindern, Therapeuten und anderen „Dritten" die jeweilige gegenüberliegende Seite des Dreiecks als nicht existent, oder doch wenigstens als eine schlechte Beziehung, die auf den Dritten als Helfer angewiesen ist, phantasiert. Soweit sie als „gut" diagnostiziert wird, phantasiert sich der Dritte dann oft als derjenige, der diese gute Beziehung hergestellt hat, herstellen muß und kann, auf jeden Fall aber unter seiner Kontrolle hat – damit sie ihn nicht bedroht, wenn sie ohne sein Zutun eintritt.

Die Verklammerung im Dreieck hat im Erleben aller Beteiligten die Grundform Entweder-Oder: Entweder der Vater oder die Mutter, entweder das Kind oder der Mann/die Frau, entweder der Therapeut oder der Partner/die Partnerin, entweder die Eltern oder das Kind, usw. Wenn man sich einem von beiden Beziehungspartnern zuwendet, bedeutet das einen feindlichen Akt dem anderen gegenüber. So sind Bewegungen, vor allem emotionale Bewegungen oft nur in geringem Ausmaß möglich, beziehungsweise sie müssen verborgen bleiben, weil Verletzungen der Loyalität in den Bündnissen mit Ausstoßung bedroht und bestraft werden. Diese Beziehungsdynamik wird oft im Zusammenhang mit Familiengeheimnissen und mit dem Problem der Mitteilung von Inhalten aus der Kindertherapie in den Elterngesprächen und umgekehrt deutlich.

Aber auch wenn man die Zweierbeziehungen in einem solchen System betrachtet, findet man überall das Entweder-Oder: Entweder du oder ich. Was ich bekomme, geht dir verloren, was du bekommst, geht mir verloren. Eine der wichtigsten Erkenntnisse zur Frage der Auflösbarkeit solcher dyadischer und gleichzeitig triadischer Verklammerungen ist für mich die Erkenntnis, daß beide Verklammerungen nur durch ein Zulassen und Erleben der Rivalität im Dreieck aufgelöst werden können. Der Kampf zwischen zweien um den Dritten und gegen den Dritten wird zwar ständig agiert, aber er wird zumeist nicht als solcher erkannt und erlebt. In der Zweierbeziehung erscheint ein solcher Clinch zum Beispiel zwischen Mutter und Tochter als Ausdruck unstillbarer, „symbiotischer" Gier nach Nähe und Zuwendung von beiden Seiten. Daß es trotz solcher Inhalte in der Beziehung gleichzeitig auch um den – manifest vielleicht von beiden abgewerteten – Vater geht, wird zumeist nicht bewußt erlebt. In der Dreierbeziehung eines Elterngesprächs geht es zum Beispiel manifest um die Frage, ob der Vater oder die Mutter recht hat, ob der Vater oder die Mutter schuld ist. Auflösbar ist ein solcher Clinch oft nur, wenn deutlich wird, daß beide Partner nicht nur den Therapeuten zum Richter und Schiedsrichter gemacht haben, sondern daß sie auch um die Zuneigung des Therapeuten oder der Therapeutin miteinander ringen. Aus dem Erkennen der gegengeschlechtlichen Rivalität (Mutter gegen Vater um den Therapeuten) folgt dann oft auch plötzlich das gemeinsame Erleben, daß zwei Personen desselben Geschlechts und eine Person des anderen Geschlechts im Raum sind, und daß es in dieser Konstellation auch eine gleichgeschlechtliche Rivalität zwischen zwei Männern um eine Frau, beziehungsweise zwischen zwei Frauen um einen Mann gibt (positiver Ödipuskomplex). Erst mit dem Bewußtwerden dieser Spannung löst sich der Leistungsdruck aller Beteiligten auf, und auch der Zwang, gegen den anderen recht behalten zu müssen. In der traditionellen psychoanalytischen Theorie wird dieser Übergang zum Erleben der sexuellen Identität beim Individuum als Übergang von der analen zur ödipalen Phase beschrieben, oder auch als Lösung der ödipalen Problematik verstanden. Ich beschreibe hier im Grunde genommen dieselben Vorgänge, verstehe sie aber nicht nur als Fortschritt auf der Skala der Entwicklungsstufen, sondern auch als Veränderungsmöglichkeit, um die es in jedem Augenblick jeder Beziehung und natürlich auch der therapeutischen Beziehung geht.

Diese Veränderung geht familiendynamisch betrachtet genauso vor sich, wie die entsprechende Veränderung in der klassischen Psychoanalyse beschrieben wird. Der Therapeut versucht, sich darauf einzulassen, was er abgesehen von den manifesten Gesprächsinhalten in sich selbst und in seiner Beziehung zu dem oder den Patienten spürt. Er versucht, diese seine Gefühle und Phantasien ernst zu nehmen und für wichtig zu halten. Gleichzeitig bemüht er sich darum, die Relativität seiner Gefühle und Wahrnehmungen nicht aus dem Auge zu verlieren, das heißt, er bleibt nach Möglichkeit korrigierbar in seinen Wahrnehmungen durch die Wahrnehmungen der Patienten. Diese Korrektur bleibt aber, wenn es gut geht, nicht in einem Entweder-Oder stecken: entweder ich habe recht, oder der Patient. Sie ermöglicht vielmehr eine Relativierung der Ansichten und Erkenntnisse in dem gemeinsamen Bemühen um die schrittweise Annäherung an Gefühle und Phantasien, die bisher unter der gewalttätigen Starre der verklammerten Beziehungen verborgen blieben. Das schrittweise Auftauchen bisher unbewußter Anteile von Personen in der Beziehung ermöglicht eine Auflösung der Starre, und die Auflösung der Starre ermöglicht das Auftauchen bisher unbewußter Anteile (Bauriedl, 1984). Dieser Prozeß geht nie linear und ohne Störungen vor sich, wie man das oft gerne hätte. Im Gegenteil, mit dem bisher verdrängten Wunsch zusammen tritt immer auch die Angst wieder auf. Spricht der Therapeut einen verdrängten Wunsch bei dem Patienten an, dann reagiert dieser verständlicherweise nicht nur mit Erleichterung, sondern auch mit Angst und der entsprechenden Abwehr. Ich halte es für sehr wichtig, daß man sich als Therapeut diese Selbstverständlichkeit immer wieder vor Augen führt, damit man nicht resignierend – und vielleicht auch manchmal erleichtert – aufgibt, wenn der Patient (leider und Gott sei Dank) Interpretationen abwehrt, und damit man nicht erschreckt und mit Wertlosigkeitsgefühlen reagiert, wenn man bei sich selbst Abwehrreaktionen gegen den Fortgang des analytischen Prozesses wahrnimmt.

Ist das alles zu schaffen in einem Setting, das nur alle zwei Wochen ein Elterngespräch vorsieht? Sind das nicht theoretische Grundlagen für eine langfristige Paaroder Familientherapie, und nicht für die heute zumeist geübte Praxis der Kinder- und Jugendlichen-Psychotherapie? Ich wollte mit meinen Ausführungen nicht den Eindruck erwecken, als würde ich glauben, daß man schwere Beziehungsstörungen der Eltern ganz nebenbei in wenigen Beratungsstunden aufheben könnte. Mir ist wohl bewußt, daß das von den Krankenkassen vorgegebene Setting den therapeutischen Schwerpunkt auf die Behandlung des Kindes legt. Das heißt, daß in diesem Setting die Problematik der Elternbeziehung zumeist nur am Rande behandelt werden kann. Und dieser Umstand wirkt sich wiederum je nach Fall unterschiedlich auf die Veränderungsmöglichkeiten des Kindes aus. Wie schon gesagt, plädiere ich für eine flexible Anpassung des Settings an die Erfordernisse und Möglichkeiten des jeweiligen Falles. Und ich plädiere auch für eine Anpassung der Ausbildung an die wissenschaftliche Weiterentwicklung der Kinder- und Jugendlichen-Psychotherapie und der psychoanalytischen Paar- und Familientherapie.

6. Kapitel

Die Krise als Chance – Theorie und Praxis der Psychoanalytischen Kriseninvention

Die psychoanalytische Literatur enthält nur sehr wenige Arbeiten zur Intervention in akuten Krisensituationen. Das liegt wohl daran, daß einerseits in einem psychoanalytischen Konzept Kriseninvention im allgemeinen nicht für möglich gehalten wird, und daß andererseits die in einer akuten psychischen Krisensituation nötigen, mitunter sehr aktiven Eingriffe nicht für psychoanalytisch angesehen werden.

Freud selbst schloß die Behandlung akuter Krisenzustände für die psychoanalytische Methode aus: „In akut krisenhaften Zuständen ist die Analyse so gut wie nicht zu brauchen. Alles Interesse des Ichs wird dann von der schmerzhaften Realität in Anspruch genommen und verweigert sich der Analyse, die hinter diese Oberfläche führen und die Einflüsse der Vergangenheit aufdecken will" (Freud, 1937, S. 372). Oder: „Man wird nicht zur Psychoanalyse greifen, wenn es sich um die rasche Beseitigung drohender Erscheinungen handelt, also zum Beispiel bei einer hysterischen Anorexie" (Freud, 1905, S. 116). Der Handlungsdruck in akuten Krisensituationen schien der abwartenden Haltung des Psychoanalytikers zu widersprechen; ein „psychischer Normalzustand" war für Freud Voraussetzung für die Behandelbarkeit durch Psychoanalyse: „Endlich ist sie (die psychoanalytische Therapie, T. B.) nur dann möglich, wenn der Kranke einen psychischen Normalzustand hat, von dem aus sich das pathologische Material bewältigen läßt. Während einer hysterischen Verworrenheit, einer eingeschalteten Manie oder Melancholie ist mit den Mitteln der Psychoanalyse nichts zu leisten ... In der Praxis werden überhaupt die chronischen Fälle von Psychoneurosen besser der Methode standhalten als die Fälle von akuten Krisen, bei denen das Hauptgewicht naturgemäß auf die Raschheit der Erledigung fällt" (Freud, 1898, S. 33).

Eine schwere akute Krisensituation, etwa ein eben ausgebrochener psychotischer Zustand, eine akute Suizidgefährdung, eine Familiensituation, in der es um „Mord und Totschlag" geht, erfordert vom Helfer ein rasches und wirkungsvolles Eingreifen; er muß oft sofort verhindern, daß die Patienten in ihrem psychischen Ausnahmezustand agieren und so Fakten schaffen, die nicht mehr veränderbar sind. In dieser Situation hat der Helfer häufig das Gefühl, daß er es sich nicht mehr leisten kann, „sich einzulassen". Er muß handeln. Er muß den Patienten in eine Klinik einweisen, von der Polizei festnehmen lassen, er muß ein Kind in ein Internat oder in eine Pflegefamilie bringen lassen, oder ähnliches. In der Klinik muß er entscheiden, ob der Patient Medikamente bekommt, wenn ja welche, ob er in die geschlossene Abteilung gebracht wird, oder wann er wieder entlassen werden kann. Alle diese Aktivitäten scheinen mit Psychoanalyse nichts zu tun zu haben. Trotzdem beschäftigten sich einige Psychoanalytiker immer wieder mit der Frage, ob und wie

97

psychoanalytische Therapien abgekürzt werden könnten, beziehungsweise ob und wie ein psychoanalytisches Eingreifen in akuten psychischen Notfallsituationen möglich ist.

Zur Geschichte der psychoanalytischen Notfall-, Kurz- und Fokaltherapie

Ich möchte den verschiedenen Übersichtsreferaten zu diesem Thema (vgl. z. B. Meyer, 1978; Kutter, 1981; Leuzinger-Bohleber und Grüntzig-Seebrunner, 1983) nicht ein weiteres hinzufügen. Ich möchte im folgenden vor allem darstellen, wie verschiedene psychoanalytische Autoren versucht haben, Lösungen für das eben beschriebene Problem Aktivität versus Passivität in Krisensituationen und für Kurzformen der psychoanalytischen Therapie zu finden.

In der Entwicklung der analytischen Psychotherapie ist bei Freud selbst eine Veränderung von größerer Aktivität zu mehr Passivität, und gleichzeitig damit von kurzfristigen psychotherapeutischen Interventionen zur langfristigen Psychoanalyse zu erkennen. Freud ging aus vom Konzept der Hypnose, in dem vor allem verdrängte Gefühle wieder erinnert werden sollten. Schon das Konzept der Suggestion im Wachzustand bedeutete weniger Aktivität des Psychotherapeuten, parallel zur abnehmenden Passivität des Patienten. Die suggestive Aufforderung: „Sie werden sich jetzt gleich an Ihr Gefühl und an die Situation damals erinnern" überläßt dem Patienten mehr Verantwortung und Abwehrmöglichkeit als der Zustand in der Hypnose. Die freie Assoziation, das eigentliche psychoanalytische Verfahren, vertraut schließlich voll auf den „natürlichen Auftrieb des Unbewußten", und erspart es dem Analytiker, die Veränderung durch aktives Eingreifen herbeiführen zu wollen und zu müssen. Er wartet auf die Aktivität des Unbewußten und berücksichtigt gleichzeitig die Erkenntnis, das jedes Symptom überdeterminiert ist, das heißt, daß es viele Wurzeln hat, die alle mehrmals und in jeweils anderer Zusammensetzung aufgedeckt werden müssen. Um ein kurzzeitiges Verschwinden von Symptomen durch Übertragungsheilung zu vermeiden, wurde das Entstehen und Durcharbeiten der Übertragungsneurose nötig. Das führte dazu, daß die psychoanalytischen Therapien immer länger dauerten. Es ging jetzt um die Veränderung der inneren und äußeren Objektbeziehungen des Patienten mit Hilfe der Wiederholung der ursprünglichen Kindheitsszenen in der psychoanalytischen Beziehung.

Freuds frühe Analysen dauerten oft recht kurz. Seine Patientin Katharina war nach einer einmaligen Begegnung „wie verwandelt". Dora war nach 11 Wochen „geheilt", und auch der „Rattenmann" wurde von Freud schon nach 11 Monaten als „geheilt" entlassen. Angesichts der langen Therapiedauer in unserer Zeit tritt immer wieder die Frage auf, ob es sich bei diesen kurzfristigen Heilungserfolgen Freuds nicht doch um Übertragungsheilungen handelte. In entsprechenden Überlegungen zur psychoanalytischen Kurztherapie nimmt Malan (1965) an, daß der Enthusiasmus des Therapeuten wesentlich zum kurzfristigen Therapieerfolg beitragen kann. Daraus erklärt er die relativ raschen Erfolge der Pioniere auf diesem Gebiet, die danach nicht mehr zu wiederholen waren.

Unter Freuds Schülern war es vor allem Ferenczi, der versuchte, die Analysen durch die sogenannte „aktive Technik" abzukürzen. Er verbot und gebot bestimmte Verhaltensweisen; so sollten zwanghafte Patienten ihre Rituale unterlassen, phobische sich ihrer Angst aussetzen. Er setzte relativ kurzfristig Schlußtermine für die Behandlung fest. Er verwendete „forcierte Phantasien", um verborgene Konflikte schneller ans Licht zu ziehen. Nach dieser Technik ließ er die Patienten zu ausgewählten Themen phantasieren. Und schließlich übernahm er bestimmte Rollen den Patienten gegenüber, um, wie er sagte, „die Übertragungsneurose aus dem Versteck zu locken".

Mit diesen Techniken wollte Ferenczi die Krise zunächst aktivieren und dann ad absurdum führen. Der Grundgedanke ist ähnlich wie bei Minuchins Methode der „Kriseninduktion" (s. u.). Im Gegensatz zu Minuchin forderte Ferenczi jedoch die absolute Ehrlichkeit des Analytikers. Um den psychoanalytischen Prozeß zu beschleunigen, stellte Ferenczi das ihm starr erscheinende Abstinenzprinzip Freuds in Frage. Neben Freuds „Prinzip der Versagung" stellte er sein „Prinzip der Gewährung" (Ferenczi, 1930, S. 263), das nach seiner Meinung im Gegensatz zur starren Versagung die Widerstände der Patienten lockern hilft, und so den Wiederholungszwang aufhebt. Die Problematik des Konflikts zwischen Versagung und Gewährung in der Psychoanalyse habe ich im zweiten Kapitel ausführlich dargestellt.

Auch Ferenczi schwankte zwischen Manipulation und Vertrauen in den von selbst ablaufenden Prozeß: „Es ist zweckmäßig, die Analyse eher als einen Entwicklungsprozeß, der sich vor unseren Augen abspielt, denn als das Werk eines Baumeisters aufzufassen, der einen vorgefaßten Plan zu verwirklichen sucht" (Ferenczi, 1928, S. 240). Die Erstellung eines Planes, und der Versuch, den Plan möglichst schnell auszuführen, das Ziel schnell zu erreichen, bringt jeden lebendigen Prozeß, also auch den psychoanalytischen, zum Stillstand. So behinderte auch der Mißerfolg der „aktiven Technik" und Freuds Kritik an ihr für eine gewisse Zeit die Weiterführung und Weiterentwicklung von psychoanalytischen Kurztherapieformen.

Nach dem zweiten Weltkrieg wurde das wichtige und umstrittene Konzept von Alexander und French (1946) veröffentlicht: Das Konzept der „korrigierenden emotionalen Erfahrung". Die Autoren gingen davon aus, daß ein Therapieplan wichtig sei, der festlegte, wie man den Patienten erreichen will. Sie kritisierten das intellektualisierte psychoanalytische Verfahren und die Vernachlässigung von Widerstand und Übertragung. Die „korrigierende emotionale Erfahrung" war für sie die therapeutische Achse aller Formen von Psychotherapie. Sie verstanden darunter, daß der Patient in der analytischen Therapie eine bessere emotionale Erfahrung machen kann und muß, als in seiner Kindheit mit seinen damaligen Bezugspersonen. Der Analytiker verhält sich ihm gegenüber emotional „besser", das heißt mehr zugewandt, liebevoller und verständnisvoller als seine Eltern.

Dadurch, so meinten Alexander und French, könne der Patient seine „Fehleinstellung" korrigieren (vgl. die Diskussion dieser Problematik bei Cremerius, 1979). An dieser Konzeption, die in verschiedenen Variationen innerhalb und außerhalb der Psychoanalyse anzutreffen ist, ist für mich problematisch, daß die Gegenübertragung übergangen wird, und daß die Wiederholung der Szene zwischen dem Patienten und seinen frühen Bezugspersonen in der Therapeut-Patient-Beziehung übersehen wird. Fühlt sich der Therapeut als besserer Vater oder als bessere Mutter des Patienten, dann bleibt die Spaltung in gute und böse Objekte und damit gleichzeitig in gute und böse Selbstanteile aufrechterhalten (vgl. Kapitel 2 und 5). Es bleibt die Unterscheidung in krankmachende und gesundmachende Bezugspersonen. Der Therapeut ist dann nicht derjenige, der versucht zu verstehen und aufzudecken, sondern er ist einer, der versucht, es besser zu machen als die frühen Bezugspersonen. Dadurch wird die therapeutische Beziehung zur Leistungsbeziehung, in der der Therapeut etwas „richtig" machen kann und soll – und natürlich entsprechend dann auch der Patient. Auch für ihn fehlt – wie schon in der Beziehung zu seinen Eltern – die Möglichkeit, sich auf seine *wahren* Gefühle in der gemeinsamen Szene einzulassen, auf die aggressiv-ablehnenden und auf die liebevollen. Seine Emotionalität wird dahingehend korrigiert, daß er jetzt lernt, daß sein Analytiker nicht so „böse" oder „schlecht" oder „uneinfühlsam" ist, wie seine Eltern es waren; und dies, auch wenn der Analytiker in der Wiederholung der Szene sich dem Patienten gegenüber ähnlich verhält wie dessen Eltern damals.

Das Konzept von Alexander und French wurde von den damaligen Psychoanalytikern unter anderen Gesichtspunkten kritisiert als von mir heute. Alexander und French befürworteten eine damals sehr umstrittene Technik zur Erhöhung der Effektivität psychoanalytischer Behandlungen: Sie veränderten die Häufigkeit der Behandlungsstunden, unterbrachen zeitweilig die Therapie, und versuchten, anstelle der spontanen Gegenübertragung eine bewußt geplante, der elterlichen Einstellung entgegengesetzte Haltung einzunehmen. Diese „Aktivitäten" wurden von anderen Psychoanalytikern als „Psychotherapie" abgelehnt. Die Entwicklung einer wirklich *psychoanalytischen* Kurztherapie war durch das Konzept von Alexander und French noch nicht erreicht, und das Interesse an einer solchen Entwicklung ging für einige Zeit wieder verloren.

In den sechziger und siebziger Jahren entstanden zwei neue Ansätze zur Kurz- und Notfallpsychotherapie. Der eine Ansatz, in den USA, versuchte die damals vor allem unter der Devise größerer Effektivität gegen die Psychoanalyse antretende Verhaltenstherapie zu integrieren. Der andere, in England, ging auf die Tradition Ferenczis zurück, insbesondere in der Schule Michael Balints, und versuchte, psychoanalytische Grundprinzipien auch für die Kurzpsychotherapie zu entwickeln.

Eine Mischung aus Psychoanalyse, Lerntheorie und Pädagogik stellt die Notfallpsychotherapie von Bellak und Small (1965) dar. Dieser Ansatz hat fast alle wesentlichen psychoanalytischen Grundsätze verlassen, in der Hoffnung, dadurch auch die an der Psychoanalyse immer wieder kritisierte Ineffektivität beziehungsweise die lange Dauer der psychoanalytischen Therapien abzustreifen. Es handelt sich um eine echte Notfallpsychotherapie, die in sozialpsychiatrischen Diensten innerhalb von ein bis sechs Sitzungen durchgeführt wurde. Das Konzept ist stark ichpsychologisch beeinflußt; das Therapieziel besteht darin, daß der Patient wieder adäquat funktioniert. Entsprechend der in den USA auch von den meisten dorthin ausgewanderten Psychoanalytikern übernommenen Anpassungsideologie (vgl. Bauriedl, 1982) definieren Bellak und Small die Anpassung des Patienten an die Realität und die Beseitigung der ausschließlich als Abweichung von der Norm verstandenen Symptomatik als Ziel ihrer Therapie. Die Konkurrenzsituation zwischen Psychoanalyse und Verhaltenstherapie wird bei der Lektüre dieser Arbeit immer wieder deutlich. Damit verbunden ist auch das für die Verhaltenstherapie typische mechanistische Denken: Psychotherapie sei ein Lernprozeß, Psychoanalyse sei Lernen durch Einsicht. In der Kurzpsychotherapie müssen nach Bellak und Small die Lernaufgaben des Patienten durch Einsicht und Konditionierung umstrukturiert werden. Psychoanalyse sei auch Korrektur von Fehlverhalten und Fehleinstellungen. Je nach Art der Störung (Promiskuität, Delinquenz, Homosexualität) müsse das Überich und damit die Verdrängung verstärkt werden. Eine positive Übertragung ist für Bellak und Small Voraussetzung für jede Kurzpsychotherapie. Mißtrauischen Patienten wird zum Beispiel gesagt, daß der Therapeut hervorragend qualifiziert sei. Das Ich des Patienten soll gestärkt werden, indem sein Selbstwertgefühl „gehoben" wird. Der Therapeut soll zum Beispiel dem Patienten „seine Ichstärke leihen", indem er ihm sagt: „Das habe ich ähnlich erlebt." Einem streitenden Ehepaar wird gesagt, daß ihr Streit schlimme Folgen für das Kind hat. Phantasien werden durch Einführung einer sogenannten Realität ersetzt, einer Realität, die natürlich ihrerseits wieder (unreflektierte) Phantasien des Therapeuten darstellt. Der Patient wird gelobt und getadelt; die Autorität des Therapeuten wird eingesetzt, damit der Patient neue Lösungsmöglichkeiten übernimmt, die der Therapeut für ihn entwickelt hat und ihm anbietet. Psychoanalyse verkommt auf diese Weise zu einer Karikatur ihrer selbst, einer Karikatur, die freilich der Machbarkeitsideologie des „Landes der unbeschränkten Möglichkeiten" und auch der damaligen Zeit entspricht. Die Patienten sollen lernen, ihre kindlichen Bedürfnisse aufzugeben, sie sollen Frustrationstoleranz entwickeln und Genußfähigkeit erlernen.

In ganz anderem Sinne versuchten Balint, Ornstein und Balint (1972) und Malan (1965) die Ansätze Ferenczis wieder aufzugreifen, dabei aber eine durchgehend analytische Haltung auch in der Kurztherapie zu bewahren. Die Arbeit von Balint, Ornstein und Balint sehe ich als einen wichtigen Schritt in der Weiterentwicklung des Verständnisses einer „Psychoanalyse ohne Couch". Anhand eines sorgfältig protokollierten Behandlungsverlaufs studiert Balint an einer von ihm selbst durchgeführten Kurzpsychotherapie vor allem die Therapeut-Patient-Beziehung. Er stellt damit die Starre therapietechnischer Überlegungen und die Intellektualisierungen in der psychoanalytischen Methode in Frage, dies aber auf andere Weise als Alexander und French. Für ihn ist Psychoanalyse nicht Korrektur sondern Wiederholen und Durcharbeiten. Die Wiederholung aber ist nur erkennbar, wenn man sich selbst als Analytiker in die Betrachtung der wiederholten Szene einbezieht.

Damit entfällt auch für Balint weitgehend die Beschreibung von Interventionstechniken. Er schreibt in seinen Protokollen nur sehr wenig darüber, was er tut und weshalb er sich so und nicht anders verhält; stattdessen erfahren wir, zumindest ansatzweise, was er erlebt. Therapeutische Interventionen sind deshalb für Balint ähnlich wie in meinem Konzept (vgl. Bauriedl, 1980, S. 53 ff.) nicht bestimmte Deutungen, sondern alles, was der Therapeut mit therapeutischer Absicht tut und sagt, verbal und nonverbal. Dieser Gedanke, daß das Verhalten, also auch die „Aktivitäten" des Therapeuten als Teil der Behandlung und damit der in der therapeutischen Beziehung wiederholten Szene gesehen werden können, halte ich für eine wichtige Vorbedingung für ein psychoanalytisches Verständnis der Krisensituation und der Krisenintervention. Was der Therapeut „nonverbal" erlebt und tut, ist damit nicht mehr durch ein technisches Verständnis der therapeutischen Situation beziehungsweise durch das Verdikt des Agierens oder Mitagierens aus der Betrachtung der therapeutischen Szene ausgeschlossen. Das notwendige Handeln des Therapeuten in akuten Krisensituationen braucht dann nicht von vorneherein als unanalytisch betrachtet zu werden. Wird die *Bedeutung* des jeweiligen Handelns szenisch verstanden, dann enthüllt sich dadurch der Kompromißcharakter *jedes* Verhaltens, auch das des Therapeuten, sein emanzipatorischer und sein homöostatischer Aspekt (vgl. unten die ausführliche Beschreibung meines Konzepts).

Ein Schüler Michael Balints, David H. Malan (1965), beschrieb in seinem Konzept der psychoanalytischen Kurztherapie eine Vielzahl psychoanalytischer Prinzipien, die auch in der psychoanalytischen Kurztherapie relevant sein können. Malan meint, daß nicht nur leicht gestörte Patienten für Kurztherapeien geeignet seien. Ähnlich wie in der klassischen Analyse richten sich nach Malan die Unterschiede im Erfolg auch der psychoanalytischen Kurztherapie danach, ob die Übertragung gedeutet wurde und die Verbindung zwischen Übertragungsgefühlen und Elternbeziehung erarbeitet wurde. Eine schnell einsetzende Übertragung ist nach Malan auch in der Kurztherapie unvermeidbar, weshalb auch Übertragungsdeutungen unvermeidbar sind. „Tiefe" Deutungen sind nach diesem Konzept nicht kontraindiziert sondern sogar nötig, weil sie zu einer raschen Entlastung beitragen können. Die kurztherapeutische Behandlung wird bei Malan zum Dialog, in dem der Analytiker selbstverständlich im äußeren Sinn aktiver ist als in der klassischen Psychoanalyse. Im Gegensatz zu Alexander und French sieht Malan als wichtigsten Faktor der Kurztherapie das Wiedererleben der alten Konflikte in der Beziehung zum Analytiker. Dazu müssen die negativen Gefühle des Patienten, vor allem auch in der Abschlußphase, aufgedeckt werden. Nur so ist die Gefahr zu vermeiden, daß der Patient sich für das vorzeitige Verlassenwerden dadurch „rächt", daß er den Erfolg rückgängig macht. Malan hält für diese schwierige Therapieform eine volle psychoanalytische Ausbildung für erforderlich. Ohne diese Ausbildung ist der Therapeut zumeist nicht fähig, sich in relativ kurzer Zeit auf die Szene des Patienten einzulassen und die Spannung auszuhalten, die sie enthält.

Malan sieht in seinem Konzept folgende Abweichungen von der klassischen Analyse: Es handelt sich um ein begrenztes Therapieziel, es wird von Anfang an eine begrenzte Stundenzahl vereinbart, es wird eine „fokale" Technik angewandt.

Der Fokus der jeweiligen Konfliktdynamik wird von einem Supervisionsteam erarbeitet. Der Therapeut hält sich nach Möglichkeit an diesen in der „Balintgruppe" erarbeiteten Fokus. Zur Bestimmung des Fokus greift Malan auf das „Einsichtsdreieck" nach Menninger (1958) zurück. Nach Menninger soll immer zuerst die Abwehr, dann die Angst, dann der Impuls geklärt werden, und dies jeweils für die Szenen in der Gegenwart, in der Vergangenheit und in der Übertragung (Malan, 1965). Als besonders wirkungsvoll sieht auch Malan die Herstellung einer Verbindung zwischen der Hier-und-Jetzt-Beziehung von Therapeut und Patient und der Dort-und-Dann-Beziehung des Patienten mit seinen Eltern an.

Auf der Grundlage dieser Konzepte von Malan und Balint entwickelte in Deutschland Rolf Klüwer ein Konzept der psychoanalytischen Fokaltherapie (1970, 1971). Diese Kurztherapieform wurde für eine Behandlungsdauer von etwa 20 Stunden entworfen. In dieser kurzen Zeit soll mit psychoanalytischen Möglichkeiten eine Neuorientierung des Patienten im Bezug auf den als Fokus beschriebenen, im Hier und Jetzt der Krisensituation zentralen Konflikt erreicht werden. Klüwer (1970, S. 739) greift das von Balint entwickelte Bild der auf einem Strom abwärts treibenden Holzstämme auf: „Durch einen Stamm, der sich quergelegt hat, ist das gesamte Treibholz blockiert. Eine gezielte Maßnahme soll auf den blockierenden Stamm einwirken, sodaß das Feld wieder in Bewegung kommen kann. Die Arbeit mit dem Fokus stellt in dem Gleichnis die gezielte Maßnahme dar; sie soll die Aufhebung des Hindernisses bewirken." In Klüwers Konzept wird, ähnlich wie bei Malan, der Fokus in der „Fokal-Konferenz" bestimmt, einer Kollegengruppe, die die Kurztherapie begleitet und unterstützt. Die Fokal-Konferenz versucht den Fokus im Sinne einer Deutung zu formulieren. Diese Fokusformel soll nach Möglichkeit folgende Elemente enthalten: „Die wichtigsten symptomatischen Beschwerden, die Übertragungssituation, den aktuellen Lebenskonflikt, die Infantilsituation, die abgewehrten Inhalte und die Art der Abwehrmechanik" (Klüwer, 1971, S. 936). Eine wichtige theoretische Grundlage für die Fokusbestimmung ist Argelanders Konzept der Szene (1970), „das heißt einer in der Übertragungssituation unbewußt szenisch dargestellten, aus dem unbewußten Konflikt hervorgegangenen konkreten situativen Gestaltung" (Klüwer, 1971, S. 936).

Als ein wichtiges Problem dieses Verfahrens sieht Klüwer, daß die Aktivität des Therapeuten die Entfaltung der Übertragung stören kann. Er schreibt: „Ein unspezifisch aktives Verhalten auf Seiten des Analytikers scheint uns in der Fokaltherapie unnötig. Wie beim Interview ist die Aufnahme der Angebote des Patienten und deren Strukturierung die angemessene Aktivität des Analytikers" (Klüwer, 1971, S. 935 f.). Hier wird versucht, Aktivität nicht im äußeren Verhalten zu definieren, sondern als die Intensität, mit der der Therapeut die szenischen Angebote des Patienten aufnimmt und bewußt macht. Wie schon erwähnt, scheint mir diese Definition der analytischen Haltung die wichtigste Voraussetzung für eine Übertragung psychoanalytischer Grundprinzipien auf die verschiedenen Anwendungsformen der Psychoanalyse, vor allen in der Krisenintervention und im stationären Bereich zu sein.

Die Bestimmung des Fokus in der Fokal-Konferenz erweckt in Klüwers Beschreibung bei mir den Eindruck, daß dem Therapeuten durch die Formulierung des zentralen Konflikts von Seiten der Kollegen dabei geholfen werden soll, sich nicht vom Patienten „vom Hundertsten ins Tausendste verschleppen und verführen zu lassen". Die Zentrierung auf den Fokus, also die Antwort auf die Frage: „Worum geht es für uns beide?" geschieht nicht zwischen Therapeut und Patient, sondern zwischen Therapeut und Kollegen. Das erinnert an die Hilfestellung durch hinter der Einwegscheibe beobachtende und instruierende Kollegen in der systemischen Familientherapie (vgl. Selvini et al., 1977). Für mein Verständnis wird dabei zwar eine Gefahr, nämlich die der „Verschleppung und Verführung" durch eine „Verankerung" außerhalb der therapeutischen Beziehung zu vermeiden versucht, aber gleichzeitig damit auf die Möglichkeit verzichtet, gerade diese Gefahr als Teil der Szene zwischen Therapeut und Patient aufzudecken. In den Beschreibungen der Fokal-Konferenz entsteht für mich ein Bild des Therapeuten, der wie ein Pferd am Zügel der Fokal-Konferenz geführt wird, und der seinerseits wieder den Patienten an einem ebensolchen Zügel führt. Die immer auch relevante Umkehrung, daß nicht nur der Patient derjenige ist, der ständig verführen und ausbrechen will, und der gebändigt werden muß, sondern auch umgekehrt Ausbruchs- und Verführungstendenzen beim Therapeuten und in der Spiegelung bei einzelnen Mitgliedern der Fokal-Konferenz auftreten, bleibt in diesem Arrangement unbewußt.

Die Notwendigkeit, eine solche Hilfestellung von außen zu institutionalisieren, scheint sowohl bei der Einrichtung der Fokal-Konferenz als auch in der systemischen Familientherapie eine Bestätigung dafür zu sein, daß erhöhte Effektivität und Ökonomie in der Psychoanalyse und Psychotherapie mit dem Verlust an aufdeckender Haltung gezahlt werden muß. Nach meiner Erfahrung stimmt diese Gleichung nicht. Das Ausmaß der Veränderung hängt mit vielen Faktoren zusammen: Mit der Zeit, die Therapeut und Patient haben, oder die sie sich lassen können, mit dem Leidensdruck, der den Patienten zur Veränderung treibt, und mit dem Grad, in dem es dem Therapeuten möglich ist, den Leidensdruck aufzunehmen und dadurch wirksam werden zu lassen. Der wichtigste Faktor unter den „inneren" Bedingungen einer Psychotherapie ist die Angst und die Abwehrnotwendigkeit von Therapeut und Patient. Sind beide groß, dann kann nur wenig aufgedeckt werden, und es tritt auch nur wenig Veränderung ein. Deshalb besteht für mich die wichtigste Hilfe von außen, auch für die Krisenintervention, in der aufdeckenden Arbeit einer Balint-Gruppe (vgl. Kapitel 8), die aber den Therapeuten nicht am Zügel hält, sondern im Gegenteil, ihn frei läßt, indem sie ihm dabei hilft, wahrzunehmen, wie er am Zügel des Patienten geführt wird, wie er seinerseits den Patienten am Zügel hält, und wie diese Szene mit seiner eigenen Geschichte und den darin bisher gefundenen Konfliktlösungen zusammenhängt. Aus dem erweiterten Verständnis seiner eigenen Situation als Betroffener und Beteiligter an der Szene mit dem Patienten entwickelt sich durch solche aufdeckende Hilfe in der Balint-Gruppe beim Therapeuten die Lust, neue Konfliktlösungen für sich selbst in der Beziehung zum Patienten zu suchen. Aufgrund dieser neu oder wieder geweckten Wünsche wird er Verführungs- oder Verschleppungstendenzen des Patienten und auch seine eigenen entsprechenden Impulse leichter mit dem Patienten zusammen wahrnehmen, aufdecken und dadurch auflösen können.

Auch Grüntzig und Meyer (1978) kritisieren an Klüwers Konzept, daß der Fokus nicht zwischen Therapeut und Patient entwickelt oder gefunden werde, sondern in der Fokal-Konferenz. Dies widerspreche der analytischen Arbeit mit der freischwebenden Aufmerksamkeit. Und Kutter (1981) betont, daß eine Kurztherapie und Kriseninterventon nur psychoanalytisch genannt werden kann, wenn außer der psychoanalytischen Theorie auch die psychoanalytische Technik angewendet wird; das heißt, wenn Widerstand, Übertragung und Gegenübertragung beachtet, analysiert und interpretiert werden (Kutter, 1981, S. 180). Als Unterschied zur klassischen Analyse sieht Kutter in der psychoanalytischen Kurztherapie, daß es sich hier nicht um eine langsam sich entwickelnde Übertragungsneurose und deren Auflösung handle, und daß die Therapie aktiv gesteuert und auf das die Erkrankung auslösende Problem eingeengt werde. An den meisten Kurztherapieformen kritisiert er, daß das szenische Verstehen fehle, daß die unbewußte Bedeutung der angewandten Technik zu wenig reflektiert werde, daß zu wenig Rücksicht auf den Patienten genommen werde (der Therapeut sollte zum Beispiel fragen, ob der Patient das hören möchte, was der Analytiker sich denkt), daß Übertragung und Gegenübertragung zu wenig beachtet werden, und daß der Fokus überbetont werde (ein Abweichen des Patienten vom Fokus wird als Widerstand verstanden und gedeutet).

Für mein Verständnis geht es in *jeder* analytischen Behandlung um das Herausfinden des jeweils aktuellen Fokus. Dieser Fokus wird am exaktesten vom Unbewußten angezeigt, nämlich durch die scheinbar sinnlosen und oft auch peinlichen Einfälle und Phantasien von Patient und Therapeut. Durch unser im Lauf der Sozialisation und der Errichtung spezifischer Abwehrstrukturen entwickeltes konventionelles Denken leben wir ständig mit mehr oder weniger „verschobenen Foci", das heißt wir halten Probleme für zentral, die sich auf Ersatzschauplätzen abspielen. Zum Beispiel glauben wir immer wieder, daß wir ausschließlich unter der „Unzugänglichkeit" oder „Böswilligkeit" eines Beziehungspartners leiden, und sehen nicht, daß wir selbst Angst haben, uns auf unsere Wünsche an diesen Partner und auf seine Wünsche an uns einzulassen. Durch die Abwehr wird der Konflikt an einer Stelle wahrgenommen, an der er nicht zu lösen ist; verständlich ist das vor dem Hintergrund unserer Angst davor, daß der Konflikt lösbar werden könnte, und daß wir in einer neuen Konfliktlösung altbekannte Sicherheiten aufgeben müßten. Nur der „natürliche Auftrieb des Unbewußten" hilft uns, den wirklichen, ängstigenden Fokus unserer jeweils aktuellen Konflikte zu finden. Gerade die scheinbar nebensächlichsten Einfälle führen oft direkt ins Zentrum des vom Bewußtsein her schwer wahrnehmbaren Konflikts. Diese geniale und revolutionäre Entdeckung Freuds gilt nicht nur für die klassische Analyse sondern auch für die psychoanalytische Kurztherapie und Krisenintervention. Die offene Haltung des Analytikers gegenüber diesem natürlichen Auftrieb des Unbewußten ist durch keine noch so gut durchdachte therapeutische Strategie zu ersetzen. Gerade in der Situation einer akuten Krise, in der alle Beteiligten sich zu unreflektierten und unbezogenen

Handlungen gedrängt fühlen, ist diese analytische Haltung eine große Hilfe. Wegen der oft sehr akuten Gefahr kann zumeist auch der Therapeut ein Handeln nicht vermeiden, aber das aufdeckende Verständnis für die *Bedeutung* der Handlungen von Patienten und Therapeuten in Krisensituationen kann gleichzeitig oder nachträglich den Wiederholungszwang auflösen, und entweder eine schon dramatisch zugespitzte Konfliktsituation sofort entlasten oder nachträglich die Notwendigkeit, sie zu wiederholen, vermindern. Ich werde den Vorgang der Entlastung einer solchen drängenden Situation durch das Zulassen bisher unbewußt gebliebener Konfliktanteile oder Konfliktschauplätze bei der Darstellung meines eigenen Krisenkonzepts beschreiben.

Verschiedene Möglichkeiten, eine Krise zu verstehen und mit ihr umzugehen

An dieser Stelle scheint es mir sinnvoll zu sein, verschiedene Konzepte der Krisenintervention daraufhin zu untersuchen, wie der Begriff Krise jeweils verstanden wird, und welche Konsequenzen für den Umgang mit kritischen Situationen sich daraus ergeben. Ich möchte hier auch die wichtigsten Krisenkonzepte außerhalb der Psychoanalyse berücksichtigen, um so die in diesen Theorien und Methoden enthaltenen Phantasien über die Bewältigung von Krisen in ihrer politischen und gesellschaftlichen Relevanz, und im Vergleich zum psychoanalytischen Ansatz diskutieren zu können.

Eine der ältesten Krisendefinitionen im psychologischen und psychotherapeutischen Bereich stammt von E. H. Erikson. Er verstand *Krisen als normale Reifungsphasen*, die in der psychosozialen Entwicklung jedes Menschen auftreten. 1950 beschrieb Erikson acht Stadien der menschlichen Entwicklung, und erweiterte diese Theorie 1959 zu einer Beschreibung der „Lebenskrisen" (z. B. Adoleszenz, Partner- und Berufswahl). In diesen „Lebenskrisen" oder Phasen sind jeweils bestimmte Entwicklungsschritte zu leisten. Fast alle späteren Veröffentlichungen zu diesem Thema greifen Eriksons Gedanken auf. Sie stellen diese lebensgeschichtlichen Krisen aber zumeist als *eine* Form der Krise dar.

Caplan erforschte das Durchlaufen einer Krise beim Tod eines Angehörigen, bei frühzeitiger Entbindung, bei Operationen oder chronischen Krankheiten etc. Eine Krise ist für Caplan eine Übergangsperiode, in der sowohl die Gefahr erhöhter Verletzlichkeit als auch die *Chance für persönliches Wachstum* beschlossen ist. Das Ziel der Intervention ist die Wiederherstellung der Funktionsfähigkeit, die vor der Krise bestanden hat, und evtl. darüber hinaus eine durch die Krise angeregte und ermöglichte Verbesserung der Funktionsfähigkeit. Die Methode der Krisenintervention besteht in direkter Befürwortung und Förderung adaptiven Verhaltens, allgemeiner Unterstützung, Manipulation der Umwelt, vorausschauender Führung (Caplan, 1961).

Die therapeutische Konsequenz aus diesem Verständnis von Krise als Reifungsphase beziehungsweise als eine Lebenssituation, die besondere Anforderungen an das Individuum stellt, besteht in einem Behandlungskonzept, das diese Entwicklungsschritte fördert. Es geht um den Übergang in einen neuen Status und um die Entwicklung einer veränderten Identität in einer neuen Umwelt. Dies entspricht im psychoanalytischen Raum den Grundvorstellungen der amerikanischen Ich-Psychologie (Hartmann, 1939), die die menschliche Entwicklung vorwiegend unter dem Aspekt des Angepaßtseins und der im Lauf des Lebens geforderten Anpassungsleistungen versteht. Hier wird die *Krise als adaptives Versagen* definiert. Das Hauptinteresse gilt dem Versagen *jetzt*, seinen Ursachen und der Frage, was der Patient tun müsse, um sein Versagen überwinden zu können.

Lindemann (1944) und Caplan (1964), und andere amerikanische Autoren, die maßgeblich an der Entwicklung gemeindenaher sozialpsychiatrischer Dienste und Notfalldienste beteiligt waren, betonen den Charakter der *Krise als Überlastungssituation*. Nach dieser Konzeption gibt es im Leben jedes Menschen unausweichliche Geschehnisse, die man als „gefährliche" Situationen bezeichnen kann. Zu Krisen werden solche Situationen nur für Individuen, die wegen früherer Erfahrungen gegenüber diesen Belastungen besonders verletzlich sind und deshalb die Belastung nicht auffangen können. Es handle sich dann für sie um ein plötzliches Hindernis, das sie mit ihren üblichen Methoden des Problemlösens nicht bewältigen können. Dadurch entstehe ein emotionales Ungleichgewicht, Desorganisation und Konfusion. Die therapeutische Konsequenz ist, daß der Mensch, um wieder ins Gleichgewicht zu kommen, das Problem entweder lösen oder sich an die Tatsache der Nichtbewältigung anpassen müsse.

Diese Theorie entstand bei Lindemann (1944) vor allem durch die Untersuchungen der akuten Trauerreaktionen bei einer großen Feuerkatastrophe in Boston. Er kam dabei zu dem Ergebnis, daß die situativen Aspekte wichtiger seien als persönliche Charakteristika der betreffenden Personen. In Anlehnung an Freuds Konzept der Trauerarbeit beschrieb Lindemann normale und krankhafte Muster von Trauerreaktionen. Für ihn bestand die therapeutische Konsequenz seiner Untersuchungen darin, daß der Helfer versuchen solle, an der Trauerarbeit des Patienten teilzunehmen, damit keine schweren psychischen Schädigungen zurückbleiben.

In späteren Arbeiten entwickelte Caplan (1964) eine spezifische Krisentheorie anhand von Erfahrungen in der amerikanischen Militärpsychiatrie im Korea-Krieg und beim Einsatz von Friedenstruppen der amerikanischen Armee in verschiedenen Krisengebieten. Hier wird *Krise als eine Periode von Ungleichgewicht* verstanden, begleitet von psychischer und physischer Not, die aber von begrenzter Dauer ist (4–6 Wochen). Nach dem Konzept der gestörten Homöostase (Cannon, 1935) werde eine solche Krise durch ein plötzliches Hindernis ausgelöst, das die Person mit ihren üblichen Problemlösungsmethoden (coping mechanisms) nicht bewältigen könne. Das Ziel des therapeutischen Eingriffs sei die *Rückkehr* zur vorher vorhandenen Stabilität. Die Methode besteht darin, das Individuum in seiner sozialen Umwelt (also zum Beispiel im Gefechtsfeld) zu halten und auf seine psychologischen und sozialen „Aktivposten" zu bauen (z. B. kognitive Fähigkeiten wie Abschätzung der Gefahr, Suche nach neuen Informationen, nach neuem Rollenverhalten, nach Feedback, etc.). Die „Kriegsneurotiker" des Korea-Krieges sollten nach diesem Konzept sofort und an Ort und Stelle behandelt werden. Der Therapeut sollte eine schnelle Erholung und die baldige Rückkehr in die Pflicht von ihnen erwarten, und vor allem keine psychopathologischen Diagnosen stellen, sondern stattdessen Begriffe wie „Kampfmüdigkeit" oder „Erschöpfung" verwenden und darauf hinweisen, daß großer Streß auch bei Gesunden Krisen auslösen könne.

L. A. Hoff (1984) sieht Krisen nicht nur als Folge von Streß oder von Krankheit. Sie betont, daß Krisen immer in sozialen Zusammenhängen stattfinden, in einem Zusammenspiel von Streß und Krankheit. Nicht die Ereignisse rufen Krisen hervor, sondern die Interpretation der Ereignisse, der Grad der Bewältigungsfähigkeit, und die mehr oder weniger große Begrenztheit der sozialen Ressourcen. Hier sind Ansätze zu einer Verbindung zwischen der äußeren Situation und dem subjektiven Erleben dieser äußeren Situation zu finden.

Ein ganz anderer, gegenwärtig sehr verbreiteter Ansatz zur Krisenintervention ist der der systemischen Familientherapie. Hier wird versucht, den Fokus der Aufmerksamkeit vom Individuum weg auf das Familiensystem und auf andere Systeme, wie zum Beispiel auf Institutionen zu erweitern. Krisen sind nach diesem Verständnis der *Zusammenbruch eines bis dahin funktionierenden (Familien-) Systems*. Ich beziehe mich zunächst vor allem auf Zuk (1975) und Minuchin (1972, 1973, 1977), die beide ein Konzept dafür entwickelt haben, wie in einer Familie durch „Kriseninduktion" ein Ungleichgewicht hergestellt werden kann, das ein veränderndes Eingreifen des Therapeuten möglich macht.

Zuk und Minuchin betonen, jeder auf seine Weise, die Bedeutung der therapeutischen Macht in Krisensituationen. Die Macht des Therapeuten besteht nach Zuk in seiner Fähigkeit, die Beziehung zu seinen Patienten zu bestimmen, und in seiner Fähigkeit, die Kontrolle über diese Beziehung und über die Aktionen des Patienten in einer Weise zu steigern, die er im Interesse des Patienten für die beste hält. In einem Konflikt wird nach Zuk regelmäßig nach einer zur Vermittlung befähigten Instanz gesucht, nach einer Person, die den Streit beenden kann. Dieses Phänomen solle der Therapeut nützen, indem er den Konflikt intensiviert und die Macht ausnützt, die ihm aus seiner Rolle zuwächst. Das Wichtigste sei, daß der Therapeut nie die Macht verliert, daß er immer derjenige bleibt, der den Prozeß kontrolliert. Das Ziel dabei sei nicht, Konflikte beizulegen, sondern pathogene Familienstrukturen zu durchbrechen, zum Beispiel unbewußte Familienabkommen, die die Therapie behindern. Die Methode besteht darin, daß der Therapeut durch ständigen Wechsel seiner Position beziehungsweise seiner Meinung seine Rolle selbst definiert und dadurch „mächtig" bleibt. Für Zuk ist es dabei gleichgültig, ob er das, was er sagt, auch wirklich glaubt.

Nicht nur der sehr manipulative Versuch eines „Krisenmanagements", sondern auch die Rollenspaltung zwischen Therapeut und Familie, beziehungsweise zwischen Therapeut und Patient stehen hier in einem Gegensatz zu meinem psychoanalytischen Ansatz: die Dynamik des Familiensystems wird nur in der Funktion gesehen, die (pathologische) Homöostase aufrechtzuerhalten, der Therapeut nur in der Funktion des Veränderers dieser Homöostase. Die gegenläufigen Tendenzen, nämlich das Veränderungspotential, das in jedem Familiensystem beziehungsweise in jeder Krisensituation immer auch enthalten ist, und die den status quo aufrechterhaltenden Tendenzen des Therapeuten werden nicht gesehen. Der Therapeut hat die Phantasie, ein starres System erschüttern, zerstören oder durchbrechen zu müssen. Daher auch die Gewalttätigkeit in der therapeutischen Methode. Nach dem in der Psychoanalyse bekannten Prinzip: „Was unbewußt wird oder bleibt, ist trotzdem wirksam, und zwar gewalttätig" ist diese scheinbar revolutionäre Phantasie, starre Strukturen von außen durchbrechen zu können und zu müssen, letztlich reaktionär (vgl. Bauriedl, 1984a, 1986). Sie dient zur Aufrechterhaltung des status quo: Wenn der Therapeut sich erfolgreich fühlt – und die Effektivität ist hier das einzige Qualitätskriterium – dann geht er als Sieger aus dem in der Familie ausgebrochenen Konflikt hervor. Er hat die Symptomatik beseitigt, damit aber auch den Ausdruck eines wirklich revolutionären Veränderungswunsches im familiären System.

Das Prinzip des *Krisenmanagements* wird noch deutlicher bei Minuchin (1972, 1973, 1977). Für ihn ist eine Krise eine *Störung der Familienhomöostase*, eine Abweichung vom Gewöhnlichen und Normalen. Die bisherigen Regeln funktionieren nicht mehr; deshalb ist eine Krise eine Gefahr, aber auch eine Möglichkeit zur Veränderung. Minuchin versucht, durch direktive Intervention die Krise gezielt zu verstärken. Er verbietet zum Beispiel den Kindern, einzugreifen, wenn die Eltern sich streiten. Oder er beauftragt die Eltern, ihre anorektische Tochter hier und jetzt sofort zum Essen zu bringen. Das ergibt eine Eskalation der Krise, die den Therapeuten als Retter aus der Not für die Familie immer unentbehrlicher und dadurch mächtiger macht: Wenn die Hilflosigkeit der Familienmitglieder am größten ist, nimmt die Familie einen „Ordner" am besten an. Es geht für Minuchin ausdrücklich nicht um moralische oder ethische Fairneß, sondern um das Erreichen eines Zieles, nämlich die Herstellung eines „gesunden" (= normalen) Regelsystems in der Familie.

Politisch verstanden erinnert diese therapeutische Phantasie an die Verelendungstheorie des beginnenden neunzehnten Jahrhunderts, wobei hier die Verelendung durch den Therapeuten aktiv herbeigeführt wird, damit dieser als mächtiger Retter dann die „Regierung" übernehmen kann. Auch diese Form der „Revolution" ist systemerhaltend; denn Machtstrukturen können nicht aufgelöst werden, indem man sich ihrer bedient. Die Kriseninduktion in diesem Konzept macht eher den Eindruck einer „kontraphobischen" Reaktion des Therapeuten auf die Gefahr, der Krisensituation gegenüber ohnmächtig zu sein, die Verschlechterung nicht verhindern zu können. Für den Therapeuten wird Ohnmacht in Macht verwandelt. Das Macht-Ohnmacht-Prinzip bleibt dadurch bestehen, denn seine Auflösung, das Risiko größerer zwischenmenschlicher Nähe einzugehen, wird nicht versucht.

Das Konzept der systemischen Familientherapie ist nach meiner Einschätzung vor allem ein Konzept der Krisenintervention in Familien (Selvini, 1963; Selvini et al., 1975, Wirsching und Stierlin, 1982). Auch nach diesem Konzept entsteht eine Krise, wenn ein Familiensystem „dysfunktional" geworden ist. Ein Familienmitglied versucht dann, durch seine Symptomatik den status quo des Familiensystems aufrechtzuerhalten. Auch hier wird der emanzipatorische Anteil der Symptomatik nicht gesehen. Entsprechend kann der Therapeut bei sich selbst nur den Impuls zur Veränderung sehen. Da aber in allen Psychotherapieformen immer wieder die Erfahrung gemacht wurde, daß sich um so weniger verändert, je mehr sich der Therapeut um eine Veränderung bemüht, arbeiten die strategischen Familientherapeuten nach dem paradoxen Grundmodell, das verlangt, „daß der Therapeut gerade nicht die bestehenden Verhältnisse in Frage stellt und Veränderungen nahelegt, sondern im Gegenteil betont, das Verhalten der Familie sei in der gegebenen Situation das einzig sinnvolle und mögliche, und vor jeder Veränderung ausdrücklich warnt" (Wirsching und Stierlin, 1982, S. 175).

Die Leitlinien der therapeutischen Methode werden von Wirsching und Stierlin (a.a.O., S. 178 ff.) wie folgt angegeben:

„– Eine Vertrauensbeziehung zu allen Familienangehörigen schaffen.
– Die positiven Aspekte der Familie und ihre Ressourcen hervorheben.
– Den Zusammenhang von Krankheit und Konflikt nicht zu früh deuten.
– Die Beziehungsgestalt erfassen. Die Krankheit in ihrem Kontext verstehen.
– Hypothesenbildung aufgrund zirkulärer Befragung. Es wird vor allem nach Verhaltensweisen gefragt, nicht nach Problemen, Gefühlen oder Eigenschaften. Es wird immer ein Dritter in Anwesenheit des Betroffenen über diesen befragt, dadurch werden kreisförmige Wechselwirkungen anstelle linearer Ursache-Wirkung-Ketten erkennbar, Machtkämpfe und Beschuldigungen weitgehend vermieden.
– Schlußintervention: Das in der Sitzung herausgearbeitete zentrale Beziehungsmuster wird verändert und zugleich die gegen diese Veränderung gerichteten Widerstände als Motor eingesetzt."

Dieses Modell macht unter allen Kriseninterventionsmodellen für viele interessierte Therapeuten und Helfer den elegantesten und effektivsten Eindruck. Es fasziniert durch seine Leichtigkeit gegenüber der scheinbaren Schwere und Aussichtslosigkeit psychoanalytischer Ansätze, die von außen oft als mit überflüssigen ethischen Skrupeln und überholter Schwerfälligkeit belastet erscheinen. Weshalb sollte man sich mit Überlegungen der eigenen Betroffenheit und der eigenen Beteiligung am therapeutischen System herumschlagen, weshalb seine eigene Person als beteiligtes Medium für die Therapie zur Verfügung stellen, weshalb sich in jeder Therapie wieder so sehr in Frage stellen lassen, wenn es anders auch geht? Wenn ein Weg gefunden ist, auf dem man in kurzer Zeit mit geringem psychischen und finanziellen Aufwand eine Anorektikerin zum Essen bringt, weshalb sollte man ihn nicht beschreiten? Was sollen all die „grundsätzlichen" Überlegungen und selbstzerstörerischen Zweifel, wenn die nachgewiesene Effektivität eindeutig auf seiten der systemischen Familientherapie und nicht auf seiten der Psychoanalyse zu finden ist?

Gegen all diese Einwände, die meiner Kritik an der systemischen Familientherapie und meinem beziehungsanalytischen Ansatz entgegengehalten werden, kann ich meinerseits nur die gesellschaftliche und politische Bedeutung beider Ansätze anführen (vgl. Kapitel 2, 3, 8 und Bauriedl, 1986), und mein persönliches

Interesse: Für mich ist es nicht wichtig, ein „dysfunktional" gewordenes System wieder funktional zu machen, sondern eine Krise als Chance zu verstehen, und den in ihr enthaltenen Leidensdruck als Veränderungswunsch wirksam werden zu lassen.

Beziehungsanalytische Krisenintervention – ein Prozeß der Bewußtseinsveränderung bei allen Beteiligten

Im Gegensatz zur Beschreibung von therapeutischen Techniken, wie sie vor allem außerhalb, aber auch innerhalb der Psychoanalyse dargestellt werden, betont der von mir entwickelte beziehungsanalytische Ansatz (Bauriedl, 1980) das Einbezogensein des Therapeuten in das therapeutische System und in dessen potentielle Veränderungen, und die sich aus diesem Verständnis ergebenden therapeutischen Möglichkeiten. Da mir in meiner Arbeit immer wieder bewußt wird, daß ich auch als Psychotherapeutin einen anderen Menschen mit Hilfe der verschiedenen therapeutischen Methoden bestenfalls manipulativ zu einer Verhaltensänderung bewegen kann (vgl. Kapitel 2), habe ich mich entschieden, als zentrale Frage für meine wissenschaftlichen Untersuchungen nicht mehr die Frage: „Was muß ich tun, damit der Patient sich in der gewünschten Weise verändert?" anzusehen, sondern mich stattdessen auf die Frage zu konzentrieren: „Unter welchen Bedingungen kann ich es zusammen mit dem Patienten riskieren, bisher unbewußt gehaltene Persönlichkeits- und Beziehungsanteile bewußt werden zu lassen?" Die Verhaltensänderung ist eine selbstverständlich eintretende Folge der Wahrnehmungs- und Bewußtseinserweiterung von Therapeut und Patient.

Von strategisch denkenden Psychotherapeuten, insbesondere von seiten der systemischen Familientherapie, aber auch von vorwiegend methodisch denkenden Psychoanalytikern, wird dieses Erkenntnisinteresse als utopistisch oder auch als nebensächlich angesehen, weil deren Aufmerksamkeit auf der Sicherheit und der Exaktheit der Methode liegt. Ich meine, daß mein Aufmerksamkeitsfokus ein zwar komplexeres und oft für den Therapeuten auch ängstigenderes Bild der therapeutischen Beziehung und des therapeutischen Prozesses ergibt, daß dieses Bild aber auf seine Weise nicht weniger exakt ist als das durch die Frage nach der erfolgreichsten Methode entstehende Bild. Psychoanalyse ist für mich ein Prozeß, in dem mit *allen* Beteiligten etwas vor sich geht. Als Psychoanalytikerin bin ich in diesem Prozeß nicht Baumeisterin neuer Verhaltensweisen oder Beziehungsregeln, sondern Beteiligte an dem therapeutischen System. Die Veränderung des therapeutischen Systems ist die Grundlage der Veränderung des Patienten. Deshalb muß ich sehen, inwiefern ich selbst eine Veränderung des therapeutischen Systems an meiner Stelle verhindere. Die verändernde Kraft kommt nicht von mir, sie besteht in dem „natürlichen Auftrieb des Unbewußten".

Die wichtigsten, eine Wahrnehmungs- oder Bewußtseinsveränderung verhindernden Faktoren sind die Angst *jedes* Beteiligten und die zur Vermeidung dieser Angst nötige Verklammerung zwischen Therapeut und Patient. Die ständige

Analyse der Beziehung zwischen Therapeut und Patient ist deshalb neben der inhaltlichen Analyse des vom Patienten eingebrachten Materials die Grundvoraussetzung dafür, daß solche Verklammerungen aufgehoben werden. Diese Vorstellungen sind nichts weiter als die konsequente Anwendung von Freuds Entdeckung, daß nur die Arbeit mit der Übertragungsneurose, also mit der lebenslangen Wiederholung der Kindheitsszenen des Patienten, die Therapie davor bewahren kann, daß der Patient sich dem Therapeuten zuliebe verändert (Übertragungsheilung), oder daß der Patient sich gegen die Veränderungsabsicht des Therapeuten durch die Verschlechterung seines Zustandes wehrt (negative therapeutische Reaktion). Beide Formen des Mißlingens entsprechen unaufgelösten Verklammerungen zwischen Therapeut und Patient, die ihrerseits auf den Zwang zur Wiederholung der ineinander verschränkten Kindheitsszenen beider Partner zurückzuführen sind. Nur die Analyse dieser Wiederholungen in der Übertragungs- und Gegenübertragungsneurose löst solche Verklammerungen auf und ermöglicht eine Veränderung der Beziehungsstruktur im therapeutischen System und in jedem Teilnehmer an diesem System.

Der Begriff Übertragungsneurose wird von mir hier nicht so verstanden, daß sich dieses Phänomen nur langfristig und bei Beachtung bestimmter therapeutischer Regeln (des klassischen Settings) einstellt. Ich bin überzeugt, daß es eine Frage der Beziehungswahrnehmung im Hier und Jetzt ist, ob der Therapeut und dann auch der Patient die Wiederauflagen seiner lebensgeschichtlich relevanten Szenen wahrnimmt oder nicht. Natürlich kann sich im geschützten Raum einer klassischen Analyse dieses lebensgeschichtliche Szenarium eines Patienten viel komplexer entfalten als in relativ kurzfristigen Begegnungen zwischen Therapeuten und Patienten. Das schließt aber nicht aus, daß die Übertragungsneurose auch und gerade in der Krisenintervention eine wichtige Rolle für den Veränderungsprozeß im therapeutischen System darstellt.

Ein weiteres psychoanalytisches Prinzip, das ebenfalls größte Bedeutung für die Krisenintervention hat, ist die Forderung nach absoluter Ehrlichkeit. Oft steht dieser Ehrlichkeit die Phantasie von der größeren Zweckmäßigkeit einer relativen Unehrlichkeit entgegen. Wir meinen als Therapeuten oft, daß wir uns sicherer darstellen müßten als wir sind. Vor allem in der akuten Gefahrensituation einer Krise sucht jeder Mensch nach dem sicheren Führer, der die „Strudel und Stromschnellen" kennt und mit Autorität und Kraft überwindet. Wir neigen alle dazu, uns einem Führer zu beugen oder eventuell auch selbst den Führer zu spielen, wenn wir dafür das Gefühl von Ohnmacht und Ausgeliefertsein loswerden können. Lieber nehmen wir Scheinlösungen und totalitäre oder repressive Beziehungen in Kauf als zunächst einmal nicht mehr weiter zu wissen. Dieses Phänomen, auf das vor allem Minuchins Therapietechnik (s. o.) baut, ist ein allgemein menschliches und deswegen nicht auf eine Psychotherapieform beschränkt. Ihm steht Freuds Erkenntnis gegenüber, daß nur das Zulassen der *wirklichen* Gefühle, also auch der Fluchttendenzen und der Gefühle von Hilflosigkeit und Wut beim Therapeuten kreative neue Konfliktlösungen ermöglicht.

Darin besteht nun nach meiner Ansicht auch die Aktivität des Therapeuten in einer analytischen Beziehung: Nicht im Wissen, Regulieren, Dirigieren, sondern im Fragen und Analysieren, im Suchen und Auffinden der unbewußt wiederholten Szene. Aktivität bedeutet hier das Risiko einer intensiven Auseinandersetzung in einer szenisch aufgegriffenen Konfliktsituation, nicht die Einführung bestimmter Parameter, die die Abweichung vom klassischen Verfahren der Deutung legitimieren (vgl. Kapitel 2). Soweit der Analytiker handelt und handeln muß, ist ausschließlich die *Bedeutung* dieses Handelns in der jeweiligen Szene wichtig, nicht die Unterscheidung zwischen richtigem und falschem, zulässigem und unzulässigem Handeln. Soweit das Notfallhandeln durch aufdeckendes Verstehen ersetzt werden kann, wird es von selbst überflüssig, soweit das in dem starken Druck einer akuten Krise nicht möglich ist, bleibt es als notwendiges Element der Therapeut-Patient-Beziehung bestehen, und kann eventuell erst später oder vielleicht auch gar nicht analytisch verstanden werden. „Tiefe" Deutungen sind in diesem Zusammenhang oft nötig und auch entlastend. Sie sind aber gefährlich, wenn sie ohne Reflexion und Einbindung in die jeweils aktuelle Therapeut-Patient-Beziehung gegeben werden. Sie können dann ein Teil des Agierens oder Mitagierens des Therapeuten sein, und somit eine für den Patienten sehr gefährliche Bedrohung, gegen die er sich unter Umständen nur durch Eskalation seiner Symptomatik schützen kann.

Schließlich gehört zur besonderen Aktivität des Analytikers in der Krisenintervention auch von Anfang an die Trauerarbeit. Von vornherein besteht nicht nur für den Patienten, sondern auch für den Analytiker die Bedrohung durch Objektverlust, da die Begegnung in der Regel nur eine kurzfristige sein kann und gleichzeitig doch durch den akuten Leidensdruck ein tiefes Sich-Einlassen beider Partner möglich und nötig ist. Es geht also in der kurzzeitigen Begegnung von Anfang an um eine psychisch sehr belastende Situation: Man beginnt sich anzunähern und weiß, daß man sich gleich wieder trennen muß, voraussichtlich ohne die Begegnung so lange ausdehnen zu können, daß sie einen Abschluß durch natürliche Befriedigung findet. Ich stimme also mit Malan darin überein, daß es wichtig ist, die negativen Gefühle des Patienten beim Abschluß der Kurzbehandlung aufzudecken; ich erweitere diese Sicht jedoch dadurch, daß ich auch die Notwendigkeit der Trauerarbeit beim Analytiker sehe, und zwar beginnend mit dem ersten Moment der Begegnung.

Trauerarbeit bedeutet für mich auch Abschied von narzißtischen Phantasien (Bauriedl, 1985b), die immer sowohl Größenphantasien als auch Verschmelzungsphantasien sind. In großer Not miteinander verschmelzen zu können, weil die üblichen konventionellen Abstandsregeln über Bord geworfen werden, ist eine Phantasie, die an jeder Krisenintervention von beiden Seiten beteiligt ist. Diese Phantasie steht im krassen Gegensatz zur Realität der kurzfristigen Begegnung und kann diese Realität und den Umgang mit ihr sehr beeinträchtigen. Die unbewußten Tendenzen von Therapeut und Patient, „für immer verbunden zu bleiben", führen zu Verklammerungen, die oft nur durch Gewalt oder plötzlichen Abbruch wieder zu lösen sind. Das alles wird nur deutlich, wenn man mit solchen Verschmelzungstendenzen als Therapeut auch rechnet. Rechnet man nicht mit ihnen, dann versteht man dasselbe Verhalten des Patienten nur als Ausdruck von dessen Therapieunfähigkeit und von seiner „schweren Störung". Die Wiederholung der Kindheitsszenen wird an dieser Stelle nicht bewußt, stattdessen werden sie wiederholend agiert.

Die durch die Krisensituation im Therapeuten angeregten Größenphantasien haben mit seinen Verschmelzungswünschen zu tun. Die Angst vor dem drohenden Objektverlust in einer Szene, die seine frühesten Gefühle von Abhängigkeit und Hilfsbedürftigkeit anspricht, fördert zumeist auch die Phantasie, daß man nur dann nicht verlassen wird, wenn man überdimensionale Leistungen erbringt. Bei der Supervision von Kriseninterventionen kommt mir oft das Bild von der glücklichen Vereinigung eines Ertrinkenden mit seinem allmächtigen Retter, die in der Phantasie nur dann möglich zu sein scheint, wenn der Retter auf dem Wasser gehen kann. Die Rettung eines Nichtschwimmers durch einen mäßigen Schwimmer scheint für beide so gefährlich zu sein, daß sie beide lieber die Omnipotenz des Retters phantasieren, auch wenn sie vielleicht gerade wegen dieser illusorischen Phantasie noch mehr in Gefahr kommen.

Wirksam im Sinn einer analytischen Veränderung ist aber nicht die scheinbare Stabilität des Therapeuten, sondern sein Mut zum Risiko, das heißt seine Fähigkeit, sich einerseits auf die volle Bedrohlichkeit der Situation einzulassen, und andererseits nicht in ziellose Abwehrbewegungen zu verfallen, sondern auf den „Auftrieb des Wassers", des Unbewußten zu vertrauen, darauf, daß ein Wiederzulassen abgespaltener Anteile wegen der Bewußtseinsveränderung aller Beteiligten eine erhöhte Stabilität und Sicherheit bringt. Diesen Mut zum Risiko kann man sich am besten in einer analytischen Ausbildung oder zumindest in einer analytischen Selbsterfahrung erwerben. Nur wenn man selbst die Erfahrung gemacht hat, daß das Wasser trägt, wird man sich zusammen mit Patienten auf ein gemeinsames Schwimmen einlassen. Und wenn man dann einige Male mit Patienten zusammen in Krisensituationen erfolgreich und befriedigend „geschwommen" ist, dann wagt man es auch allmählich, „schwer gestörte" Patienten bei solchen Unternehmungen zu begleiten, das heißt: es erweitert sich die Indikation zur Krisenintervention auch auf diesen Bereich.

Vor allem zu Beginn einer solchen Tätigkeit, aber eigentlich auch bei entsprechender Erfahrung ist eine Kollegengruppe dringend erforderlich, die den Therapeuten im Sinn einer Balintgruppe hilft, immer wieder die szenischen Anteile bewußt werden zu lassen, die er in seiner Angst vor dem „Ertrinken" verdrängt hat, und deshalb nicht mehr wahrnehmen kann (vgl. Kapitel 7 und 8). Die Szene wird so zum Fokus der Aufmerksamkeit, und zwar die Szene in mindestens drei Auflagen: In der historischen Dimension der Kindheitsszenen von Patient und Therapeut, in der heutigen aktuellen Konfliktsituation des Patienten und in der Übertragungs- und Gegenübertragungsszene zwischen Therapeut und Patient (vgl. Malan und Menninger, s. o.). Die historische Dimension ermöglicht das Verständnis des Patienten und auch des Therapeuten als gewordene Personen, sinnvoll genau so wie sie sind. Es handelt sich dabei nicht um eine Umdeutung im Sinn der systemischen Familientherapie, die die Symptomatik für die bestmögliche Form, den Status quo aufrechtzuerhalten, darstellt. Im psychoanalytischen Ansatz geht es darum, die Szene zu komplettieren. Wünsche und Ängste, die zum Verständnis der symptomatischen Kompromißbildungen nötig sind, aber bisher nur in der Symptomatik gebunden und deshalb nicht bewußt wahrnehmbar waren, werden wieder eingefügt. Nur wenn der Patient und auch der Therapeut erlebt, daß er so sein darf, wie er ist, kann er sich verändern. Die „blockierenden Baumstämme" aus Malans Bild, die die Veränderung verhindern, sind für mein Verständnis die Nichtwahrnehmung von wichtigen Wünschen und Ängsten in der jeweiligen Szene. Diese Nichtwahrnehmung hält die Fixierung des Konflikts in seiner symptomatischen, unbefriedigenden und oft bedrohlichen Lösung aufrecht.

Mein eigenes Verständnis einer Krisensituation würde ich, soweit das in einem Satz möglich ist, wie folgt beschreiben: *In einer Krisensituation befinden sich ein oder mehrere Individuen im Zustand eines unausgetragenen Konflikts, der danach drängt, ausgetragen zu werden.* Eine Krise ist eine Entscheidungssituation, in der die Frage deutlich wird, ob alles beim alten bleiben soll, beziehungsweise wieder so werden soll, wie es immer oder vor der Krise war, oder ob sich etwas verändern darf und muß. Ich betrachte die Krisensituation *szenisch, dialektisch* und *triangulär*.

Die *szenische Betrachtungsweise* wurde in den bisherigen Ausführungen schon deutlich. Sie entspricht Freuds Betonung der psychischen Realität gegenüber der objektiven Realität. Die psychische Realität ist die Realität der Objektbeziehungen, also der inneren Bilder von äußeren Objekten, die in ganz spezifischen bewußten und unbewußten Erwartungen und Befürchtungen gegenüber den äußeren Objekten ihren Ausdruck finden. Diese Erwartungen und Befürchtungen werden vor allem in den Szenen der frühen Kindheit gebildet und übertragen sich, soweit sie nicht verändert werden, gleichbleibend auf alle Lebenssituationen des Menschen. Jedes Verhalten wird durch den Wiederholungszwang verständlich, nicht nur im pathologischen Bereich; denn alles Lernen, jede Erfahrung und damit jede Konfliktlösung beruht auf früheren Konfliktlösungen und auf den damit gemachten Erfahrungen. Aus der Vielfalt der Szenen, die jeder Mensch auf diese Weise in sich trägt, werden in einer Krisensituation zumeist nur eine oder wenige aktualisiert, beim Patienten und beim Therapeuten. Beide agieren und reagieren deshalb einerseits so wie immer, und andererseits in einer neuen Kombination von Möglichkeiten, da sich die Situationen verändern. Nach Freud hat der Wiederholungszwang die doppelte Funktion, die alte Konfliktlösung wieder herzustellen, weil sie die sicherste ist, und eine neue Konfliktlösung zu suchen, die vielleicht befriedigender ist als es die bisherigen Konfliktlösungen waren.

Zu dieser szenischen Betrachtung fügt sich für mich die beziehungsanalytische Betrachtung hinzu, in der ich zu sehen versuche, wie sich die einzelnen Personen entsprechend den Szenen ihrer inneren Objekte verhalten. Krisen werden für mein Verständnis nicht nur von Einzelpersonen durchlaufen, sondern immer auch von mehreren Individuen, deren Übertragungsszenen in der Krisensituation ineinandergreifen und sich gegenseitig bedingen oder beeinflussen. Mindestens in der Beziehung zwischen Therapeut und Patient kann man dieses Ineinandergreifen der Übertragungsszenen zum „therapeutischen System" beobachten. Zumeist sind aber an der Krise außer dem einzelnen Patienten noch weitere Personen beteiligt; seine Familie, Freunde, Gruppe, das Pflegepersonal einer Klinik, alle sind betroffen von der kritischen Situation und gleichzeitig an ihr beteiligt. Soweit der Therapeut die übrigen Beteiligten in der gemeinsamen Absicht, die kritische Situation aufdeckend zu reflektieren, einbeziehen kann, gehören alle diese Personen zusammen mit dem Therapeuten zum „therapeutischen System". Dieses „therapeutische System" wird nun zum Fokus, in dem die Krisenintervention stattfindet. Der Fokus der Aufmerksamkeit ist also ein sich wandelndes System. Die Veränderungen in diesem System bringen Veränderungen in jedem einzelnen Beteiligten mit sich, und indirekt auch Veränderungen bei Personen, die nicht am therapeutischen System aber an der Krisensituation beteiligt sind – einfach dadurch, daß die an der Veränderung im therapeutischen System Beteiligten anders mit ihnen umgehen.

Die *dialektische Betrachtungsweise* berücksichtigt vor allem die Kompromißhaftigkeit oder Gegenläufigkeit jeder Krisensituation. Die doppelte Funktion des Wiederholungszwanges und das Verständnis jeder Symptomatik als Kompromiß zwischen Triebwunsch und Abwehr ist eine wichtige Voraussetzung für eine emanzipatorische Lösung von Krisensituationen. Ich sehe die Funktion des Symptomträgers in der Krise nicht nur in der Aufrechterhaltung des Status quo beziehungsweise der Homöostase, wie das in der systemischen Familientherapie geschieht. In jeder Symptomatik wird nach psychoanalytischem Verständnis immer auch ein Veränderungswunsch (Leidensdruck) deutlich. Mit diesem dialektischen Verständnis der Krisensituationen greife ich einen Einwand auf, der schon von v. Bertalanffy (1968) gemacht wurde. V. Bertalanffy wies darauf hin, daß das Homöostase-Modell ein statisches Modell ist, das Vorstellungen von Veränderungen, Entwicklungen, Reifung und Wachstum ausschließt. Damit ist dieses Modell für Menschen und zwischenmenschliche Beziehungen nicht ausreichend.

Eine Anorektikerin, ein Suizident, ein Psychotiker ist immer auch „Dissident", der das Veränderungspotential des zwischenmenschlichen Systems ausdrückt, in dem er oder sie lebt. Dieses Veränderungspotential kann sich unter bestimmten Umständen nur noch in einer schwerwiegenden Symptomatik ausdrücken, und es ist Aufgabe der Krisenintervention, dieses Veränderungspotential neben den homöostatischen Komponenten der Symptomatik bewußt werden zu lassen. Wenn der Veränderungswunsch auf direkte Weise wirksam werden kann, ist die Symptomatik nicht mehr nötig. Meine Vorstellungen ähneln in diesem Punkt bestimmten Erkenntnissen in der Antipsychiatrie. Autoren wie Cooper (1971), Laing (1969) und Jervis (1978) haben darauf hingewiesen, daß psychiatrisch Kranke zwar marginale Existenzen der Gesellschaft sind, daß sie aber auch Anstoß zur Gesellschaftsveränderung sein können. Ich sehe eine Gefahr in manchen ideologisch eingeengten Positionen der Antipsychiatrie, die die psychisch Kranken als alleinige Träger des emanzipatorischen Potentials idealisieren. Die dialektische Haltung in der Psychoanalyse macht es nach meiner Ansicht möglich und nötig, den Veränderungswunsch und die Angst vor der Veränderung bei *allen* Beteiligten, bei den „Gesunden" und bei den „Kranken", aber vor allem auch beim Therapeuten selbst zu sehen. Sieht der Therapeut seine eigene Ambivalenz nicht, dann sieht er auch nicht die seiner Patienten, und legt diese einseitig auf die Abwehr (Homöostase) oder auf die Triebwünsche (Emanzipation) fest. Beide Einseitigkeiten behindern das *volle* Verständnis der Szene in ihren dialektischen Aspekten, und damit das Auftauchen neuer, befriedigender Konfliktlösungen.

Um das Veränderungspotential einer Krisensituation wahrzunehmen und wirksam werden zu lassen, ist es wichtig, die Krise nicht nur als ein dysfunktionales Phänomen, als Entgleisung, Abweichung von der Normalität, also letztlich als Defekt zu verstehen. Auch die andere in der Literatur vertretene Version des Krisenverständnisses, Krise als Reaktion auf ein störendes Ereignis, als Versuch, die Homöostase wiederherzustellen, scheint mir nicht ausreichend zu sein. Sie erfaßt nur den Abwehraspekt der kritischen Szene. In beiden Definitionen, Krise als Entgleisung und Krise als Versuch, wieder ins alte Geleise zu kommen, fehlt das Verständnis für die Gegenläufigkeit jedes Konflikts: Ich möchte etwas verändern, aber ich habe auch Angst vor der Veränderung.

Psychodynamisch und beziehungsanalytisch hat jede Krise die Struktur einer rigiden Verklammerung zwischen Individuen, die auf einer krassen Ambivalenzspaltung und daraus folgender doppelbindender Kommunikation beruht. In der Zweierbeziehung zwischen Paaren und zwischen Patient und Therapeut sind dieselben Beziehungsklammern zu finden wie in der großen Politik: Wenn du nicht abrüstest oder dich unterwirfst, rüste ich auf. Das führt zur beidseitigen Rüstungseskalation und zu der typischen verzweifelten Lähmung, die diese Verklammerung mit sich bringt. An Krisen sind immer Erpressungen beteiligt, weil die Wünsche nur noch in Form von Drohungen und im Schutz von „Rüstungen" ausgedrückt werden können. Patienten, die sich in einer Krisensituation befinden, senden immer in besonders dramatischer Weise die doppelte Botschaft aus: „Hilf mir, aber laß mir meine Machtposition" (Abwehrposition). Entsprechend doppelbindend ist auch ihr Bündnisangebot: „Befreie mich, indem du meine Feinde umbringst, aber wehe, du tust das." Der Therapeut soll und soll nicht die Eltern des Patienten mit diesem zusammen verteufeln, oder seinen Partner, oder seine Triebwünsche, oder seine Symptomatik.

Der Therapeut oder Helfer reagiert regelmäßig mit einem Gefühl von Ohnmacht und mit einer doppelbindenden Botschaft als Antwort auf die Falle, in der er sich befindet. Das Ohnmachtsgefühl ist ein sicheres Anzeichen dafür, daß man sich in einer Beziehungsfalle befindet; die doppelte Botschaft als Antwort ist ein Anzeichen dafür, daß man in dieser Falle symmetrisch zum Patienten mit diesem um die Macht kämpft. Eine solche doppelte Botschaft des Therapeuten könnte auf der Beziehungsebene zum Beispiel so aussehen: „Ich will ja ganz lieb sein und mich anstrengen, um zu tun, was Du willst (brauchst), aber dann mußt Du auch lieb sein, und tun, was ich will (und brauche), nämlich Deine Symptomatik, den psychotischen Zustand, Deine Suizidalität, oder Deine psychosomatische Erkrankung aufgeben. Wenn Du mir aber nicht gehorchst, und ich Deine Veränderung nicht durch meine Helferhaltung erkaufen kann, dann verlasse ich Dich, gebe Dich als unbehandelbar auf."

Typisch für eine solche verklammerte Beziehung zwischen Therapeut und Patient ist auch die Fixierung des Therapeuten auf die Abwehr des Patienten. Es handelt sich dabei um eine Ambivalenzspaltung, das heißt: der Therapeut hat das Gefühl, daß er selbst die Veränderung des Status quo vorantreiben kann und muß, während er den Patienten als jemanden sieht, der die Veränderung mit allen Mitteln verhindert. Die immer auch wirksame Umkehrung dieser Spaltung wird dann nicht gesehen: Die Veränderungswünsche beim Patienten und ihr Ausdruck in der Symptomatik, und die den Status quo erhaltenden Tendenzen beim Therapeuten. Der Therapeut hat das Gefühl, daß er selbst zur Veränderung bereit wäre, wenn nur der Patient nicht so sehr am Status quo festhalten würde. Jeder Beteiligte an der Verklammerung erlebt: „Ich kann ja nicht, weil du ..." Die paradoxe Intervention in der systemischen Familientherapie verstehe ich vor diesem Hintergrund als einen Versuch, die beschriebene Spaltung zum „Umklappen" zu bringen: als Therapeut den homöostatischen Ansatz selbst zu übernehmen, und den Patienten dadurch zu zwingen, den emanzipatorischen Anteil zu agieren. Wenn das gelingt, mag dadurch dem Patienten ein „Schubs in die richtige Richtung" gegeben worden sein, durch den er zumindest vorübergehend seine Symptomatik verliert. Die Ambivalenz des Patienten mit ihrer Dialektik von Wünschen und Ängsten ist damit noch nicht verstanden; der Konflikt im Patienten selbst und zwischen dem Patienten und seiner Umgebung ist nicht durchgearbeitet, und es besteht deshalb die Gefahr, daß auf der Grundlage der nicht aufgelösten Spaltungen andere Symptome entstehen, die vielleicht gar nicht mehr als Symptome erkannt werden. Die Rückkehr zur Normalität beruht dann auf Resignation und Anpassung (Wölpert, 1983).

Die *trianguläre Betrachtungsweise* der Krisensituation entspricht der „Dreiecksperspektive" in meinem familiendynamischen Konzept (vgl. Kapitel 4 und 5) und der zentralen Position des Ödıpuskomplexes in der Freudschen Theorie. Ich wähle mit Absicht den Begriff Dreiecks*perspektive*, weil ich dadurch darauf aufmerksam machen möchte, daß ich das Kind von der Zeugung an in seiner Beziehung zur Mutter *und* zum Vater betrachte. Psychoanalytische Phasentheorien haben aus dieser Perspektive für die erste Lebenszeit häufig nur die Beziehung zwischen Mutter und Kind beschrieben, also eine dyadische Perspektive eingenommen. Vom familiendynamischen Standpunkt aus mußte ich diese Perspektive erweitern, da die Beziehung zwischen Mutter und Kind für mich nur als Teil des Dreiecks zwischen Mutter, Vater und Kind voll verständlich wird, und weil die Eltern ihre Erwartungen, Wünsche und Ängste nicht erst dann an das Kind richten, wenn dieses ein Alter erreicht hat, in dem es nach der Phasentheorie zur Wahrnehmung des Dritten, des Vaters, fähig ist (vgl. Bauriedl, 1984).

Ich möchte hier diese Theorie noch einmal kurz referieren: In jeder Paarbeziehung gibt es Stellen, an denen die Partner es nicht wagen, sich voll aufeinander einzulassen, und deswegen unbefriedigt bleiben. Diese unbefriedigten Wünsche richten sich unausweichlich auf das Kind, wie an jeden anderen dafür geeigneten Dritten. Das Kind entwickelt deshalb von Anfang an eine Identität, die mindestens zum Teil heißt: Ich bin nur dann wertvoll, wenn ich für meine Mutter besser bin als mein Vater, beziehungsweise wenn ich für meinen Vater besser bin als meine Mutter. Die Größenphantasie, besser sein zu müssen und zu können, als alle

Frauen beziehungsweise Männer auf der Welt, ist die Grundlage der narzißtischen Persönlichkeitsstörung, die aus dieser Perspektive an jeder psychischen Störung ebenso beteiligt ist, wie die damit aufs engste verbundene Störung der „Triebschicksale" im Freudschen Sinn. Die Phantasie, der bessere Partner für die Mutter und/oder die bessere Partnerin für den Vater zu sein, birgt die Inzestgefahr in sich, weshalb wirksame „Abstandshalter" gegen die starke sexuelle Anziehung innerhalb der Familie eingebaut werden müssen. Diese „Abstandshalter" oder Abwehrstrukturen in der Familie bedingen für das Individuum eine mehr oder weniger stark einschränkende Abwehr seiner Triebwünsche mit Hilfe der verschiedenen intrapsychischen Abwehrmechanismen.

Je stärker nun die Kinder als Ersatzpartner gebraucht werden, desto starrer müssen die jeweiligen Zweierbeziehungen in der Familie sein. Eine Mutter, die ihren Sohn als Ersatzpartner braucht, kann nicht zulassen, daß er sich über einen bestimmten Abstand hinaus von ihr entfernt. Wenn dieser Abstand überschritten zu werden droht, also, wenn der Sohn Anstalten macht, sich von ihr wegzubewegen, wird sie ihn zu binden versuchen. Aber auch umgekehrt: Wenn er sich auf sie zubewegt, muß sie ihn abweisen, sobald er eine bestimmte Nähe erreicht hat; die Inzestgefahr muß abgewendet werden. So werden die doppelten Botschaften aufgrund der ambivalenten Gefühle aller Beteiligten verständlich. Sowohl die Wünsche nach Annäherung sind sehr groß als auch die Angst vor der Annäherung, weshalb die doppelte Mitteilung gemacht werden muß: „Komm her, aber bleib weg." Im Extremfall sind die Familienbeziehungen und die auch von jedem einzelnen Familienmitglied auf andere Partner übertragenen Beziehungsmuster so starr, daß kaum noch emotionale Bewegungen möglich sind. Wo sie doch stattfinden, werden sie verdeckt, zum Beispiel durch rationale Begründungen, so daß sie nur noch schwer wahrnehmbar sind.

Die in einer Krisensituation ausbrechende Symptomatik ist immer Ausdruck dieser Erstarrung und gleichzeitig Ausdruck von Veränderungswünschen jedes einzelnen in dem betrachteten System. Die Symptomatik ermöglicht dem Symptomträger eine Machtposition, die er wegen der Unsicherheiten und Ängste in der Beziehung zu seinen Eltern als Ersatzpartner braucht. Wenn er das Symptom hat, steht er im Mittelpunkt der Aufmerksamkeit und ist gleichzeitig isoliert von den anderen Beziehungspartnern, weil er der „Kranke" ist, und die anderen die „Gesunden" sind. Gleichzeitig ist er ohnmächtig, da er, wie alle anderen auch, mit diesen mitagieren und mitreagieren muß. Er möchte durch seine Symptomatik die Erstarrung der emotionalen Abstände aufbrechen, und hält sie doch gleichzeitig notgedrungen genau ein. Es handelt sich um einen Kampf zwischen sexuellen Wünschen im engen und weitesten Sinn, und der Abwehr dieser Wünsche durch das Einnehmen von Machtpositionen und die Anwendung von Erpressungsmechanismen.

In diesen dyadischen Verklammerungen wird regelmäßig die triadische Sicht der Szene vermieden, und gleichzeitig damit werden die sexuellen Anteile des Konflikts abgewehrt. Wenn eine Tochter mit ihrer Mutter darum kämpft, ob sie von ihr genügend versorgt wurde, und gleichzeitig darauf bedacht ist, daß jeder Versorgungsversuch der Mutter auf ein „Faß ohne Boden" trifft, also nicht als solcher gilt, dann vermeiden beide in diesem Streit wahrzunehmen, daß sie beide Frauen sind und daß es in dem Vernichtungskampf, den sie gegeneinander führen, auch um ihre Rivalität um den Vater oder einen anderen Mann geht. Dieser triadische Konfliktanteil ist unter der dyadischer Verklammerung verborgen. Wird er wieder bewußt, dann löst sich die dyadische Verklammerung auf. Voraussetzung dafür ist, daß beide ihre sexuelle Identität, ihre sexuellen Wünsche und das Risiko, das für sie damit in der Dreierbeziehung verbunden ist, zulassen können. Das Risiko besteht in der Annäherung der beiden Frauen an den Vater und in der Rivalität, die dadurch zwischen ihnen lebendig wird. Dieses Risiko können sie beide wiederum nur eingehen, wenn sie sich in den unterschiedlichen Beziehungen zum Vater beziehungsweise Mann in der Familie erleben: Die eine als Frau ihres Mannes, die andere als Tochter ihres Vaters. Nur so schließen sich die beiden Beziehungen nicht aus, nur dann ist die Rivalität zwischen Mutter und Tochter nicht vernichtend (vgl. Bauriedl, 1985b).

Eine Krisensituation triangulär zu verstehen, kann also dyadische Verklammerungen auflösen oder wenigstens lockern. Ein Beispiel: ein analytischer Psychotherapeut arbeitet in der Ambulanz einer psychosomatischen Klinik. Es erscheinen eine Mutter und ihre anorektische Tochter, die in dem Aufnahmegespräch sofort in einen verbissenen Clinch miteinander geraten. Es geht um Versorgung und Ablehnung von beiden Seiten. Der Therapeut fühlt sich völlig hilflos. Er spürt, daß er helfen soll und gleichzeitig nicht anwesend sein soll. Sobald ihm diese Situation in der Beziehungsfalle bewußt wird, versucht er, sich auf seine eigenen Gefühle zu konzentrieren, und bemerkt dort die Antwort auf die doppelte Aufforderung der Frauen: „Ich fühle mich von Euch eingefangen und abgestoßen. Ihr sagt, ich sei eure letzte Hoffnung, und gleichzeitig nehmt ihr mich nicht wahr. Ich reagiere mit: Laßt mich in Ruhe, aber lauft mir nicht weg." Sein ihm immer deutlicher werdender Wunsch, von den Frauen wahrgenommen zu werden, ermöglicht es schließlich, daß er diesen Wunsch ausspricht und dadurch eine trianguläre Perspektive für alle drei Beteiligten herstellt. Mutter und Tochter erleben andeutungsweise, daß sie hier und jetzt um den Therapeuten rivalisieren, und daß jede von beiden Angst hat, ihn auch nur anzusehen (so die Deutung des Therapeuten). Diese Deutung trifft natürlich zunächst auf Widerstand, sie wird im Laufe der Behandlung noch ausführlich zu verarbeiten sein. In dem Moment der akuten Krisensituation, in dem in diesem Fall die Gefahr bestand, daß die Patientin in der (Wahn-)Vorstellung, ihre Mutter wolle das so, aus dem Fenster zu springen drohte, brachte die Erweiterung der dyadischen Verklammerung um die Perspektive der triangulären Rivalität, und damit um die Perspektive der sexuellen Identität aller Beteiligten eine sofortige Erleichterung.

Henseler (1974) hat für den Suizid und die Suizidgefahr die Formel aufgestellt: „Bevor ich meine grandiose Position verliere, bringe ich mich lieber um." (Die Formulierung des Grundgedankens von Henseler als Formel stammt von mir, T. B.) Er verstand den Selbstmord als Vermeidung des Sturzes aus großer (narzißtischer) Höhe in die Tiefe der Wertlosigkeit. Ich meine, daß man vor dem Hintergrund der eben skizzierten familiendynamischen Theorie eine neue Krisenformel aufstellen kann: „Bevor ich im Erleben zulasse, daß ich ein Mann/eine Frau bin, und nicht nur das selbstobjekthafte Anhängsel (Ersatzpartner) von Vater und/oder Mutter, bringe ich mich lieber um, beziehungsweise werde ich lieber süchtig, krank, psychotisch, etc." Diese Krisenformel enthält nicht nur das, was vermieden wird, nämlich die narzißtische Kränkung, sondern auch das, was aus der Krise heraushelfen kann, nämlich das Erleben der eigenen sexuellen Identität, der damit verbundenen sexuellen Wünsche, und des Risikos dieser Identität in der Beziehung zu Vater *und* Mutter wie auch zu allen späteren Bezugspersonen, auf die dieses Grundmuster des Erlebens übertragen wird.

Man wird vielleicht einwenden, daß in den meisten Krisensituationen gar kein ödipaler Konflikt vorliegt. In Krisen geht es häufig um Verlusterlebnisse, um den Verlust der Mutter, um den Verlust der Versorgung, oder um Kränkungen. Nach meiner Erfahrung ist es sehr erleichternd, wenn man es als Therapeut in einer Krisensituation wagt, die Bedeutung solcher Verlust- oder Kränkungserlebnisse auch für die trianguläre Szene des Patienten zu reflektieren. Dadurch wird die unbewußt gewordene Bedeutung des Dritten, sehr oft des Vaters, wieder eingeführt; es geht dann nicht mehr nur um einen Machtkampf und um die dazugehörenden Allmachts- und Ohnmachtsphantasien, sondern auch um einen Konflikt, in dem jeder nach dem Bild von Eckpunkten eines Dreiecks, durch seine *unterschiedlichen* Beziehungen zu *zwei* anderen Partnern definiert ist. Die Thematik wechselt dadurch auch von ausschließlicher Selbstwertproblematik zur Konfliktthematik im Dreieck, die die sexuelle Identität und die sexuellen Wünsche und Ängste nicht ausschließt.

Auch hierzu ein Beispiel: Eine 24jährige Patientin wird in einer akuten Krisensituation zu mir in die ambulante Praxis geschickt. Sie weint seit einigen Tagen nur noch (Schwangerschaftsabbruch) und meint, einen Selbstmord nicht mehr vermeiden zu können. Die Phantasien, sich umzubringen, lassen sie nicht mehr los. Mit dem Schwangerschaftsabbruch habe das alles ganz sicher nichts zu tun. Den habe sie ohne Schwierigkeiten überstanden. Ihre Freundin sei ja dabeigewesen. Die Übertragungs-Gegenübertragungsszene konstelliert sich vom ersten Moment an als dyadische Verklammerung von uns beiden Frauen gegen alle Männer. Ich bemerke dies an meiner Phantasie, daß es anscheinend keine Männer auf der Welt mehr gibt. Der Arzt, der den Schwangerschaftsabbruch ausführte, war „nett", aber unbedeutend. Der Vater des Kindes, eine flüchtige Bekanntschaft der Patientin, war überflüssig, ein Zufallsereignis in ihrem Leben. Sie wechselt zwar dauernd die Männer, aber eigentlich sind nur die Frauen wichtig. Auch mir bietet die Patientin an, ich bräuchte nur zu sagen, was sie tun soll, sie würde das ganz bestimmt sofort tun, und es würde ihr auch ganz bestimmt sofort helfen – eine Verführungssituation in Richtung auf Größenphantasien und Verschmelzung zwischen uns beiden.

Die Familienszene entspricht dieser Übertragung-Gegenübertragungsszene. Die Patientin ist zusammen mit vielen Geschwistern bei der Mutter aufgewachsen. Der Vater war „unwichtig", selten zu Hause und trennte sich schließlich von der Mutter. Fragende Deutungen, die den triadischen Konflikt der Patientin zwischen Vater und Mutter aufzugreifen versuchen, werden zunächst abgelehnt. Sie wolle nie etwas von Männern, ganz besonders nicht von diesem schrecklichen Vater, der die Mutter so vernachlässigt habe. Männer seien eben so. Die Einführung der Wiederholung dieser Szene zwischen uns beiden in der gemeinsamen Arbeit ermöglicht wenigstens die Phantasie, daß wir hier ebenso eng verbunden und aufeinander angewiesen zu sein scheinen wie die Mutter der Patientin und die Patientin selbst in deren ursprünglicher Szene; auch hier scheinen Männer keine Rolle zu spielen. Ob das wirklich immer so sei? Diese Frage leitet über zu einer triadischen Sichtweise, zu Erinnerungen an Situationen, in denen die Patientin sehr wohl in einem (positiv ödipalen) Konflikt zu einem Ehepaar stand, und dort ihre Wünsche an den Mann und ihre Verlust- und Zerstörungsängste gegenüber der Frau erleben konnte. Aus dieser Phantasie heraus kann dann auch die Bedeutung der Schwangerschaft und des Schwangerschaftsabbruchs erarbeitet werden, und damit ein erweitertes Verständnis der aktuellen Konfliktsituation. Die Suizidalität und der schwer depressive Zustand der Patientin verschwinden in dem Moment, in dem sie sich selbst wieder lebendig fühlen kann; und das kann sie, sobald sie ihre Identität als Frau in der Spannung zu Männern und Frauen erlebt. Natürlich ist damit nur die akute Krisensituation entschärft; eine längere Weiterbehandlung wird nötig.

Dieses Beispiel macht auch das Einbezogensein des Therapeuten in die kritische Konfliktsituation deutlich. Der Therapeut ist betroffen von der Not und dem Hilferuf, der ihm entgegenkommt, aber auch von der Drohung, wertlos zu sein, wenn er keine Lösung des Konflikts anbieten oder herbeiführen kann, die gleichzeitig alles ändert und alles so läßt wie es ist. Durch seine unvermeidliche Parteinahme ist er auch sofort an der fixierten Konfliktlösung beteiligt. Er schließt manifest oder latent Bündnisse mit dem oder den anwesenden Konfliktpartnern gegen nicht anwesende Konfliktpartner oder umgekehrt. Oder er ergreift Partei zwischen den anwesenden Konfliktpartnern. Die Parteinahme ist immer daran erkennbar, daß eine Konfliktpartei als Opfer der anderen erlebt oder phantasiert wird. Die psychischen Probleme für den Therapeuten in einer Krisenintervention resultieren also vorwiegend aus seiner Verstrickung in die verschiedenen Ambivalenzspaltungen, und seine Aufgabe besteht darin, diese Spaltungen soweit wie möglich zu erkennen und dadurch zu überschreiten und aufzulösen. Ausdruck der Ambivalenzspaltungen sind einerseits (intrapsychisch) die Doppelbindungen in der Kommunikation, die von dem oder den Patienten ausgehen, und die zur Lähmung und zur Verklammerung führen, weil der Therapeut unbewußt mit ebensolchen Doppelbindungen darauf reagiert. Andererseits wird (interpsychisch) in solchen krisenhaften Situationen ganz besonders stark zwischen Opfern und Tätern, zwischen solchen, die „recht haben" (den „Armen") und solchen, die „unrecht haben" (den „Bösen") gespalten. Auch wenn der Therapeut in seiner Parteinahme wechselt, fällt es ihm meist schwer, sich als Dritter zu erleben, mit seinen wahren Gefühlen und Wünschen, und dadurch eine trianguläre Betrachtungsweise in die kritische Szene einzuführen. Der starke Verantwortungs- und Handlungsdruck, in den der Therapeut automatisch gerät, verhindert oft ein aufdeckendes Verständnis der Szene. Man glaubt dann, daß man den Konflikt dadurch lösen könnte, daß man das tut, was *ein* Konfliktpartner, oder was *eine* Seite des Patienten von einem verlangt;

man übersieht, daß ein Grundprinzip der Krisensituation darin besteht, daß man es nicht und niemandem recht machen kann. Die einzige Lösung dieser belastenden, bedrohlichen, oder auch verführerischen Situation besteht darin, die Unmöglichkeit der Erfüllung widersprüchlicher Aufträge von zwei Konfliktparteien oder von einem Patienten wahrzunehmen, und sich selbst als erlebenden, wünschenden und ängstlichen Dritten wiederzufinden. Dieses Innehalten vor oder eventuell auch nach einer Handlung, und das Reflektieren dieser Handlung oder der Handlungsimpulse im Bezug auf ihre Bedeutung in der dialektisch und triangulär verstandenen Szene, ist der psychoanalytische Eingriff, der das therapeutische System und damit alle Beteiligten verändert. Die Veränderung verstehe ich nicht als korrigierende Erfahrung im Sinne von Alexander und French, sondern als Erweiterung der jeweiligen dyadischen Verklammerungen um die triadische Perspektive und als Vervollständigung der Wahrnehmung von Wünschen und Ängsten aller Beteiligten.

Die wichtigste Voraussetzung für eine im emanzipatorischen Sinn erfolgreiche Krisenintervention ist die Konfliktfähigkeit des Therapeuten. Es kommt darauf an, wie weit es ihm möglich ist, sowohl gegenüber den Doppelbindungen der einzelnen Personen als auch gegenüber der Spaltung zwischen den Personen jeweils schrittweise eine dritte, seine eigene Position einzunehmen: als ein Mensch mit sexueller Identität, mit eigenen Wünschen und Ängsten, nicht als Richter oder Vermittler. Die Richter- und Vermittlerrolle ist zwar eine Möglichkeit, scheinbar unberührt aus dem Konflikt hervorzugehen, sie ist aber sehr anstrengend, und führt, wegen der vielen Paradoxien, nicht wirklich zu einer strukturverändernden Lösung. Für den Therapeuten geht es darum, daß er den Übergang von der Ersatzpartnerschaft (für seine eigenen Eltern) zu seiner eigenen Position als männliches oder weibliches Kind findet. Ersatzpartnerschaft heißt Bündnistreue; der Ersatzpartner wird sowohl von einem Elternteil dem anderen zugeschoben als auch zwischen den beiden zerrissen; um das zu verhindern, kann er sich nur noch ruhig stellen, in Lähmung verfallen. Die Alternative, seine eigene Position als Kind, und in der Krisenintervention, als Therapeut zu finden, heißt: sich der Gefühle bewußt zu werden, die man *wirklich* hat; es heißt nicht: Gefühle zu produzieren, die man meint haben zu müssen. Die Phantasie von der korrigierenden emotionalen Erfahrung in der Psychotherapie ist meines Erachtens eine Phantasie aus der Szene der Ersatzpartnerschaft: „Ich bin besser als Dein früherer Partner zu Dir, deshalb wirst Du bei mir gesund."

Der Handlungsdruck löst sich in dem Maß, wie Ambivalenzspaltungen als solche erlebt und erlebbar gemacht werden können, und in dem Maß, wie der Therapeut es wagt, ambivalente Gefühle gegenüber beiden Seiten von zwei feindlichen Parteien zu erleben. Erst wenn er spürt, daß er beide Seiten mag und auch fürchtet oder nicht mag, kann er frei zwischen ihnen hin- und hergehen und dieses Hin- und Hergehen auch deutlich machen. Er richtet sich dann nach seinen eigenen Gefühlen und Wünschen, und ist dadurch der Dritte, der er wirklich ist, und nicht ein hin- und hergerissener Handlanger des einen oder des anderen, der die Dienste, die er dem einen tut, jeweils vor dem anderen verheimlichen muß. Diese Konfliktfähigkeit des

Therapeuten entspricht seiner ödipalen Spannungstoleranz. Er verzichtet darauf, jeweils der „Zweite" von Vater und Mutter zu sein, und gibt dadurch den Platz zwischen Vater und Mutter frei, so daß sich diese wieder direkt auseinandersetzen können und müssen.

Wenn der Therapeut sich nicht mehr dem jeweils mächtigsten Standpunkt anschließt, gerät er in Konflikte, nicht nur mit dem oder den Patienten, sondern unter Umständen auch mit den Vertretern von Institutionen wie der Polizei, dem Jugendamt, psychiatrischen Einrichtungen, Trägerverbänden, etc., weil diese gegebenenfalls alle an der „Krisenszene" beteiligt sind, und die Austragung des anstehenden Konflikts durch Parteinahme mehr oder weniger vermeiden.

Das Aufgeben der Ersatzpartnerschaft entspricht dem Aufgeben des Mitagierens, denn das Mitagieren beruht auf dem blinden Eingebundensein als Ersatzpartner in ein Bündnis von Zweien gegen Einen. Je mehr der Therapeut selbst psychisch darauf angewiesen ist, der beste Partner seines jeweiligen Gegenübers zu sein, desto weniger kann er das Mitagieren aufgeben und die unbewußten szenischen Anteile aufdecken. Das Aufgeben dieser von den Patienten immer wieder angebotenen Position ist nicht von vornherein und nicht plötzlich in einem Schritt möglich, sondern immer nur Schritt für Schritt mit dem Zugewinn an Vertrauen in den eigenen Wert als dritte, eigenständige Person.

Dieser Vorgang ist nach meinem Verständnis der zentrale Vorgang in jedem analytischen Prozeß, ganz besonders deutlich natürlich in der psychoanalytischen Paartherapie (vgl. Kapitel 4), aber auch in der psychoanalytischen Krisenintervention, wenn er auch hier nur in großer Verdichtung und, den Gegebenheiten entsprechend, nur in begrenztem Umfang möglich wird. Im analytischen Prozeß geht es für den Analytiker immer auch um den Verzicht auf eine Machtposition und auf die entsprechende Größenphantasie. Es ist die Trauerarbeit des ödipalen Konflikts, die von ihm auch in der Krisenintervention verlangt wird.

Der Verlauf einer gelingenden Krisenintervention

Im Gegensatz zu Psychotherapieformen, die als Therapietechniken definiert werden, kann ich in meinem Konzept nicht eine Methode des therapeutischen Eingreifens beschreiben. Um meine theoretischen Darstellungen anschaulich zu machen, kann ich nur typische Verläufe von Prozessen beschreiben und mit Fallbeispielen illustrieren. Da meine Aufmerksamkeit auf der Veränderung des therapeutischen Systems, und hier wieder vor allem auf der Veränderung des Therapeuten selbst liegt, werde ich im folgenden vor allem die wechselnden Gefühle und die Veränderung der Wahrnehmung beim Therapeuten darstellen.

Jede Krisenintervention beginnt mit dem Gefühl der Ohnmacht und der Lähmung. Wenn sich der Therapeut auf seine Gefühle einläßt, erlebt er sich zunächst vor einer unlösbaren Aufgabe; er hat das Gefühl: wie auch immer ich reagiere, es ist falsch. Das liegt daran, daß ungelöste und fixierte Konfliktsituationen durch doppelte Botschaften oder Aufträge gekennzeichnet sind. Zumeist werden einem die doppelten Botschaften aber nicht als solche bewußt, und man beginnt, unter dem Verantwortungs- und Handlungsdruck, und vor allem wegen der Angst, ohnmächtig und schuldig zu werden, die Szene in Täter und Opfer einzuteilen. Als Beschützer der „Armen" gegen die „Bösen" ist man wenigstens moralisch stark. Obwohl man durch die Parteinahme längst in der Krisenszene verstrickt ist, fühlt man sich zumeist immer noch einige Zeit als außenstehender „Krisenmanager", der für den oder die Patienten wissen soll, und vielleicht auch zu wissen glaubt, was jetzt zu tun ist.

Die erste und wichtigste Wahrnehmungsveränderung besteht darin, daß man sich, möglichst noch bevor man in irgendeiner Weise handelt, oder eventuell auch währenddessen, oder danach, bewußt wird, daß man und inwiefern man Teil des Krisensystems geworden ist. Man hält inne in seiner Aktivität und auch in seiner „blinden" Parteinahme, und versucht, sich auf seine eigenen Gefühle einzulassen, die man vorher, unter dem Leistungsdruck, für unwichtig hielt. Dieses Sich-Einlassen ist die wichtigste Aktivität des Psychoanalytikers überhaupt; sie ist auch die wichtigste Aktivität in der psychoanalytischen Krisenintervention. Die eigenen Gefühle sind oft nur sehr schwer wiederzufinden, weil man in seinem Leben sehr oft die Erfahrung gemacht hat, daß man Angst- und Notsituationen am besten „bewältigt", wenn man sich emotional totstellt und versucht, sich nach dem größten Druck zu richten. Läßt man sich aber auf seine Gefühle ein, dann erlebt man zumindest ansatzweise die Übertragungs- und Gegenübertragungsszene. Wie in der „großen" Analyse sind dabei oft gerade die nebensächlichen und peinlichen Phantasien am hilfreichsten, wenn ich zum Beispiel plötzlich die Beinstellung einer Patientin bewußt wahrnehme, oder die Aufschrift „Mephisto" auf den Schuhen eines Patienten lese. Solche scheinbar nebensächlichen Wahrnehmungen helfen oft mehr, den unbewußten Gehalt der in der Krisensituation wiederholend agierten Szene zu erfassen, als komplizierte theoretische Überlegungen. Für den Therapeuten bedeutet dieses Zuhilfenehmen des eigenen Unbewußten das Risiko, auf sichere (Macht-)Positionen zu verzichten. Um sich als Betroffener und Beteiligter in der Szene zu erleben, muß man die Phantasie aufgeben, mächtig beziehungsweise ohnmächtig oder unschuldig zu sein. Auch die Ohnmachtsphantasie erspart es uns nämlich, wahrzunehmen, daß wir beteiligt sind an der Aufrechterhaltung des Status quo, und deshalb auch an der potentiellen Veränderung des Status quo. Gleichzeitig mit der eigenen Ambivalenz wird dann auch die Ambivalenz aller anderen Beteiligten deutlich. Es wird wahrgenommen, daß *alle* Beteiligten sowohl eine befreiende Veränderung suchen, als auch Angst vor dieser Veränderung haben. Damit ist die Szene voll verstanden, und es werden automatisch neue Konfliktlösungen gefunden.

Wie schon ausführlich dargestellt, geht meistens mit dem erweiterten Verständnis der Gegenläufigkeit in der Symptomatik (dialektisches Verständnis) auch die Erweiterung der Wahrnehmung von der dyadischen Verklammerung von Zweien oder von zwei Parteien auf die Dreiecksperspektive über (trianguläres Verständnis). Die Welt der blockierten Konflikte ist voller Zweierbeziehungen, in denen sich jeweils zwei Personen gegenseitig zwingen, sich nicht zu verlassen, und sich auch nicht zu nahe zu kommen (vgl. Bauriedl, 1985b). In diesen Verklammerungen geht es regelmäßig um Wertfragen, um die Entscheidung zwischen richtig und falsch, zwischen Recht und Unrecht, zwischen Unschuld und Schuld. Außer diesen beiden Personen (und eine davon ist gegebenenfalls der Therapeut), die umeinander und gegeneinander kämpfen, scheint es in deren Phantasie auf der Welt keine dritten Personen zu geben. Die Wahrnehmungserweiterung bringt einen oder mehrere Dritte und damit Dreierbeziehungen ins Blickfeld. Aus der blockierten und isolierten Zweierbeziehung wird im Prinzip ein ganzes Netz von Punkten, die durch eine Vielzahl von Dreiecken miteinander verbunden sind. Zu diesem Erleben von Dreierbeziehungen gehören die Gefühle von Rivalität (im Sinn von Spannung, nicht im Sinn von Mord und Selbstmord wie in der ausschließlichen Zweierbeziehung), von Werbung und von sexueller Identität mit den entsprechenden Wünschen und Phantasien. In diesem erweiterten Wahrnehmungsfeld geht es weniger um die gegenseitige Entwertung von Zweien als darum, daß sich zwei oder mehr Personen gegenseitig in ihren wahren Wünschen und Ängsten ernst nehmen und auseinandersetzen. Verklammerungen durch Bedingungen (wenn du anders wärest, würde es gehen) lösen sich auf; an ihre Stelle tritt das Erleben und der Ausdruck der wirklichen Gefühle (es ist schwierig, macht Angst, ist traurig, ist lustvoll, gefährlich usw.).

Der Fokus der Krisenintervention wird von selbst immer deutlicher, wenn man sich auf die gemeinsame Übertragungsneurose beziehungsweise Übertragungspsychose einläßt. Es ist nach meiner Erfahrung nicht nötig, den Fokus durch technische Hilfsmittel oder durch eine Fokalkonferenz zu halten. Durch ein starres, intellektuelles Halten des Fokus im Bewußtsein des Therapeuten entzieht sich dieser leicht dem emotionalen und intuitiven Zugang. Wenn man sich vom Leidensdruck der akuten Krisensituation führen läßt und das Unbewußte zu Hilfe nehmen kann, bleibt man von selbst im Fokus des aktuellen Konflikts und von dessen szenischem Verständnis. Fluchttendenzen sind leichter durch konzentrierte Selbstanalyse aufzulösen als durch technische Perfektion zu vermeiden.

Je mehr das aufdeckende Verständnis der Krisenszene voranschreitet, desto weniger meint man durch Aktionen schlimme Ereignisse verhindern zu müssen und zu können. Dadurch stellt sich eine befriedigende Entspannung ein, aus der heraus man oft gar nicht mehr verstehen kann, weshalb man unter Umständen noch kurz vorher meinte, unbedingt handeln zu müssen. Oder eine Handlung, die man vorher noch für absolut falsch oder auch für absolut richtig hielt, wird durch das Verständnis ihrer Bedeutung in der Krisenszene von dieser Unterscheidung zwischen richtig und falsch befreit; sie kann jetzt als Kompromißlösung zwischen Veränderungswunsch und Sicherheitsbedürfnis in den Fortgang des Prozesses integriert werden. Die Notwendigkeit, Strategien zu bilden, nimmt ab in dem Maß, wie konflikthaftes Erleben zugelassen werden kann. Die Krise muß nicht mehr „gemanagt" werden, das heißt es muß nicht mehr ein Normalzustand hergestellt werden, sondern der Selbstheilungsversuch, der in jeder Krise enthalten ist, kann wahrgenommen und dadurch wirksam werden.

Ein Fallbeispiel

Zum besseren Verständnis dieser prinzipiellen Schritte möchte ich den Verlauf einer befriedigenden Krisenintervention an einem weiteren Fallbeispiel darstellen:

In einer Nachtklinik zur Betreuung von Patienten nach einer stationären psychiatrischen Behandlung kamen ein Arzt und eine Psychologin aufgeregt zur Teambesprechung: sie befürchteten, daß ein von ihnen beiden in einer analytisch orientierten Gruppe betreuter 23jähriger Patient der Mörder eines kleinen Mädchens sein könnte, das vor kurzem einem Sexualmord zum Opfer fiel. Die Polizei habe den Patienten tags zuvor in der Klinik gesucht, aber nicht gefunden, da dieser seit zwei Tagen verschwunden sei. In der letzten Gruppensitzung habe der Patient schon einen verwirrten Eindruck gemacht. Er habe immer wieder gesagt: „die suchen den Mörder, nein den Selbstmörder" und: „das saubere Gift vertreibt mich hier." Die besorgten Fragen der Gruppenleiter habe er nur in Metaphern beantwortet, er sei völlig unzugänglich gewesen, auch für die anderen Gruppenmitglieder. Diese hätten sich in der letzten Zeit gegen ihn zusammengeschlossen. Sie hätten damit begonnen, ihren Bereich besonders sauber zu halten, während der Patient immer mehr Schmutz und Unordnung um sich verbreitet habe.

In den 14tägig geführten Familiengesprächen war es vor einigen Sitzungen zu extremer Abwertung zwischen Vater und Sohn gekommen, sodaß die Mutter begonnen hatte, den Sohn gegen den Vater in Schutz zu nehmen, und der Vater daraufhin zu den folgenden Gesprächen nicht mehr erschienen war. Es war vor allem der betreuende Arzt, der auf die Nachricht vom Erscheinen der Polizei hin die Phantasie entwickelt hatte, der Patient könne der Mörder des Mädchens sein: „Er ist derjenige von allem meinen Patienten, zu dem ich am wenigsten Zugang habe" und: „Er sagt ja selbst, daß ihm das Gehirn ausgelaufen ist. So ist der auch. Er ist einfach nicht behandelbar. Er soll am besten in eine eigene Wohnung ziehen, das will er ja auch." Aus den Äußerungen des Arztes war zunächst sehr viel Ablehnung, aber auch Enttäuschung zu spüren. Die Psychologin meinte: „Ich mache mir Sorgen; wenn er wirklich der Mörder ist, bringt er sich vielleicht jetzt selbst um. Ich möchte versuchen, das zu verhindern. Wir müssen jetzt ganz besonders gut auf ihn aufpassen. Ich will ihm sagen, daß ich immer für ihn da bin und ihm helfen will, eventuell auch gegen die Polizei."

Meine Reaktion als Supervisorin in diesem Team war zunächst Rückzug und Flucht. Ich hatte das Gefühl, da am liebsten nicht hinfassen zu wollen. Die Situation hatte etwas ungeheuerliches für mich; ich spürte die Angst, mich auf die schwere psychische Störung in dieser Szene einzulassen. Analytisch reflektierend fiel mir auf, daß ich dabei war, mich symmetrisch zum Patienten zurückzuziehen. Der Patient zog sich in Verwirrtheitszustände zurück, und ich mich in eine innere Distanziertheit, die mir helfen sollte, den Konflikt nicht durchstehen zu müssen, sondern ihn an mir vorbeigehen lassen zu können, sodaß ich nicht allzuviel Angst und Verunsicherung erleben mußte. Diese Gefühle und Phantasien teilte ich in der Teamsitzung mit, um dadurch die Krisenszene plastisch werden zu lassen. Plötzlich wurde uns nun gemeinsam klar, daß der Satz „ich habe überhaupt keinen Zugang zu ihm" bedeutete: „ich fühle mich ohnmächtig, weil ich keinen Einfluß auf ihn habe", aber auch: „ich habe Angst, mich auf die Beziehung zu ihm einzulassen, ich halte mich deshalb zurück, und versuche ihn loszuwerden, um die Auseinandersetzung zu vermeiden. *Deshalb* habe ich auch keinen Zugang – im Sinn von Kontakt – zu ihm." Diese Szene erkannten wir zwischen dem Arzt und seinem Patienten, und zwar symmetrisch, sodaß jeder von beiden verzweifelt den Kontakt mit dem anderen wollte, und den anderen doch gleichzeitig entwerten mußte durch Nicht-Erscheinen beziehungsweise durch das Prädikat „unbehandelbar". Wir verstanden diese Szene als Wiederholung der Szene zwischen Vater und Sohn, und wir konnten bei uns selbst, unter den Teammitgliedern, die Wiederholung derselben ambivalenten Beziehungsstruktur erleben. Überall war gleichzeitig große Nähe und starke Abwertung zu spüren.

Auch die Beziehung zwischen den Eltern in der Familie des Patienten wiederholte sich in der Beziehung zwischen den beiden Betreuern. Je mehr der Vater beziehungsweise der Arzt auf ablehnende Distanz zu seinem Sohn (Patienten) ging, desto besorgter und fürsorglicher wurde die Mutter, beziehungsweise die Psychologin. Die Beziehung zwischen den beiden Betreuern (und zwischen den Eltern) schien keine Bedeutung mehr zu haben. Beide waren nur noch auf den „Sohn" bezogen, und zwar in der jeweiligen dyadischen Verklammerung, in der es scheinbar nur um Macht und Ohnmacht, um Einfluß und Zurückweisung geht. Die Gegenläufigkeit dieser „Ersatzpartnerbeziehungen" zwischen Vater (Arzt) und Sohn (Patient) einerseits, und zwischen Mutter (Psychologin) und Sohn (Patient) andererseits wurde erst deutlich, als wir die in diesen beiden Beziehungen wirksamen Wünsche nach Nähe und Sexualität in unseren Phantasien wieder zulassen konnten. Dadurch wurde deutlich, daß beide Eltern, in der Originalszene der Familie und in der Übertragungs- und Gegenübertragungsszene der therapeutischen Beziehung, jeweils eine intensive Beziehung zum Sohn wünschten, und sogar in manchen Situationen (Urlaub, Einzelgespräche) auch hatten. Für diese intensiven Zweierbeziehungen war charakteristisch, daß durch sie jeweils der Dritte ausgeschlossen wurde. Entsprechend waren in diesen Zweierbeziehungen Inzestwünsche und -ängste wirksam, die durch den Machtkampf, durch Abwertung und Verzweiflung abgewehrt wurden. Wir sahen, daß der Patient schon als Säugling für beide Eltern zum Ersatzpartner geworden war, da die Beziehung der Eltern nie befriedigend war. Hier schien sich die Befürchtung, der Patient könne der Sexualmörder sein, noch einmal zu bestätigen. Durch die Ersatzpartnerschaft entstanden für die Sexualität des Patienten „hohe Schwellen", die er eventuell nur durch Gewalt oder vergewaltigend überwinden konnte. Auch die Beziehungsstrukturen in der therapeutischen Gruppe konnten als Hinweis dafür angesehen werden, daß er wirklich der Täter war. Für die anderen Gruppenmitglieder, wie auch für die Eltern und Geschwister, hatte er die Sexualität in ihrer vergewaltigenden und ekelhaft-schmutzigen Form übernommen und vielleicht in der Tat auch offen agiert. Der Rest der „Familie" konnte sich vielleicht gerade deswegen „sauber" halten.

Die Wahrnehmungsveränderung, die beim Durcharbeiten solcher konflikthafter

Szenen in der Krisenintervention regelmäßig eintritt, wurde nun deutlich: Zunächst konnten wir nur erschreckt die Frage stellen: Ist er der Mörder? Was ist zu tun? Muß man mit der Polizei gegen ihn, oder mit ihm gegen die Polizei Partei ergreifen? Nachdem die Szene in ihrer dialektischen Gegenläufigkeit und in ihrer triadischen Grundstruktur wenigstens einigermaßen erleuchtet war, stellte sich die Frage: Was auch immer er getan hat (es kamen auch andere Delikte in Frage, die ihm früher schon zur Last gelegt worden waren), wie ist eine solche Tat und die dadurch aktualisierte Krisensituation zu verstehen als Kompromißbildung zwischen Wünschen und Ängsten aller Beteiligten, zwischen Veränderungsversuchen und der Angst vor Veränderung? Wie sind die Familienmitglieder, wie ist die therapeutische Gruppe, wie ist das Team, und wie bin ich als Leiterin der Supervision an dieser Krisensituation beteiligt?

Antworten auf diese Fragen fanden wir in einem erweiterten Konfliktverständnis: Der Patient will sich von seinen Eltern trennen, und hat auch Angst davor, das zu tun. Er ist als Ersatzpartner in die elterliche Beziehung „eingebaut" und bezieht daraus seine positive Identität. In den Familiensitzungen hat er den Vater vertrieben, und muß jetzt fürchten und hoffen, mit der Mutter alleine zu bleiben. Beide Eltern kann er am besten dadurch von sich abstoßen und gleichzeitig binden, daß er eine sehr auffällige und an die Öffentlichkeit dringende Symptomatik entwickelt. Sie müssen sich um ihn kümmern, weil ihre eigene positive Identität in der Öffentlichkeit gefährdet ist, und sie können ihn gleichzeitig zurückstoßen, weil er „nicht normal" ist. Diese Szene wiederholt sich in der Klinik. Hier wie dort ist es vor allem der Vater, der behandelnde Arzt, der den Patienten loshaben will. Ähnlich wie zwischen Vater und Mutter verteilen sich die Rollen. Das Verstoßen des Patienten kann sich der Arzt vor allem deshalb in so radikaler Form leisten, weil die andere Seite seiner Ambivalenz, der Wunsch nach Nähe und bleibender Verbindung, von der Psychologin übernommen wird.

Nachdem dieser Konflikt erarbeitet war, ergab sich in der Teamsitzung eine emotionale Annäherung zwischen Arzt und Psychologin. Die gemeinsame Sorge um den Patienten bekam jetzt eine andere Qualität. Sie hatte weniger die Funktion, die beiden einerseits in einer Schutz-und-Trutz-Gemeinschaft gegen den verrückten „Sohn" oder gegen die strafende Gesellschaft zu verbinden, und sie andererseits wegen ihrer unterschiedlichen Handlungsstrategien voneinander zu trennen. Die Sorge um den „Sohn" wurde jetzt von beiden als Möglichkeit erlebt, sich gegenseitig in der jeweils unterschiedlichen Beziehung zum „Sohn" anzunehmen. So glaubten beide jetzt nicht mehr, sofort handelnd etwas schlimmes vermeiden zu müssen; sie waren jetzt offen für ein Verständnis der Krisensituation als dramatische Aktualisierung eines Konflikts, der danach drängt, eine neue Lösung zu finden. Sie spürten Lust, den Patienten weiter in der Klinik zu behalten, und den Konflikt, der sie jetzt auch ganz bewußt in ihrer eigenen Person umfaßte, mit ihm zusammen durchzustehen. Der erste Impuls, der jetzt entstand, war der Wunsch der Psychologin, den Vater des Patienten anzurufen, und ihn zu bitten, zur nächsten Familiensitzung wieder zu kommen. Der Arzt wollte mit dem Patienten persönlich Kontakt aufnehmen, ihm seine Befürchtungen offen mitteilen, und mit ihm zusammen erarbeiten, wie es zu der starken gegenseitigen Ablehnung, aber auch zur Enttäuschung ihrer Wünsche aneinander gekommen war.

In der nächsten Supervisionssitzung hörten wir, daß der Patient rechtzeitig zur nächsten Familiensitzung wieder aufgetaucht war, und daß beide Initiativen der Betreuer erfolgreich gewesen waren. Der Vater hatte der Einladung der Psychologin folgen können, und der Arzt hatte in einem schwierigen Gespräch mit dem Patienten die beiderseitige Distanzierung besprechen können. In diesem Gespräch war auch der trianguläre Aspekt der „Verwirrtheitszustände" deutlich geworden. Der Patient hatte sich in einer männlichen Konkurrenz zu einem anderen Teilnehmer der Gruppe und zu dem Arzt befunden; er hatte diese Konfliktsituation so gelöst, daß er dem anderen Gruppenteilnehmer gegenüber „keine Schwäche" zeigte, und den Arzt dessen Ohnmacht ihm gegenüber spüren ließ. Dabei ging es darum, daß der andere Gruppenteilnehmer eine Freundin hatte, und der Patient nicht.

Auch in der Familiensitzung selbst konnte die Abwertung zwischen Vater und Sohn erstmals wenigstens ansatzweise als triangulärer Konflikt, nämlich in ihrer Bedeutung für die Rivalität von Vater und Sohn um die Mutter oder Frau erlebt werden. Der „Mordverdacht" war völlig verschwunden, und der „Spuk" des Handlungsdruckes war mindestens für eine kurze Zeit aufgelöst. Es ist zu erwarten, daß in diesem Fall ähnliche Krisensituationen solange wieder auftreten müssen, bis die konflikthafte Szene soweit in ihrer psychodynamischen Grundstruktur erlebbar ist, daß sie nicht mehr „blind" agiert werden muß.

Die politische und gesellschaftliche Bedeutung dieser Form von Krisenintervention

Schließlich möchte ich noch einige Bemerkungen zur politischen und gesellschaftlichen Bedeutung dieses Konzepts der Krisenintervention machen. Ich meine, daß die hier konsequent angewandte, typisch psychoanalytische Revolutionstheorie (vgl. Bauriedl, 1984a) eine Alternative zur Verelendungstheorie, zum Krisenmanagement, und auch zu den verschiedenen Anpassungsstrategien in Krisensituationen darstellt. Psychoanalyse hofft nicht auf die zunehmende Verelendung des Patienten, damit dieser in eine Lage kommt, in der er den Therapeuten als „Führer" akzeptieren kann und muß. Psychoanalyse versteht die Not des Patienten als bedingt durch die Einschränkung von Wahrnehmungs- und Erlebnismöglichkeiten, die zu viel Angst machen würden, um im Bewußtsein zugelassen zu werden. Entsprechend sieht die psychoanalytische Revolutions- oder Veränderungstheorie nicht den Umsturz, die Vertauschung von Oben und Unten, als Befreiungsmöglichkeit, sondern die Integration abgespaltener Anteile im bewußten Erleben. Der einzige Motor für diese Integration ist der an jeder Krise beteiligte Veränderungswunsch und, psychodynamisch gesprochen, der „natürliche Auftrieb des Unbewußten". Für den Therapeuten steht deshalb die Frage im Vordergrund, ob er den Veränderungswunsch annehmen, ob er den natürlichen Auftrieb des Unbewußten auch bei sich selbst zulassen kann, und wenn nicht, weshalb ihm das nicht möglich ist. Die Selbstanalyse führt ihn am besten auf die Spur der Widerstände, die im therapeutischen System Angst vermeiden helfen.

Die psychoanalytische Revolutionstheorie ist auch eine Alternative zum Krisenmanagement. Es geht für den Psychoanalytiker nicht in erster Linie um die Beseitigung von Symptomen, das heißt um die Beseitigung von Angst und Ohnmacht durch Verwandlung von Ohnmacht in Macht (des Therapeuten). Der für die Psychoanalyse typische „Hiatus", die Unterbrechung des stereotypen Ablaufs einer aus Sachzwängen bestehenden Szene, ermöglicht das Eintreten von Phantasien, Wünschen und Ängsten, die bisher zwar unbewußt, aber trotzdem oder deswegen besonders wirksam waren. Dadurch wird die Szene verändert. Sie kann nicht mehr identisch ab- oder weiterlaufen. Allerdings ist vom Therapeuten eine größere Angst- und Konflikttoleranz gefordert als in einer Konzeption des Krisenmanagements, die ihm selbst viel Angst erspart, aber auch neue kreative Lösungen unter Einbeziehung der unbewußten Anteile verhindert.

Wenn man schließlich sieht, daß die Symptomträger in diesem Konzept immer auch als Dissidenten eines gesellschaftlichen und/oder familiären Systems verstanden werden, wird auch die Alternative zu den in anderen Konzepten zentralen Anpassungsstrategien deutlich. Eine Anorektikerin, ein Suizident oder auch ein Psychotiker will nicht nur den Status quo der Beziehungsstruktur aufrechterhalten, sondern er/sie bringt auch stellvertretend für andere und besonders deutlich den in dem jeweiligen Beziehungssystem verborgenen Veränderungswunsch zum Ausdruck. Wenn ich diesen Ausdruck eines Befreiungswunsches (so geht es nicht mehr weiter, ich möchte größere Ansprüche an das Leben stellen) unreflektiert und ausschließlich durch Psychopharmaka unterdrücke, oder auch durch Uminterpretation (du willst ja nur den Status quo erhalten) zum Schweigen bringe, habe ich damit in gesellschaftspolitisch relevanter Weise Veränderung, und das heißt Leben, verhindert. Die hier dargestellte Alternative, das Aufgreifen des Veränderungspotentials in kritischen Situationen, ist nicht nur in der Psychotherapie sondern auch in der Politik (vgl. Bauriedl, 1986) eine Möglichkeit, kreativ mit kritischen Situationen umzugehen. Allerdings erfordert sie vom Therapeuten und vom Politiker die Bereitschaft, seine (Macht-)Position jederzeit zu riskieren.

7. Kapitel

Die Auflösung von Beziehungsstörungen in Balint-Gruppen

Michael Balint (1896–1970) war ein ungarischer Arzt und Psychoanalytiker, ein Schüler von Sandor Ferenczi und Sigmund Freud, der in den dreißiger Jahren am Psychoanalytischen Institut Budapest damit begann, psychoanalytische Erkenntnisse an praktische Ärzte zu vermitteln. Wegen der feindseligen und kontrollierenden Haltung des damaligen ungarischen Regimes wanderte er vor dem Zweiten Weltkrieg nach England aus, und richtete dort im Jahr 1948 an der Londoner Tavistock-Klinik zusammen mit seiner Frau Enid Balint die ersten Lehr- und Forschungsseminare für Sozialarbeiter ein, die er ab 1950 auch mit praktischen Ärzten durchführte. Mit diesen zusammen entwickelte er die Methode der Balint-Gruppe. Diese Methode beschrieb er in seinem 1957 erschienenen Buch „Der Arzt, sein Patient und die Krankheit". Sie besteht darin, daß sich eine Gruppe von Ärzten (sechs bis zwölf Teilnehmer) etwa 40 mal im Jahr zu je eineinhalb- bis zweistündigen Sitzungen mit einem oder zwei Psychoanalytikern trifft, und zwar insgesamt über einen Zeitraum von mindestens zwei bis drei Jahren. Ein Teilnehmer bringt jeweils einen Fall aus seiner Praxis ein. Balint schreibt: „Ich verwendete dann einen solchen Bericht . . . als so etwas wie den manifesten Trauminhalt und versuchte, aus ihm auf die ihn gestaltenden dynamischen Faktoren zu schließen. Sowohl die Gedanken des Berichtenden wie Kritik und Kommentare der zuhörenden Gruppe wurden wie freie Assoziationen behandelt" (a.a.O., S. 401).

Balint, der als Theoretiker der Psychoanalyse auch deren Theorie und Praxis wesentlich beeinflußte, versuchte in der Arbeit mit den praktischen Ärzten psychoanalytische Erkenntnisse über die Genese, Chronifizierung und Heilung körperlicher Erkrankungen, und vor allem über die Bedeutung der Beziehung zwischen Arzt und Patient für die medizinische Behandlung nutzbar zu machen und in die Ausbildung der Ärzte einzuführen. Von seinem Lehrer Ferenczi übernahm er die Methode der „aktiven Technik" in der Psychoanalyse, eine Methode, die schon bei ihrem Bekanntwerden von den damaligen Psychoanalytikern kontrovers diskutiert wurde, weil sie von der „klassischen", zurückgenommenen Haltung des Psychoanalytikers abweicht, und das therapeutische Geschehen mehr als Wechselbeziehung zwischen Analytiker und Analysand definiert denn als Spiegelung des Analysanden im möglichst wenig als Person erkennbaren Analytiker. Diese Sichtweise machte es Balint möglich, auch einen praktischen Arzt, der die übliche medizinische Behandlung durchführt, als „Psychotherapeuten" zu sehen, und die „Droge Arzt" in ihrer Heilwirkung, aber auch in ihren Risiken und Nebenwirkungen zu untersuchen.

Balints Nachfolger erweiterten die Methode der Balint-Gruppen auf andere Berufsgruppen, wie z. B. Psychiater, Psychologen, Theologen, Pädagogen, Juristen, Sozialarbeiter, Paar- und Familientherapeuten, Bewährungshelfer, Erzieher,

Pflegepersonal, etc. (vgl. Argelander, 1973; Argelander, 1979; Schmid, 1973; Bauriedl et al., 1982). Balint-Gruppenarbeit wäre grundsätzlich mit allen Berufsgruppen sinnvoll und nötig, die in ihrer Berufsausübung mit Menschen umgehen, weil durch sie der Aspekt des zwischenmenschlichen Beziehungserlebens an Bedeutung gewinnt, wodurch sich festgefahrene Beziehungsstörungen emanzipatorisch (s. u.) verändern. Da dieses Prinzip für alle Berufsgruppen dasselbe ist, möchte ich die Vorgänge in Balint-Gruppen im folgenden allgemein beschreiben, wobei ich der Einfachheit halber immer von „Arzt-Patient-Beziehung" sprechen werde, wenn die Beziehung zwischen dem Balint-Gruppenteilnehmer und seinem „Patienten", also etwa auch dem Gemeindeglied, dem Schüler, dem Angeklagten, etc. gemeint ist.

Die meisten Balint-Gruppen werden zur Zeit von Psychoanalytikern in Eigeninitiative durchgeführt. Sie finden in deren Privatpraxen statt oder werden an Institutionen oder in Zusammenarbeit mit Institutionen durchgeführt, wobei dann die Gruppendynamik des entsprechenden Teams gleichzeitig mit der Erarbeitung der jeweiligen Arzt-Patient-Beziehung Thema der Balint-Gruppe ist. Meiner Ansicht nach ist die Balint-Gruppenarbeit noch zuwenig systematisch in die Ausbildung an den psychoanalytischen Instituten und in die Tätigkeit der Mitglieder psychoanalytischer Institute eingebaut. Dadurch wird eine Chance der Zusammenarbeit mit anderen Berufsgruppen (Bauriedl et al., 1982) und der damit gegebenen bestmöglichen Art der Verbreitung psychoanalytischer Erkenntnisse – nämlich über die persönliche Erfahrung – noch nicht genügend genutzt. Diese Zurückhaltung scheint mir u. a. mit der immer wieder anzutreffenden Gleichsetzung von Psychoanalyse mit dem klassischen psychoanalytischen Setting (Einzeltherapie auf der Couch) zusammenzuhängen. Balints Auffassung, nach der Psychoanalyse ihrem Wesen nach Beziehungsdiagnostik ist, und deshalb nicht auf das psychoanalytische Setting beschränkt bleiben muß, steht dieser „orthodoxen" Auffassung von Psychoanalyse entgegen.

Die Fixierung der Arzt-Patient-Beziehung

Den Beziehungsaspekt der Psychoanalyse habe ich in meiner Arbeit „Beziehungsanalyse" (Bauriedl, 1980) besonders herausgearbeitet. Er setzt einerseits die Balintsche Tradition der Betrachtung der Analytiker-Analysand-Beziehung (für die therapeutische Beziehung in der Psychoanalyse) und der Arzt-Patient-Beziehung (für die Balint-Gruppen-Perspektive) als wechselseitigen Dialog fort, und erweitert sie andererseits um eine psychodynamische Beziehungstheorie, die die Grundprinzipien von Beziehungsstörungen und deren Auflösung deutlich werden läßt. Balint bezeichnete die Beziehungsstörung zwischen Arzt und Patient als „Sprachverwirrung" oder noch allgemeiner als gegenseitiges Mißverstehen, das durch die Teilnahme des Arztes an der Balint-Gruppe in ein „Aufeinandereingestimmt-Sein" oder gegenseitiges Verstehen übergeführt werden kann (E. Balint, 1976, S. 119). Im Rahmen meiner Beziehungstheorie läßt sich die Beziehungsstörung zwischen Arzt und Patient spezifischer als eine Beziehung kennzeichnen, in der beide Partner Macht aufeinander ausüben (sich gegenseitig erpressen) und dadurch fest miteinander verklammert sind, was ganz typische Folgen für das Beziehungserleben der beiden hat, die sich dann wieder deskriptiv darstellen lassen. Ich möchte diese Theorie im folgenden kurz skizzieren (vgl. auch Bauriedl, 1982a).

Zunächst der dynamische Aspekt: beide, Arzt und Patient, haben sich im Lauf ihrer Entwicklung auf die Abwehrmechanismen ihrer jeweiligen Ursprungsfamilien eingestellt. Die Ängste vor Isolation und Verschmelzung wurden in diesen Familien wie in allen Familien durch „starre Abstände" zwischen den Familienmitgliedern abgewehrt. Solche Abstände sind nur durch Doppelbindungen (nach dem Prinzip: „komm' her – bleib' weg") aufrechtzuerhalten. Soweit die Grundbedürfnisse nach Verbunden-Sein und Getrennt-Sein in einer Familie nicht durch eindeutige Personengrenzen (= Sicherheit der Identität als Vater, Mutter, Sohn, Tochter und der entsprechenden Beziehungen) gesichert sind, müssen sie ersatzweise durch doppelbindende Verklammerungen befriedigt werden. Sobald die Angst vor zu großer Nähe oder vor zu großer Entfernung (z. B. vor dem Überwältigt-Werden oder vor dem Verlassen-Werden) übergroß wird, reagiert jeder Mensch mit einer doppelten Botschaft, d. h. er vermittelt seinem Beziehungspartner die Aufforderung: „tu' das, aber tu' es ja nicht".

Wenn nun wie in der Arzt-Patient-Beziehung zwei solche Beziehungsmuster aufeinandertreffen, ergibt sich eine für diese beiden Personen spezifische Verklammerung, in der z. B. der Patient dem Arzt ausdrückt: „Beseitige meine Krankheit, aber laß' sie mir, weil ich sonst keinen Anspruch mehr habe, dich und andere an mich zu binden." Der Arzt kann auf dieses „ambivalente Beziehungsangebot" aus seiner eigenen Problematik heraus z. B. so antworten: „gib deine Krankheit auf, damit ich mich als guter Arzt fühlen kann, aber behalte sie, damit ich nicht überflüssig werden muß". In den Botschaften der beiden, die natürlich in jedem konkreten Fall ein viel komplexeres Muster von Doppelbindungen bilden, sind die intrapsychischen Ambivalenzen (Wünsche und Ängste) oder Spaltungen beider Personen enthalten: der Patient hat einerseits den Wunsch, gesund zu werden, aber auch Angst vor der daraus entstehenden Selbständigkeit, die er als Verlassen-Sein erlebt, der Arzt möchte einerseits ein guter Helfer sein, hat aber auch Angst davor, den von ihm abhängigen Patienten zu verlieren, was er seinerseits als Verlassen-Sein erleben würde.

Diese doppelte Problematik spaltet sich nun in ihrem manifesten Erscheinungsbild durch ein „Aushandeln von Dissoziationen" (Wynne, 1975) in ein komplementäres Beziehungserleben auf: wenn der Patient dem Arzt mitteilt: „du mußt kommen, denn meine Symptome verschlimmern sich", dann reagiert der Arzt in seiner Angst vor dem Verschlungen-Werden mit der anderen Seite der gemeinsamen Ambivalenz; er drückt dem Patienten u. U. aus: „bleib' weg, ich werde dir deine Symptome schon austreiben", und verordnet vielleicht rein symptombeseitigende Medikamente oder eine Untersuchung bei einem Kollegen, ohne sich zu fragen, was sich in der Beziehung zwischen ihm und dem Patienten ereignet. Oder umgekehrt, der Arzt sagt: „komm' her, laß' dir helfen", und der Patient reagiert mit: „bleib' weg, du kannst mir nicht helfen". Er verstärkt seine Symptomatik, um sich und dem Arzt zu beweisen, daß dessen Bemühungen nichts nützen. Auf diese Weise bleiben sie fest aneinander gebunden und halten sich doch auch voneinander entfernt.

Das Beispiel zeigt auch die gegenseitige Erpressung. Der Patient sagt: „wenn du mich nicht vollständig versorgst, werde ich immer kränker, dann kannst du dich gar nicht mehr wegbewegen." Der Arzt sagt: „wenn du nicht gesund wirst, lehne ich dich als unbehandelbar ab." Diese Verklammerung, die entsprechend den neurotischen oder psychotischen Szenen in den Ursprungsfamilien der beiden unzählige Variationsmöglichkeiten hat, kann sich manifest auch in einer (ersatz-)befriedigenden Dauerbeziehung ausdrücken, in der beide Partner scheinbar mit der Beziehung zufrieden sind, der eine mit seinem Krank-Sein und Versorgt-Werden, der andere mit seinem Helfer-Sein und Versorgen-Können.

In anderen Berufen als dem ärztlichen entwickeln sich ähnliche und andere typische Spaltungen oder komplementäre Rollenverteilungen, die die Beziehung fixieren. Ganz deutlich ist die Spaltung oft bei Psychiatern oder psychiatrischem Hilfspersonal einerseits und psychiatrischen Patienten andererseits. Hier wird die gemeinsame Ambivalenz oft so aufgeteilt, daß die einen überkontrollierende, überanstrengte „Normale" sein müssen, die anderen „Verrückte", die den „Spielraum der Verrücktheit" ständig in Abhängigkeit von den „Normalen" und in Korrespondenz zu diesen ausnützen müssen (vgl. Bauriedl et al., 1982). Zwischen Lehrern und ihren Schülern ergeben sich Rollenverteilungen, in denen die einen immer alles wissen müssen, überlegen sind und die Kontrolle in der Hand haben, die anderen immer weniger wissen müssen, unterlegen sind und sich unkontrolliert benehmen. Die Beispiele könnten fortgesetzt werden, das Grundprinzip bleibt das gleiche, nämlich, daß eine Beziehung dadurch fixiert wird, daß Ambivalenzen der Beziehungspartner sich in Doppelbindungen ausdrücken, die den anderen wie in einer Falle festhalten, und daß gemeinsame Ambivalenzen sich in einer komplementären Rollenverteilung zwischen den Beziehungspartnern aufspalten, wobei jeder der beiden den jeweils beim anderen lokalisierten Ambivalenzanteil bei sich selbst nicht mehr bemerkt.

Damit komme ich zur deskriptiven Darstellung einer fixierten Beziehung, die trotz aller Vielfalt der konkreten Möglichkeiten doch immer wieder die gleichen Erscheinungsformen aufweist: am auffälligsten ist die einseitige Wahrnehmung der Beziehung. Der Arzt, der ein Problem mit seinem Patienten in die Balint-Gruppe einbringt, ist, auch wenn er theoretisch mit dem Problem und den Erscheinungsformen der Ambivalenzspaltung und Rollenverteilung vertraut ist, nicht mehr fähig, sich selbst als ganze Person in der Beziehung zu seinem Patienten zu erleben. Er erlebt z. B. nur noch seinen Wunsch, den Patienten gesund zu machen, und komplementär dazu den Widerstand des Patienten gegen diese seine gute Absicht. Die andere Seite seiner selbst und des Patienten, nämlich seine Angst, den Patienten zu verlieren, und den Wunsch des Patienten, sich von ihm zu befreien, kann er nicht mehr sehen. Ganz typisch für diese Situation, in der sich, wie ich sage, der Arzt wie auch der Patient „im Widerstand" befindet, ist das Phänomen, daß der Arzt nur noch die Abwehr des Patienten sieht und dessen Wünsche und Ängste ebenso wie die eigenen verdrängt. Ist er Psychotherapeut, dann fallen ihm in dieser Situation nur noch Abwehrdeutungen ein, weil er in dem Machtkampf mit dem Patienten verzweifelt gegen dessen Abwehr kämpft und das Gefühl hat: „wenn der Patient doch seine Abwehr aufgeben könnte, dann ginge es ihm und mir wieder besser" (Delegation der Veränderung an den Patienten). Sowohl die Feindbildung als auch die „Freundbildung" (bei gegenseitiger Idealisierung, s. o.) dient der Vermeidung eines drohenden Konflikts, auch wenn üblicherweise Feindbildung nicht als Konfliktvermeidung verstanden wird. Die Konfliktvermeidung besteht darin, daß keiner der beiden Beziehungspartner sich auf seine wirklichen Gefühle einläßt, weil er sonst in Gefahr wäre, dem anderen aggressiv oder libidinös zu nahe zu kommen. Statt dessen wird die Beziehung funktionalisiert, der jeweils andere wird zum Objekt in einer bestimmten Rolle, die durch das Einnehmen der entsprechenden Komplementärrolle erzwungen und aufrechterhalten wird.

Die Übertragung der Fixierung auf die Balint-Gruppe

Das Phänomen der Spiegelung der Arzt-Patient-Beziehung in der Balint-Gruppe wurde schon häufig beschrieben (z. B. Heigl-Evers und Hering, 1970; Roth, 1984). Es beruht auf verschiedenen Formen der Identifikation, der Übertragung und der Gegenübertragung. Der Arzt schildert zunächst den Patienten so wie er ihn erlebt und versucht, der Gruppe mitzuteilen, wie für ihn das Problem der Beziehung aussieht. Er hat dabei das Anliegen, daß ihn die Gruppe verstehen möge, und d. h. zunächst, daß die Gruppenmitglieder seine Partei ergreifen sollen gegen den Patienten; denn die Beziehungsspaltung, in der er sich mit dem Patienten befindet, impliziert immer auch die Phantasie, daß einer von beiden an dem Problem schuld sei. Natürlich möchte der Vortragende den gefürchteten Schuldspruch der Gruppe von sich abwenden, selbst wenn er den Bericht überwiegend in Selbstanklagen formuliert.

Als wären sie in die Spaltung zwischen ihren Eltern hineingezogen und zu Richtern aufgerufen (gezwungen zur Parteinahme für den Vater oder für die Mutter), so reagieren die Gruppenteilnehmer – und oft auch der Gruppenleiter – zunächst überwiegend mit konkordanter oder komplementärer Identifikation, d. h. sie identifizieren sich entweder mit dem berichtenden Arzt oder mit dessen Patienten. Das Gegenübertragungsfeld, das sich in der Gruppe ergibt, wird aus so vielen Quellen gespeist, daß es zunächst für alle Beteiligten schwer überschaubar und in seinen Anteilen verstehbar ist. In den Gegenübertragungsreaktionen der Gruppenteilnehmer und des Gruppenleiters sind einerseits die Facetten der familiären Beziehungsstrukturen von Patient und Arzt enthalten, andererseits ihre jeweils eigenen Beziehungsstrukturen, die eine wesentliche Determinante für die Art der Reaktion des einzelnen auf die Erzählung darstellen. Außerdem spielt der aktuelle Entwicklungsstand der Gruppe, der Stand ihrer gemeinsamen unbewußten Phanta-

sien und Konfliktlösungen und die Tradition der in ihr ausgehandelten Rollenverteilungen eine große Rolle für die Art, in der auf die Erzählung reagiert wird. Nicht
selten reagiert die ganze Gruppe mit dem Hauptabwehrmechanismus des Patienten
oder des Arztes, z. B. mit Intellektualisierung, Ratschlägen, Strategiebildung,
Müdigkeit bzw. depressivem Rückzug, Vorsicht im Sinn von Nicht-Anfassen, also
mit Konfliktvermeidung in ihren verschiedenen Varianten.

Die Auflösung der Beziehungsstörung in der Balint-Gruppe

Entsprechend der Grundregel in der analytischen Psychotherapie sind die Gruppenteilnehmer während des Berichts und natürlich während der ganzen Gruppensitzung aufgefordert, „frei zu assoziieren", d. h. möglichst alles in sich aufsteigen zu
lassen, was ihnen einfällt, besonders aber auf ihre Gefühle und Körperempfindun-
gen zu achten. Balint forderte in diesem Sinn zum „Mut zur eigenen Dummheit" auf
(Balint, 1957, S. 408), wodurch die intellektualisierende Abwehr zugunsten des
Erlebens der eigenen Befindlichkeit in der sich entfaltenden Szene schrittweise
aufgegeben werden kann. Anstelle der Fragen: „was macht der Arzt falsch?", „wie
könnte er es richtig machen?" tritt nun in klassisch-psychoanalytischer Weise die
Frage: „wer bist du?", „wer bin ich?" und „wer ist der Patient?", all diese Fragen in
dem Sinn: wie fühlen sich all diese Personen?, welche Wünsche und Ängste haben
sie?, wie sind die Verklammerungen hier und dort als Ausdruck von Bedürfnissen
nach Befriedigung einerseits und nach Sicherheit andererseits zu verstehen? Ganz
im Freudschen Sinn verbinden sich in diesem Vorgang Forschen und Heilen
miteinander, denn der gemeinsame Prozeß der Erforschung der wahren Befindlichkeiten im Hier und Jetzt der Gruppenbeziehungen sowie auch im Dort und Dann
der Arzt-Patient-Beziehung *ist* der psychoanalytische Veränderungsprozeß.

Für alle Beteiligten an diesem Prozeß ergeben sich im Lauf des Durcharbeitens
einer solchen Arzt-Patient-Szene Veränderungen ihrer Phantasien und Beziehungen, die ich als für den psychoanalytischen Prozeß typische Veränderungen ansehe:
die Aufhebung der Rollenverteilung bedingt für alle Betroffenen die *Auflösung der
Parteinahme und der Feindbildung*. Das „Richteramt" mit seiner Suche nach der
Schuld und die damit verbundene verzweifelt gelähmte Situation in der Beziehungsfalle der Doppelbindungen lösen sich auf. An seine Stelle tritt die Fähigkeit, sich in
„multipler Identifikation" (Bauriedl, 1980) auf sich selbst und auf die anderen zu
beziehen, weil das Risiko, sich den eigenen Gefühlen und Bedürfnissen entsprechend einander zu nähern und voneinander zu entfernen, in größerem Maße
eingegangen werden kann. Gleichzeitig mit dieser Lockerung der „starren
Abstände" zwischen den Gruppenmitgliedern vollzieht sich der *Übergang vom
komplementären zum symmetrischen Beziehungserleben*. Das geschieht dadurch,
daß die „Komplementärneurose" bzw. „Komplementärpsychose" des jeweils bis
dahin als „normal" geltenden Beziehungspartners erkannt wird. Ähnlich wie die
Auflösung der Krankenrolle eines Familienmitglieds in der psychoanalytischen
Familientherapie dadurch möglich wird, daß die Symmetrie der Wünsche und

Ängste zwischen den „Kranken" und den „Gesunden" erkannt wird, und auch die Symmetrie oder Entsprechung der „Verrücktheit" der sog. Normalen zu der der sog. Kranken oder Anormalen, so verläuft auch die Auflösung der Rollenverteilung zwischen „gesundem" Arzt und „krankem" Patienten parallel mit der Erkenntnis der symmetrischen Konfliktbeteiligung des Arztes. Diese Konfliktbeteiligung hat sich zumeist bis dahin in einem als „ganz normal" angesehenen Berufsrollenverhalten verborgen.

Auch die Theorien über die Ursachen der Beziehungsstörung verändern sich in typischer Weise jedesmal wieder bei allen Beteiligten. Dem Gefangensein im Richtig-Falsch-Denken entspricht eine Vorstellung von der Arzt-Patient-Beziehung, in der der Arzt etwas, nämlich das Richtige, leisten muß. Dieses *Leistungsverständnis* verändert sich in dem beschriebenen Prozeß des Durcharbeitens immer mehr in Richtung auf ein *Prozeßverständnis* der therapeutischen Beziehung und von Beziehungen überhaupt. – Eine weitere typische Veränderung der Ansichten über die Genese der Beziehungsstörung betrifft die *Opfertheorie.* Zunächst wird entsprechend der Partei- und Feindbildung noch angestrengt nach dem Opfer und nach dem Täter gesucht, wobei der Täter (evtl. die Mutter des Patienten oder der Arzt) mindestens als „Verursacher" der Störung gesehen wird. Allmählich geht diese Vorstellung in eine andere über, in der die Ursache der Störung nicht mehr im Versagen oder Fehlverhalten einer Person gesehen wird, sondern in den Wünschen, Ängsten und Abwehrmechanismen aller Beteiligten. – Parallel dazu verändert sich die *Defektdefinition* der Störung in eine *Konfliktdefinition,* weil nicht mehr nur die Abwehr des Patienten oder des Arztes gesehen wird, sondern der intrapsychische Konflikt von beiden und der interpsychische Konflikt zwischen beiden. Das Problem liegt dann nicht mehr in irgendwelchen Defiziten von Ich-Leistungen des Patienten oder in Defiziten von diagnostischen oder therapeutischen Fähigkeiten des Arztes, sondern in der gemeinsamen Abwehr der beiden, die aus ihrer Angst vor dem Aufbrechen des Konflikts verständlich ist.

Der wichtigste Vorgang beim Durcharbeiten der Beziehungsstörung ist die *Auflösung der Machtbeziehung* zwischen Arzt und Patient und entsprechend in der Balint-Gruppe. Balint sieht in diesem Vorgang die „Chance des Neubeginns" (Balint, 1957, S. 274), die nach seiner Formulierung im Gegensatz zum Wiederholungszwang steht. Auch hier erweist sich also das Lustprinzip als Antagonist des Wiederholungszwangs (Freud, 1920), das Lustprinzip allerdings in Gestalt des Wunsches, lebendig zu sein, und d. h. Konflikte nicht zu vermeiden, sondern aufzunehmen und durchzustehen, bis neue Konfliktlösungen gefunden sind, die mehr Lebensspielraum bieten.

Für den Arzt wie für jeden anderen, der in einer von gegenseitiger Fixierung in Objektrollen geprägten Machtbeziehung gefangen ist, besteht der einzige Grund, diese Fixierung und damit seine Sicherheit bietende Machtposition aufzugeben, darin, daß er seine eigene Unzufriedenheit mit der bisherigen Ersatzlösung erlebt und wieder Lust bekommt, sich durch Zulassen seiner wahren Gefühle in den Konflikt und in die Auseinandersetzung mit dem Patienten einzulassen. Dieses veränderte Erleben ist ihm allerdings nur möglich in einer Atmosphäre, in der jede

„Gegenübertragungsneurose" sein darf und grundsätzlich als unvermeidliche und sinnvolle Beteiligung an der problematischen Szene verstanden wird. Nur aus diesem akzeptierenden Verständnis für sich selbst heraus ist es ihm möglich, die Abspaltung eigener verpönter Anteile aufzugeben und sie nicht mehr projektiv dem Patienten unterzuschieben und dort zu bekämpfen.

Neben einer irritierenden Verunsicherung in bezug auf das „normale" berufliche Rollenverhalten ergibt sich für den Arzt aus der Arbeit in der Balint-Gruppe eine große Erleichterung in der Beziehung zu seinen Patienten. Durch die Auflösung der Rollenverteilung (z. B. in Versorger und Versorgter, oder in Kontrollierender und Kontrollierter) hört nämlich auch die Inflation der Ansprüche zwischen dem Patienten und ihm auf, die ihm bis dahin wie ein Faß ohne Boden erschienen ist. Eine typische Rückmeldung aus der nächsten Begegnung zwischen Arzt und Patient nach einer gelungenen Balint-Gruppensitzung besteht in der Aussage: „jetzt ist alles viel leichter geworden, weil ich den Patienten direkt ansprechen konnte und nicht mehr ständig versuchen mußte, seine grundsätzlich unerfüllbaren Wünsche zu erfüllen." Diese Erleichterung und die Zufriedenheit von Arzt und Patient erscheinen manchmal wie eine Erlösung von Sisyphus- oder Tantalus-qualen.

Die Rückübertragung der Veränderung auf die Arzt-Patient-Beziehung

Die Bedingungen für die Rückübertragung der veränderten Beziehung aus der Balint-Gruppe in die Arzt-Patient-Beziehung werden wesentlich seltener beschrieben und untersucht als die Spiegelung der Arzt-Patient-Beziehung in der Balint-Gruppe. Ich glaube aber, hier deutlich gemacht zu haben, daß es nicht eine intellektuelle Einsicht des Arztes und auch nicht eine verbesserte Strategie ist, was die emanzipatorische Veränderung der Arzt-Patient-Beziehung durch die Balint-Gruppenarbeit ausmacht, sondern die veränderte Konfliktlösung, die der Arzt in der analytischen Situation der Balint-Gruppe mit den Gruppenmitgliedern und dem Gruppenleiter zusammen hat zulassen können. Mit diesem erweiterten Beziehungserleben, das veränderte Phantasien über sich selbst und den Patienten enthält und somit aus einer veränderten Objektbeziehung heraus auch ein spontan verändertes Verhalten mit sich bringt, geht er quasi als ein – wenigstens teilweise – veränderter Mensch in das nächste Treffen mit seinem Patienten, wodurch sich die Beziehung von vornherein lebendiger gestaltet als vorher.

Ein eigenartiges Phänomen, das mir immer wieder auffällt, möchte ich noch am Rande erwähnen, nämlich das Phänomen der Parallelentwicklung von Arzt und Patient. Oft kommen die Balint-Gruppenmitglieder mit der Rückmeldung in die Gruppe: „eigenartig, der Patient war dieses Mal von selbst ganz anders als sonst". Manchmal möchte man solche Vorgänge fast durch Telepathie erklären, denn man kann sich des Eindrucks nicht erwehren, daß die Veränderung des Patienten genau zu der Zeit, zu der der Arzt seine Beziehung zu ihm in der Balint-Gruppe durchgearbeitet hat, ganz ähnlich wie die Veränderung des Arztes verlaufen ist. Bis jetzt kann ich solche „Spontanheilungen", die mit der Arbeit der Balint-Gruppe parallel laufen, nur darauf zurückführen, daß der Konflikt zwischen beiden eben zu diesem Zeitpunkt „reif" für eine grundsätzliche Veränderung war, die der Arzt in der Balint-Gruppe, der Patient gleichzeitig in anderen Zusammenhängen (– oder vielleicht doch in unbewußter Korrespondenz? –) hat zulassen können. Die unbewußte Ursache, weshalb der Arzt diesen Konflikt gerade jetzt in die Gruppe eingebracht hat, mag in dieser „Reife" des Konflikts gelegen haben. Eine andere, die erste nicht ausschließende Erklärung für dieses Phänomen könnte sein, daß durch die Veränderung, die mit dem Arzt in der Balint-Gruppe vor sich gegangen ist, dieser in der nächsten Begegnung mit seinem Patienten fähig ist, von Anfang an nicht mehr nur dessen Abwehr zu sehen, und deshalb den Eindruck einer großen Veränderung beim Patienten hat, die zunächst einmal bei ihm selbst stattgefunden hat.

Die Beziehung zwischen dem Balint-Gruppenleiter und den Teilnehmern an einer Balint-Gruppe – Zur „Technik" der Balint-Gruppenleitung

Die Frage nach der „Technik" der Balint-Gruppenleitung hat viel Ähnlichkeit mit der Frage nach der „Technik" der psychoanalytischen Therapie überhaupt. Auch hier wurden Anhaltspunkte für das Verhalten des Balint-Gruppenleiters erarbeitet, die bestimmte Gefahren vermeiden helfen sollen. Von den meisten Autoren wird die größte Gefahr in einem Abgleiten der Balint-Gruppe in eine therapeutische Gruppe gesehen (Balint, 1957, S. 409 ff.; Argelander, 1972, S. 99 ff.; Eicke, 1974, S. 128 ff.). Um diese Gefahr zu vermeiden, empfahl Balint, die Beziehungen zwischen Teilnehmern und Gruppenleiter „sehr sparsam zu bearbeiten" und statt dessen die Gegenübertragung des Arztes auf seinen Patienten in den Vordergrund zu heben (Balint, 1957, S. 411). Eicke (1974) empfiehlt, keine Deutungen zur persönlichen Lebensgeschichte der Teilnehmer zu geben, den Fokus der Diskussion zu halten, und an bestimmten Stellen zu verhindern, daß die Gruppe in Hilflosigkeit und Depression verfällt. Ich sehe oft auch die Gefahr des Abdriftens der Balint-Gruppe in die entgegengesetzte Richtung, nämlich in Richtung auf ein Beratungs- und Erklärungsseminar über das bestmögliche Verhalten des Arztes seinem Patienten gegenüber. Auch diese Gefahr kann natürlich nur durch die entsprechende Zurückhaltung des Gruppenleiters vermieden werden. Aber solche Verhaltensempfehlungen können, ebenso wie Verhaltensempfehlungen für den Analytiker, eine gründliche Analyse der jeweiligen Beziehung, im Sinn des Verstehens der gemeinsamen Szene und der Art des Einbezogenseins des Gruppenleiters in diese Szene, nicht ersetzen.

Um die gemeinsame Szene besser erkennen zu können, habe ich versucht, mir die Erscheinungsformen der häufigsten Abwehrmechanismen sowohl der Gesamtgruppe als auch des Gruppenleiters bewußt zu machen: Die Abwehrmechanismen der Balint-Gruppe, also die Mechanismen, durch die ein Zulassen und Durcharbeiten des Konflikts verhindert werden, weil es zu viel Angst auslösen würde, bestehen einerseits wie beschrieben in der Übernahme und Wiederholung der Abwehrmechanismen der als Problem eingebrachten Szene. Andererseits treten in Balint-Gruppen Abwehrmechanismen auf, die nur dort auftreten können, weil sie mit der spezifischen Aufgabenstellung und mit der Zwischenstellung der Balint-Gruppe zwischen therapeutischer Gruppe und Ausbildungsseminar zu tun haben. Um diese spezifischen Abwehrmechanismen zu verstehen, ist es sinnvoll, sich klarzumachen, daß die in einer Balint-Gruppe angesprochenen Inhalte sich auf mindestens vier verschiedene Ebenen von Beziehungsdiagnostik verteilen: es handelt sich (1) um das dynamische Verständnis der intrapsychischen Konfliktsituation des Patienten, (2) um die interpsychische Dynamik der Beziehung des Patienten zu seiner Umgebung (Partner, Familie, berufliche Umgebung, etc.), (3) um die Diagnostik der Beziehung zwischen Arzt und Patient, und (4) um das Verständnis der Beziehungen zwischen den Balint-Gruppenteilnehmern untereinander und zwischen diesen und dem Gruppenleiter. Die jeweilige intrapsychische Dynamik all dieser Personen habe ich hier zur Vereinfachung weggelassen.

In einer lebendigen und fruchtbaren Balint-Gruppensitzung schwanken die Einfälle frei assoziativ zwischen diesen verschiedenen Ebenen hin und her, ähnlich dem Oszillieren der Einfälle des Analysanden in einer Analyse zwischen Hier-und-Jetzt und Dort-und-Dann, ohne daß die eine Ebene die andere ausschließt oder stört. Ich sehe zwei Hauptmechanismen von Konfliktvermeidung in Balint-Gruppen: entweder wird der Konflikt starr auf einer dieser Ebenen lokalisiert, z. B. nur bei der „kranken" Familie des Patienten oder bei der „Unfähigkeit" des Arztes, was immer auf eine Sündenbockfunktion und Etikettierung der jeweiligen Person oder Beziehung hinausläuft; oder die Ebenen werden ständig gewechselt, und zwar immer dann, wenn der Konflikt auf einer Ebene zu bedrohlich wird. Er kann dann nirgends wirklich durchgearbeitet werden, weil die Assoziationen ständig in eine andere Ebene überspringen. Beide Abwehrformen sind Ausdruck der gemeinsamen Angst in der Gruppe und können durch ein Verstehen dieser Angst aufgelöst werden. Meiner Ansicht nach ist es nicht so wichtig, auf welcher Ebene, ob im Hier-und-Jetzt oder in den Einfällen über das Dort-und-Dann der Konflikt durchgearbeitet wird, wenn nur die Spannung (Konflikttoleranz) in der Gruppe solange erhalten werden kann, bis sich eine befriedigende Lösung in dem oben beschriebenen Sinn ergibt. Es tritt dann regelmäßig ein Gefühl von Zufriedenheit bei allen Teilnehmern ein, das den Übergang zum nächsten Fall selbstverständlich macht. Die Gefahr des Abgleitens in eine therapeutische Gruppe hängt sehr davon ab, ob der Gruppenleiter eindeutig seinen Wünschen nach Durcharbeiten der eingebrachten Konflikte folgt und seine Unzufriedenheit bemerkt und ausdrückt, wenn diese Konflikte unbearbeitet bleiben, oder wenn gar keine Fälle mehr eingebracht werden, oder auch seine Zufriedenheit ausdrückt, wenn ein Fallproblem, jedenfalls für den Augenblick, als gelöst erscheint. Soweit ihm das gelingt, beginnen auch die Gruppenteilnehmer sich immer mehr an ihrem subjektiven Gefühl der Zufriedenheit oder des Unbefriedigtseins zu orientieren. Sie intervenieren, wenn für sie selbst der Fall noch nicht gelöst ist, und sie wehren sich, wenn sie das Gefühl haben, daß der eingebrachte Hauptkonflikt nicht angegangen wird.

Die häufigsten und naheliegendsten Abwehrmechanismen des Gruppenleiters sind im Zusammenhang mit seiner Aufgabe zu sehen, die verschiedenen Ebenen der Beziehungsklärung im Auge zu behalten und sich gleichzeitig auf den Gruppenprozeß einzulassen. Sowohl die untergründige Gruppendynamik als auch der eingebrachte Konflikt können dem Gruppenleiter soviel (unbewußte) Angst machen, daß er entweder ganz in der „Bearbeitung" des Problems versinkt und dabei den Überblick über die Gruppensituation verliert, oder daß er sich intellektualisierend und „helfend" distanziert, wobei er dann scheinbar von der Übertragungsproblematik nicht mitergriffen wird. Er stellt dann z. B. ein Lehrer-Schüler-Verhältnis zwischen sich und den Gruppenmitgliedern her oder geht auf entsprechende Angebote der Gruppenmitglieder bereitwillig ein, so daß er Ratschläge und Erklärungen gibt und dadurch ein Gefälle des Wissens zwischen sich und den Gruppenteilnehmern erzeugt. Meistens ist eine solche Situation bei genauem Hinsehen als Gegenübertragungsreaktion des Gruppenleiters zu verstehen. Der Gruppenleiter wagt es dann nicht, den „Mut zur eigenen Dummheit" (Balint, 1957, S. 408) aufzubringen und sich selbst dem Gruppenprozeß anzuvertrauen, in dem auch er am Ende mehr sehen kann als am Anfang. Statt dessen meint er, sofort alles wissen zu müssen, weil – entsprechend der Übertragungs- und Gegenübertragungsszene – ja einer da sein muß, der die Hoffnungslosigkeit und Hilflosigkeit durch „Wissen, wie man's macht" verhindert. Zwar kann der Gruppenleiter dadurch manchmal rasch für eine (narzißtische) Scheinbefriedigung sorgen, aber er verzichtet für sich und die Gruppenmitglieder auf das Erleben, den Konflikt und die mit ihm verbundene Verzweiflung in analytischer Weise durchgestanden zu haben. Eine untergründige Unzufriedenheit und Unsicherheit bei allen Beteiligten ist die Folge solchen Verzichts, auch wenn man diese Unzufriedenheit leicht gemeinsam verleugnen kann.

Die verschiedenen Abwehrmechanismen der Gesamtgruppe und des Gruppenleiters kommen natürlich in jeder Balint-Gruppe immer wieder vor; ich meine nicht, daß sie vermieden werden könnten oder sollten. In einer analytischen Balint-Gruppe sind sie als die Momente zu erkennen, in denen die größte Chance besteht, die eigene Mitbeteiligung an dem aufzulösenden Abwehrsystem zu erkennen. Nur soweit sich der Gruppenleiter selbst leben lassen, d. h. auf einen Prozeß einlassen kann, überträgt sich diese Möglichkeit auch auf die Gruppe und von dort wieder auf die verschiedenen Arzt-Patient-Beziehungen. Die Hauptarbeit und der Schwerpunkt der Aufmerksamkeit des Gruppenleiters liegt also in ihm selbst. Das Prinzip „Aussteigen durch Einsteigen", also Auflösen der verschiedenen Verklammerungen durch ein Wieder-Zulassen der eigenen Gefühle anstelle des Mitagierens, nimmt bei ihm seinen Anfang.

An diesem Grundprinzip entscheidet sich für mich die Frage, ob es sich um eine psychoanalytische Balint-Gruppe handelt oder um irgendeine Form von Supervisions- oder Kontrollgruppe, deren Ziel in der Strategiebildung und nicht in der Durcharbeitung des Konflikts besteht. Michael Balint hat nach meiner Ansicht in seiner Balint-Gruppenmethode nicht nur eine Möglichkeit der psychoanalytischen Weiterbildung für Ärzte und andere Berufsgruppen gefunden, sondern auch ein

Grundprinzip jeder qualifizierten psychoanalytischen Ausbildung aufgezeigt: das Zulassen und Durcharbeiten der an der Gegenübertragung erkennbaren Beteiligung des Therapeuten am pathologischen System des Patienten.

Die Aufhebung von Unbewußtheit in Balint-Gruppen – ein politisch bedeutsamer Prozeß

Balintgruppen werden oft nur in ihrer Funktion als Hilfe für den Helfer verstanden, Hilfe in dem Sinne, daß die Helfer durch die Balint-Gruppe effektiver arbeiten und mit ihrer Arbeit zufriedener sind. Für mich ist damit die Bedeutung von Balint-Gruppen nicht ausreichend beschrieben. Ich halte den Veränderungsprozeß des einzelnen in der Balint-Gruppe auch für einen politisch bedeutsamen Prozeß.

In meiner Sicht gibt es zwei grundsätzlich verschiedene Prinzipien von Veränderung, das emanzipatorische und das manipulative. Nach dem emanzipatorischen Prinzip wird bisher bestehende Unbewußtheit aufgehoben, nach dem manipulativen Prinzip wird Unbewußtheit und Abwehrnotwendigkeit zur (weiteren) Repression verwendet. Unter Unbewußtheit verstehe ich den Zustand, daß bestimmte Wünsche und Gefühle im Individuum und zwischen Individuen verdrängt werden oder verdrängt bleiben, die bei ihrem Bewußtwerden emanzipatorische Veränderungen der von der Unbewußtheit getragenen Normenstrukturen mit sich bringen würden. Jeder Mensch und jedes soziale System enthält zu jeder Zeit einen mehr oder weniger großen Anteil von Unbewußtheit, die das reibungslose Funktionieren der Person und der Gemeinschaft sicherstellt. Es handelt sich bei der hier gemeinten Aufhebung von Unbewußtheit also immer um relative und partielle Befreiungsschritte, die aber doch in ihrer Qualität jeweils von großer Bedeutung sind.

Wenn die Angst vor dem Auftauchen bisher unbewußter Wünsche und Gefühle zu groß ist, tritt das manipulative Prinzip in den Vordergrund. Dann wird im Individuum und in der jeweiligen sozialen Gemeinschaft alles unterdrückt, was die bestehende Normenstruktur gefährden könnte. Wünsche nach Veränderung können dann nicht mehr als Wünsche geäußert werden, mit dem Risiko der Erfüllung oder Nichterfüllung. Ihre Befriedigung muß manipulativ herbeigeführt werden, und das heißt, daß bewußte und unbewußte Erpressungsmechanismen zur Erreichung der gewünschten Befriedigung eingesetzt werden.

Diese beiden Prinzipien der Veränderungen kommen in allen Beziehungen, in allen psychotherapeutischen Beziehungen, und natürlich auch in den zwischenmenschlichen Beziehungen einer Balint-Gruppe vor. Wenn es den Teilnehmern oder auch dem Leiter einer Balint-Gruppe zu viel Angst macht, zum Beispiel die eigene Beteiligung an einer Szene sexueller Verführung bewußt zu erleben, dann entwickeln sie Strategien darüber, wie „man" am besten mit „solchen" Problemen bei anderen Menschen umgeht. Diese Strategien enthalten im Prinzip eine Analyse der Abhängigkeiten des „Objekts", also des Patienten, Klienten usw., und Überlegungen darüber, wie diese Abhängigkeiten am besten für eine Verhaltensänderung des „Objekts" zu nützen sind. Die automatisierten Reaktionsweisen des behandelten oder „betreuten" Individuums werden studiert, um herauszufinden, welche Situation man für dieses Individuum herstellen muß, damit es eine bestimmte Reaktionsweise zeigt. Charakteristisch für dieses Veränderungsprinzip ist, daß der „Helfer" oder eben auch derjenige, der es jeweils anzuwenden versucht, seine eigene Betroffenheit von und seine eigene Beteiligung an der sich durch „rollierende Übertragung" im ständigen Wiederholungszwang fortsetzenden Szene nicht bemerkt und deshalb auch nicht verändern kann. So entsteht nach dem manipulativen Prinzip der Veränderung nur eine Umschichtung der Abwehr, die zumeist aus einer alten Not eine neue Not macht (Bauriedl, 1986), und das Risiko einer grundsätzlichen Veränderung der Beziehungsstrukturen durch Integration bisher unbewußter Anteile nicht eingeht.

Ein Fallbeispiel mag dies verdeutlichen:

Ein 15-jähriger Junge hatte sich mehrfach exhibitionistisch betätigt, jüngere Mädchen in Toiletten gelockt und dort versucht, sie zu vergewaltigen, und kleine Jungen sadistisch gequält. Er hatte sie im Wald nackt ausgezogen, und ihnen die Kleider gestohlen, sodaß sie nackt nachhause gehen mußten. Er war deswegen mehrfach angezeigt worden. Jetzt stand eine Verurteilung bevor, über die er selbst zusammen mit seinen Eltern phantasierte, daß er wohl ein Wochenende in einem Krankenhaus würde arbeiten müssen.

Vom Jugendamt wurde er mit seinen Eltern zur Psychologin in der für seine Wohngegend zuständigen Erziehungsberatungsstelle geschickt. Die Psychologin war vom ersten Moment an in die Szene des Jungen mit seiner Familie und mit den jeweiligen Ordnungsinstanzen unserer Gesellschaft (Kriminalpolizei, Jugendrichter, Jugendamt) verwickelt. Ihre Phantasien schwankten wie die aller anderen Beteiligten zwischen „die Taten des Jungen sind ganz schlimm" und „sein Verhalten ist gar nicht schlimm", entsprechend auch zwischen „die Strafe wird und muß sehr hoch sein" und „die Strafe wird sicher noch einmal zur Bewährung ausgesetzt. Es kann sich höchstens um ein Wochenende im Krankenhaus handeln." Einerseits wollte sie den Jungen vor einer weiteren Kriminalisierung retten, indem sie ihn gegen Staatsanwalt und Jugendamt in Schutz nahm, andererseits phantasierte sie, daß dieses „Ungeheuer" unbedingt in einem Heim untergebracht werden müsse, damit andere Kinder nicht weiter psychisch und physisch geschädigt würden.

Die Eltern des Jungen hatten in diesem Konflikt die Partei ihres Sohnes ergriffen. Sie bagatellisierten sein Verhalten und schätzten die möglichen Konsequenzen, nämlich eine drohende größere Jugendstrafe sehr gering ein. Bei ihnen sei „alles ganz normal" in der Familie, es gäbe von daher keinen Grund für den Jungen, sich abweichend zu verhalten, und sie verstünden gar nicht, weshalb sich die Eltern der anderen Kinder so aufregten. Sie sähen auch gar nicht ein, warum sie zur Erziehungsberatungsstelle geschickt worden seien. An ihnen läge das Problem doch nicht. Das käme doch heutzutage alles vom Fernsehen und von den Illustrierten, dieses Interesse an der Sexualität, und außerdem seien die Lehrer und die Schule Schuld. Dort würde ja auch Sexualaufklärung betrieben, ohne daß sich die Eltern dagegen wehren könnten.

Die Psychologin versuchte nun, das Vertrauen der „unzugänglichen" und „rechtschaffenen" Eltern zu gewinnen, indem sie ihnen versprach, daß sie keine Inhalte aus den Gesprächen an Dritte weitergeben würde. Dabei war sie sich selbst darüber im unklaren, ob sie der Staatsanwaltschaft gegenüber gegebenenfalls schweigeberechtigt wäre. Sie bemühte sich auch zunächst nicht um Klarheit in dieser Frage. Für sie war zunächst nur die Frage wichtig, was der Junge nun ganz genau gemacht hatte, wie die Ursachen für sein Verhalten bei den Eltern zu sehen sind, und welche Strategien sie am besten dem Jungen, den Eltern, dem Richter, dem Jugendamt gegenüber anwenden sollte.

Auch in der Ballint-Gruppe setzte sich dieses Muster „es ist alles ganz schlimm / es ist alles gar nicht schlimm" fort. Die Teilnehmer phantasierten zunächst über vielerlei Bedrohung: Die Spielgefährten sind von dem Jungen bedroht, der Junge von dem Jugendrichter, eventuell auch vom Jugendamt, die Eltern sind von der Psychologin bedroht, die Psychologin steckt in der „Zwickmühle", daß sie vielleicht doch dem Staatsanwalt gegenüber aussagen muß, während sie sich den Eltern gegenüber verpflichtet hat, nichts auszusagen. Man versuchte in der Balint-Gruppe, gegen alle diese Bedrohungen Strategien zu entwickeln, die ein Entkommen aus der Ohnmacht und den Wiedergewinn der Macht ermöglichen sollten.

Durch meine Intervention als Balint-Gruppenleiterin: „Was bedroht uns, die Strafe oder die Sexualität?" kamen unsere eigenen Ängste vor inzestuöser Sexualität ins Blickfeld, und wir sahen plötzlich Parallelen zwischen der psychosozialen Szene der Strafverfolgung, der Familienszene des Jungen, und unserem Gruppenmythos, der bis dahin gelautet hatte: „bei uns ist alles in Ordnung, es gibt *dort* einen Delinquenten, mit dem wir, beziehungsweise die Psychologin aus unserer Gruppe, jetzt richtig umgehen müssen." Die eigene Strategiebildung wurde parallel zur Strafverfolgung als Notlösung verstanden, die die persönliche Betroffenheit von dem Konflikt, in dem der Junge und alle direkt und indirekt an dem Fall beteiligten Personen steckten, zu verleugnen half.

Wir begannen, uns als Teile der Gesellschaft, in der die beschriebenen Vorgänge passierten, zu fühlen. Wir bemerkten den Anteil der verfolgenden und für Ordnung sorgenden Staatsgewalt in uns, den Anteil der Eltern, die am liebsten von all dem nichts zur Kenntnis nehmen wollten, und auch den Anteil des Jungen, der fasziniert von sexuellen Phantasien, und gleichzeitig in größter Angst vor seiner eigenen Sexualität, diese nur auszuüben wagte, wenn er den vergewaltigenden Part gegenüber einem ohnmächtigen Opfer spielte. Vergewaltigend erschien uns auch der Jugendrichter, die Eltern, die Psychologin und wir selbst, wobei jetzt der Begriff Gewalt nicht mehr nur die Bedeutung eines bestimmten, gesetzlich mit Strafe bedrohten Tatbestandes hatte, sondern als Beziehungsstörung verstanden wurde, die darin besteht, daß ein Mensch den anderen zum Objekt seiner Wünsche, Ängste und Abwehrmechanismen macht, um sich nicht auf ihn und auf seine Beziehung zu ihm einlassen zu müssen.

Auch die Verleugnung der Realität, ein wichtiger Abwehrmechanismus in dieser Szene, wurde in der Gruppe erkennbar und damit verständlich. „Fehlende Aufklärung aus Angst vor Sexualität und deren Folgen", so nannten wir den Zustand, der an vielen Stellen einer aufdeckenden Auflösung der sich ständig wiederholenden

Szene entgegenstand. Die Eltern hatten den Jungen nicht aufgeklärt, weil die Schule das ja sowieso macht. Gleichzeitig mußte oder durfte das Kind im elterlichen Schlafzimmer, zumeist auch zwischen den Eltern im Bett schlafen. Die sexuelle Bedürftigkeit beider Eltern „lag ganz nahe", wurde aber gleichzeitig verleugnet. Sexualität stand in der Familie moralisch unter Strafe, man sprach nicht davon. Auch für die verschiedenen mit dem Fall befaßten Institutionen und ihre Vertreter ging es nicht um ihre eigene Sexualität, sondern um die Verhinderung des sexuell-perversen Verhaltens beim Delinquenten. Die Unbewußtheit in Form der Nicht-wahrnehmung der eigenen Betroffenheit, in Form der damit verbundenen Aus-grenzung des Delinquenten aus der Gemeinschaft der „Normalen", und in Form der fehlenden Aufklärung setzte sich bei der Psychologin und auch in der Balint-gruppe fort. Besonders deutlich wurde uns im Lauf des Durcharbeitens dieser Wiederholungsszene die „Verführung" der Eltern durch die Psychologin und der Psychologin durch die Eltern. Die Psychologin hatte die Eltern verführt, sich ihr zu öffnen, indem sie Intimität und Diskretion versprach, was sie beides nicht mit Sicherheit garantieren konnte. Die Eltern hatten die Psychologin dazu verführt, ihre Partei gegen Jugendrichter und Jugendamt zu ergreifen. Im Hintergrund drohte für alle diese unaufgeklärten Verführungsversuche die strafende Gewalt des Staates, beziehungsweise der verurteilenden Gruppe.

Es ging also um Aufklärung in jedem Sinn des Wortes, um das Wiederzulassen sexueller Phantasien und Wünsche, und um den Respekt vor den damit verbunde-nen Ängsten und Abwehrmechanismen. Im gleichen Maß wie dies alles möglich wurde, nahm in unserer Phantasie die Bedrohlichkeit der Personen und Institutio-nen ab. Alle, wir eingeschlossen, gingen jetzt bewußt mit einem Problem um, das jeder von uns aus seiner Geschichte sehr gut kannte: die Faszination inzestuöser Sexualität, die Angst vor allzu großer Nähe, und die Abwehr dieser Angst durch „Identifikation mit dem Aggressor", in diesem Fall durch Vergewaltigung anderer, um selbst der Ohnmacht des Vergewaltigtwerdens zu entgehen.

In der nächsten Sitzung mit der Familie klärte die Psychologin die Familienmit-glieder darüber auf, daß sie nicht sicher sei, ob sie ihr Schweigeversprechen auf jeden Fall werde halten können. Die Familie entschied sich, trotzdem weiter zur Beratung zu kommen. Die Psychologin hatte befürchtet, daß sie abbrechen wür-den, wenn sie erfahren würden, wie es wirklich um die Schweigepflicht der Psychologin steht. Das Gegenteil trat ein: wegen der größeren Offenheit der Psychologin begannen nun auch die Eltern wenigstens andeutungsweise über ihre eigenen sexuellen Schwierigkeiten zu sprechen. Das Vertrauen nahm zu trotz der Gefahr, daß der Staatsanwalt „mithören" könnte. Durch das erweiterte Verständ-nis der Szene in der Balint-Gruppe konnte die Psychologin den Wunsch nach Aufklärung und Mitteilung nun auch bei den Eltern sehen, den sie vorher nicht wahrgenommen hatte. Sie konnte auch das Risiko eingehen, daß die Eltern weglaufen würden; und gerade deswegen liefen sie nicht weg, als sie ein Stück mehr von der Wahrheit erfuhren.

Da in der Balint-Gruppe aber auch das Einbezogenseins des Jugendamts und des Jugendrichters in die gemeinsame Szene erarbeitet werden konnte, war es der

Psychologin auch möglich, zu den Vertretern dieser beiden Institutionen Kontakt aufzunehmen. Wo sie vorher bedrohliche Feinde für sich und den Jungen vermutet hatte, mit denen sie am liebsten gar nicht ins Gespräch gekommen wäre, erlebte sie jetzt mindestens partiell ansprechbare Menschen, die bereit waren, ansatzweise ihre Eingebundenheit als Institution in die schwierige Szene zu verstehen. Richter und Staatsanwalt verzichteten von sich aus auf inhaltliche Auskünfte der Psychologin. Damit hörte die Feindbildung und die Vergewaltigung an diesen Stellen auf. Es veränderte sich die Szene: Wo vorher die unbewußte Angst aller Beteiligten durch Verfolgungs- und Bestrafungsphantasien abgewehrt werden mußte, wurde jetzt schrittweise mit dem Bewußtwerden der bisher unbewußten Wünsche und Ängste in der Balint-Gruppe und bei der Psychologin ein Klima des verstehenden Gesprächs möglich. In der veränderten Szene waren Sexualität und Verrat nicht mehr die großen bedrohlichen Vergehen, die mit Strafen und Strafandrohung verfolgt werden mußten. Es war ein Ansatzpunkt gefunden, an dem sich auch in der Phantasie des Jungen und seiner Eltern Sexualität wieder oder erstmals zu einem Ausdruck von Beziehung entwickeln konnte, der nicht auf Vergewaltigung angewiesen ist.

Dieses Beispiel läßt für mich die politische Bedeutung der Arbeit in Balint-Gruppen erkennbar werden, und zwar in verschiedener Hinsicht:

1. Wenn es gelingt, nicht nur die Psychodynamik des einzelnen Patienten und/oder seines Helfers zu erarbeiten, sondern auch die Wiederholung der Szene in der Soziodynamik der an der jeweiligen Krise beteiligten Institution und ihrer Vertreter zu verstehen (z. B. auch der psychiatrischen Anstalten oder der Gefängnisse), dann tritt im gleichen Maße eine Vermenschlichung der oft in bürokratischen Formalitäten „abgesicherten Gesellschaft" ein.

2. Diese Veränderung stellt gleichzeitig die oft starren Grenzen zwischen Normalität und Anormalität grundsätzlich in Frage. Wenn die Problematik eines „Kranken" in seinem Helfer oder Arzt, in den Mitgliedern und im Leiter der Balint-Gruppe, aber auch in allen offiziell mit dem Fall befaßten Institutionen wiedererkannt werden kann, dann steht niemand mehr „draußen", nicht mehr der „Kranke", nicht mehr der Staatsanwalt, und nicht mehr der Helfer. Die durch die Unbewußtheit der eigenen Betroffenheit und Beteiligung aufrechterhaltene Trennung zwischen „Kranken" und „Gesunden", zwischen „Bösen" und „Guten" geht auf diese Weise verloren. Das Bewußtwerden der bisher nach außen projizierten und dort bekämpften Problematik in der eigenen Person ermöglicht eine qualitative Veränderung von Beziehungen, die von großer gesellschaftspolitischer Bedeutung ist.

3. In diesen Prozessen geht es an vielen Punkten immer wieder um die grundsätzliche Frage, ob unbewußte Wünsche und Ängste im Bewußtsein zugelassen werden können, und dadurch eine emanzipatorische Veränderung möglich wird, oder ob Strategiebildung und formal „richtiger" Umgang mit den Mitmenschen zur Abwehr der individuellen und kollektiven Angst nötig ist. Haben die Mitglieder der Balint-Gruppe an einem solchen Punkt nur bessere Strategien entwickelt, dann haben sie zumeist nur gelernt, die kollektiven Abwehr- und Machtmechanismen unserer Gesellschaft besser anzuwenden.

Da sich sowohl das emanzipatorische als auch das manipulativ-repressive Veränderungsprinzip in der „rollierenden Übertragung" von einer Szene in die nächste und von einer Gruppe in die nächste (Familie – therapeutische oder beratende Beziehung – Balint-Gruppe – Institutionen – therapeutische oder beratende Beziehung – Familie) fortsetzt, halte ich es für eine große Chance psychoanalytisch verstandener Balint-Gruppenarbeit, jeweils das manipulative Veränderungsprinzip durch Aufhebung von Unbewußtheit in das emanzipatorische Veränderungsprinzip umzuwandeln. Um die Übertragung dieser Veränderung braucht man sich nicht zu kümmern, wenn man nur bei sich selbst, in der eigenen Gruppe, diese Veränderung zugelassen hat.

8. Kapitel

Psychoanalyse in der Sozialpsychiatrie

In meiner Balintgruppen-Arbeit mit einer Gruppe von Psychologen, die in verschiedener Weise in der Sozialpsychiatrie arbeiten, ging ich von meinem Konzept der Beziehungsanalyse aus (Bauriedl, 1980). Ich wollte sehen, wie sich das von mir beschriebene dialektisch-emanzipatorische Prinzip der Psychoanalyse auf die Arbeit in der Sozialpsychiatrie und auf meine Arbeit in der Balintgruppe übertragen läßt. Um dieses Prinzip kurz zu referieren: ich verstehe das dialektisch-emanzipatorische Prinzip der Psychoanalyse so, daß jedes Symptom, d. h. jedes auf eine psychische Befindlichkeit zurückführbare Phänomen, als optimale Lösung eines Konflikts zwischen Wünschen und Ängsten verstanden wird, und zwar sowohl intrapsychisch als auch interpsychisch. Die emanzipatorische Veränderung dieser Konfliktlösung wird dadurch möglich, daß Analytiker und Analysand in einem gemeinsamen Prozeß die in der icheinschränkenden und beziehungseinschränkenden Konfliktlösung abgespaltenen Anteile ihrer Personen und ihrer Beziehung wieder in die Beziehung integrieren; d. h., sie versuchen, den „natürlichen Auftrieb" des Unbewußten (Freud, 1940, S. 417) möglichst wenig zu behindern. Diese Form der emanzipatorischen Veränderung ist dialektisch: sie bringt nicht die bisher Unterdrückten (Gefühle, Wünsche, Ängste) an die Macht, wie das in so vielen Revolutionen und in manchen Gefühlstherapien geschieht, sondern sie kommt durch das Sich-aufeinander-Einlassen von Analytiker und Analysand und damit durch ein Zulassen und Wiederfinden der „wahren Beziehung" zustande (vgl. Kapitel 1).

Über die Komplementarität und Symmetrie von Beziehungen

Aus meiner theoretischen Arbeit zur Familiendynamik und aus meiner praktischen Erfahrung mit Familien, die psychotische und psychosenahe Familienmitglieder haben, übernahm ich das Konzept der Komplementarität von Beziehungen. In meiner familientherapeutischen Tätigkeit war mir immer wieder bewußt geworden, daß die sogenannten gesunden Mitglieder einer solchen Familie „komplementär-psychotisch" sind, d. h. sie haben für sich eine Form von Normalität gefunden, die in ihrer Dynamik genau derjenigen ihres „kranken" Familienmitglieds entspricht. Wegen der Spaltung in der Familie ist bei ihnen die „normale" Seite sichtbar, während bei den „kranken" Familienmitgliedern die „anormale" Seite zu sehen ist. Dieses Prinzip wiederholt sich meiner Ansicht nach nicht nur in jeder Gruppe und in jeder Gesellschaft, die jeweils „ihre" Psychotiker oder „Anormalen" hat, sondern auch in jeder Therapeut-Patient-Beziehung. Ich meine, daß auch jeder Therapeut eines neurotischen oder psychotischen Patienten in seiner Beziehung zu diesem zunächst einmal mehr oder weniger „komplementär-neurotisch" oder

„komplementär-psychotisch" wird. Wenn man genau hinsieht, kann man sehen, daß nicht nur der Familientherapeut zu Beginn der Therapie ein mitagierendes Glied der Familie wird, sondern daß auch jeder Einzeltherapeut durch den Vorgang der „komplementären Identifizierung" (H. Deutsch, vgl. Kernberg, 1978, S. 79f.) die Spaltung des Patienten übernimmt und dadurch mitaufrechterhält.

„Komplementär identifiziert" erlebt der Therapeut die Gefühle, die die früheren Bezugspersonen des Patienten diesem gegenüber hatten und verhält sich entsprechend. – Mir kommt gerade in der Arbeit mit psychotischen Patienten oft das Bild vom Stock und der Schlingpflanze, die an ihm hinaufwächst, und die zusammenbrechen würde, wenn er aufhören würde, sie zu stützen. Meist erscheinen einem die psychotischen Patienten als die „Schlingpflanzen" in diesem Bild, während die nicht-psychotischen Angehörigen, die Ärzte, die Psychiater, ja selbst der Analytiker die Rolle des „Stockes" übernehmen und oft sehr unter dieser Rolle stöhnen.

Bei genauer Betrachtung stellt sich diese Szene jedoch nicht nur als komplementär, sondern auch als symmetrisch heraus. Der psychotische Patient hat immer auch die Aufgabe, durch seine Psychose die Familie zu stützen, und die Familienmitglieder hängen deshalb ihrerseits wie „Schlingpflanzen" an ihm. Wegen der Übertragung dieser Familienszene auf die verschiedenen therapeutischen Beziehungen der Patienten kann man häufig beobachten, wie auch die Therapeuten zu „Schlingpflanzen" werden, von den Patienten gestützt. Diese letzte Variation der Übertragung sehen wir am schwersten, weil sie mit unserem Selbstverständnis als Helfer nicht zusammenpaßt. Und doch ist gerade diese Sichtweise diejenige, die uns beim Verständnis und bei der Auflösung „psychotischer Beziehungen" zwischen uns und unseren Patienten besonders viel hilft.

Die Versorgungs- und Kontrollszene psychiatrischer Patienten

Die Szene psychiatrischer Patienten, in die jeder Helfer auf diesem Gebiet hineingerät, ist hauptsächlich durch zwei Problemsituationen gekennzeichnet: durch das Problem der Versorgung und durch das Problem der Kontrolle. In Familien mit schwer gestörten Mitgliedern besteht ein so hoher Verschmelzungsgrad zwischen den Familienmitgliedern (vgl. Bauriedl, 1980, S. 106ff.), sind die Grenzen zwischen ihnen so schwach, daß sie sich kaum voneinander unterscheiden können. Jeder agiert und reagiert automatisch mit dem anderen und mit der Gesamtheit der Familie mit, es ist kaum ein dialogischer Austausch zwischen den Familienmitgliedern möglich. In dieser parasitär-symbiotischen Beziehung ist Geben und Nehmen extrem dissoziiert, d. h., wenn einer dem anderen etwas gibt, dann geht ihm das erlebnismäßig an der eigenen Substanz verloren, wenn er etwas bekommt, dann „frißt" er dadurch den anderen auf. Entsprechend mörderisch ist der manifeste und/oder latente Kampf um die Versorgung. Jeder hat gleichzeitig extreme Ängste, nichts mehr zu bekommen, weil ja der jeweils andere dadurch geschädigt würde, und auch extreme Ängste, „aufgefressen" zu werden. Jeder ist zugleich „Wolf" und „Opfer des Wolfes".

Diese Szene überträgt sich nun auf die Beziehung zwischen solchen Familien bzw. ihren Mitgliedern und den „Helfern". Die Helfer sollen die totale Versorgung leisten und dürfen gleichzeitig nicht zu „guten Eltern" werden, d. h. die Versorgung darf nicht zur Befriedigung führen. Das Faß ohne Boden muß unten immer offen bleiben. Das Zulassen der Befriedigung würde ein Aufgeben der parasitär-symbiotischen Beziehung und damit Trennung bedeuten. In dieser Doublebind-Situation schwanken die Helfer verständlicherweise zwischen totalem Hilfsangebot und distanzierender Ablehnung jeder Hilfe hin und her. Sie antworten, wie das auch in den Familien geschieht, ihrerseits mit Doppelbindungen: sie versuchen z. B. die Befriedigung der Patienten zu erpressen: „so viel tu' ich jetzt noch für dich (etwa eine Arbeitsstelle suchen), aber dann mußt du endlich zufrieden sein und mich loslassen, dann mußt du mir erlauben, mich wieder von dir zu entfernen, indem du deine Symptomatik aufgibst." Jeder Helfer ist passiv und aktiv an der erpresserischen Versorgungszene beteiligt.

Das zweite große Problem ist das der Kontrolle. Da in solchen Familien wegen der Unabgegrenztheit auch die Verbindung zwischen den einzelnen Familienmitgliedern nicht sicher ist, droht ständig trotz, oder genauer wegen der Verschmelzung die Isolation eines jeden. Weil die gesunde Kontaktmöglichkeit fehlt, die auf dem Vertrauen beruht, daß die Gemeinschaft erhalten bleibt, auch wenn sich die Individuen ihren Bedürfnissen entsprechend aufeinander zu und voneinander weg bewegen, muß jede Bewegung in der Familie kontrolliert werden. Jeder Schritt eines Familienmitglieds im Sinn einer Annäherung oder Entfernung unterliegt der Überwachung durch die anderen. Nur so ist der Zusammenhang ersatzweise zu gewährleisten. Diese gemeinsame gegenseitige Kontrolle dient natürlich gleichzeitig der gemeinsamen Abwehr von angstmachenden Triebwünschen. Jeder ist hier gleichzeitig Überwacher und Überwachter, und jeder hat Angst, diese beiden Rollen aufzugeben, da er sonst von den dann auftretenden Gefühlen und Wünschen und von der Individuation, die in dieser Szene nur Trennung und Isolation bedeutet, bedroht wäre.

Auch diese Szene überträgt sich auf die „Helfer". Auch sie werden gleichzeitig zu Überwachern und Überwachten, und nicht nur die Patienten versuchen durch psychotische Episoden oder Suiziddrohungen diese Szene aufrecht zu erhalten. In ihrer Reaktion auf die erpresserische Überwachungsszene werden die Helfer ihrerseits abhängig von den Patienten und ihren Angehörigen. Sie übernehmen die Verantwortung für das Auftreten von psychotischen und suizidalen Zuständen bei den Patienten und versuchen, solche Zustände durch physische oder medikamentöse, ja oft auch durch psychotherapeutische Beeinflussung zu unterbinden oder doch in ihrer Gefährlichkeit für die Patienten und deren Umwelt abzuschwächen. Sie werden dadurch Überwacher und gleichzeitig Überwachte, denn die Patienten müssen ihrer Szene entsprechend natürlich auch ständig darüber wachen, ob ihre „Eltern" auch genügend auf sie aufpassen und dadurch ihr „in-der-Nähe-sein" ausdrücken.

Die therapeutische Beziehung

Ich hoffe, mit diesen Ausführungen nicht dahingehend mißverstanden zu werden, daß ich sagen möchte, solches Mitagieren der Helfer sei falsch. Ich bin im Gegenteil der Überzeugung, daß dieses Mitagieren ganz selbstverständlich und auch unumgänglich ist, und daß die therapeutische Aufgabe nicht darin zu sehen ist, dieses Mitagieren von vorneherein zu vermeiden, sondern darin, die Bedeutung des eigenen Mitagierens innerhalb der gemeinsamen Szene immer besser zu verstehen und dieses dadurch aufzuheben. Wegen der starken Ideologisierung und Idealisierung unserer Helferrolle tun wir uns aber gerade mit diesem Verständnis der eigenen Beteiligung an der neurotischen oder psychotischen Beziehung so schwer. Wir verlangen, unserem therapeutischen Selbstverständnis entsprechend, von uns, den Patienten die „richtige" Behandlung angedeihen zu lassen, und das ist eine Behandlung, die scheinbar nicht von unseren Ängsten und Abwehrmechanismen geprägt ist, sondern „nur das Beste für den Patienten" darstellt. Gerade in dieser Erwartung an uns selbst sind wir aber ein Teil solcher gestörter Familiensysteme geworden. Auch dort leben die Mütter oder andere Angehörige in der mystifizierenden Vorstellung, ihr Leben lang „nur das Beste" für den Patienten gewollt und getan zu haben, oder wenigstens dazu verpflichtet gewesen zu sein, ohne Rücksicht auf sich selbst. Daß gerade die Verschleierung der eigenen Wünsche und Ängste und damit die Verleugnung der eigenen Beteiligung an der neurotischen oder psychotischen Szene pathogen wirken, können wir bei Familienangehörigen vielleicht eben noch sehen, bei uns selbst fällt uns diese Einsicht oft viel schwerer.

Und doch ist das Verständnis der eigenen Beteiligung, wenn es sich dabei nicht um ein Schuldgeständnis handelt, eine „via regia" in Richtung auf eine echte und gesündere Beziehung zum Patienten. Natürlich werfen einem die Patienten ihre subjektiv erlebte Unterversorgung und ihre kritischen Zustände als Schuld vor. In ihrer Szene der totalen Versorgung und Überwachung erscheint der Therapeut als voll verantwortlich für alle ihre Befindlichkeiten. Natürlich erwarten die Familienangehörigen und mancher „Helfer-Kollege", die an dieser Szene ihrerseits beteiligt sind, ihre Beteiligung aber nicht sehen können, die totale Versorgung und Kontrolle des Patienten ohne Rücksicht auf die Wünsche, Gefühle und Ängste des Therapeuten. Wenn man seine therapeutische Aufgabe aber darin sieht, die psychotische Szene (ich schreibe lieber „Szene" als „System", da für mich in diesem Begriff das Erleben des Therapeuten besser zum Ausdruck kommt) „von innen her" aufzulösen, dann bleibt einem nach meiner Ansicht nichts anderes übrig, als sich auf die eigene Beteiligung als Versorger und Versorgter, als Überwacher und Überwachter einzulassen. Dann geht es nicht mehr um die „richtige" Therapiemethode, nämlich gegen die klassische Psychiatrie um die „Befreiung" der Patienten von ihren „Kerkermeistern", oder gegen die „verantwortungslosen" Anti- oder Sozialpsychiater mit ihrer Negierung der „Krankheit" der Patienten, oder gegen die „idealistischen" Psychoanalytiker, die immer wieder auf die Patienten „reinfallen". Dieser Methodenstreit setzt letztlich nur den Kampf der Eltern um die bessere Erziehung oder Behandlung des Kindes fort, ein Kampf, der, wie man in den

Familien sehen kann, zur Rettung der „Normalität" der Eltern dient und gleichzeitig die Kinder spaltet, indem jeder Elternteil seinen Besitzanspruch mit seiner „besseren Behandlung" zu beweisen versucht.

In dem Maß, in dem die eigene Beteiligung an der gemeinsamen neurotischen oder psychotischen Szene in den Mittelpunkt der Aufmerksamkeit rückt, gewinnen die verschiedenen „Maßnahmen" (Klinikeinweisung, Medikation, „Befreiung" aus der Klinik um jeden Preis etc.) den Bezug zu den Ängsten und Abwehrmechanismen der die Maßnahmen ausführenden Person zurück. Bestimmte repressive Maßnahmen werden dadurch viel wirksamer in Frage gestellt als durch einen Streit um das „richtige Verhalten" den Patienten gegenüber. Diese, wie ich meine typisch psychoanalytische Sichtweise macht einerseits mehr Angst als der Methodenstreit, sie enthält aber auch die Chance, die jeweils individuellen und auch die kollektiven Beziehungen zwischen „Normalen" und Psychotikern in Bewegung zu bringen. Die Notwendigkeit der gegenseitigen Repression nimmt ab in dem Maß, in dem Beziehung aufgenommen werden kann.

Die beziehungsanalytische Betrachtungsweise verändert nicht nur die Beziehungen zwischen den verschiedenen therapeutischen Helfern, sie bringt auch eine veränderte Sicht der „Krankheit" des Patienten mit sich. In der klassischen Psychiatrie werden psychische Erkrankungen meist als *Defekt* oder Defizienz bestimmter Fähigkeiten im Vergleich zum Gesunden beschrieben. Das hat die psychische und oft auch die physische Ausgrenzung der psychiatrischen Patienten zur Folge. In der Antipsychiatrie, die diese Ausgrenzung zu verhindern sucht, entstanden deshalb Tendenzen, jede Diagnose für unsinnig und repressiv zu erklären, und sogar in manchen Fällen die von der klassischen Psychiatrie als „Kranke" Etikettierten gerade als die „einzig Gesunden" zu bezeichnen, die es wagen, den Protest an der Gesellschaft in ihrer Krankheit auszudrücken. Ich meine, daß durch die idealisierende Trennung zwischen „Normalen" und „Abweichenden", seien nun die Patienten oder die „Gesunden" die Abweichenden, jeweils die Beziehung zwischen beiden Seiten innerhalb der Familie und in der therapeutischen Szene nur noch verzerrt gesehen werden kann. Es handelt sich dann jeweils um „Kranke" und um deren „Opfer". In der klassisch-psychiatrischen Sichtweise leiden die Angehörigen als „Opfer" unter der „Krankheit" der Patienten, in der radikal antipsychiatrischen Sichtweise leiden die Patienten als „Opfer" unter der latenten „Erkrankung" bzw. Ausbeutung der „Gesunden". In beiden Sichtweisen wird das Verhalten und Erleben sowohl der „Patienten" als auch der „Gesunden" und auch der Helfer nicht als jeweils optimale *Konfliktlösung* verstanden. Es wird nur zwischen Normalen und Anormalen, zwischen „richtiger" und „falscher" Behandlung unterschieden; der Konflikt kann so nicht psychodynamisch aufgedeckt und durchgearbeitet werden.

Die Arbeit in der Balint-Gruppe

In der Balintgruppe wurden mir all diese Probleme anhand der von uns erarbeiteten Fälle allmählich immer deutlicher. Ich erlebte, wie ich zusammen mit dem jeweiligen Helfer und der ganzen Gruppe in die erpresserische Versorgungs- und Kontrollszene hineingeriet. Wir schwankten zwischen Rettungsphantasien für die Patienten gegen deren Familien und gegen die psychiatrischen Anstalten, und Rettungsphantasien für uns selbst und die Familienangehörigen gegen die Patienten. Wir erlebten unsere Größenphantasien, die uns vorspiegelten, wir müßten und könnten die „richtige" Strategie zur Befreiung der Patienten von ihren Wahnideen und von ihrer Selbst- und Fremddestruktivität finden. Diese Größenphantasien dienten uns, wie auch den „gesunden" Familienangehörigen, zur Rettung der eigenen Normalität, brachten uns aber andererseits in die fatale und ausweglose Situation, eine Leistung vollbringen zu müssen, die wegen der Doppelbödigkeit der Beziehung, in der sie gefordert wird, nicht erbracht werden kann. Dieses *Leistungsverständnis* der therapeutischen oder helfenden Beziehung konnte immer wieder in ein *Prozessverständnis* aufgelöst werden, das die Person des Helfers als Teil der psychotischen Szene versteht. Der Helfer konnte sich in der Auseinandersetzung mit den Gefühlen, die in der Gruppe in bezug auf seine Person und auf seinen Bericht entstanden, immer wieder als Beteiligter erleben, als einer, der in der Versorgungs- und Kontrollszene jeweils die aktive und die passive Rolle übernommen hat.

Erst durch die Erkenntnis des eigenen Verstricktseins in die erpresserische Situation kann die eigene Individualität wiedergewonnen werden, die in dem automatischen Mitagieren und vor allem in dessen Verschleierung untergegangen ist.

Die zur Versorgungs- und Kontrollszene gehörende Inflation von Ansprüchen, Rechtfertigungen, Anklagen und Gegenanklagen ist nur zu beenden, wenn der Helfer in der Balintgruppe seine eigene Ambivalenz (seinen Ist-Zustand) wieder erleben kann, und sich deshalb die gemeinsame Ambivalenz nicht mehr in komplementäre Rollen zwischen ihm und dem Patienten aufspalten muß. Der Zustand der Verstrickung, in dem der Helfer in die Gruppe kommt, ist dadurch gekennzeichnet, daß er sich als von einem Soll-Zustand abweichend erlebt. Es stellen sich ihm dann etwa folgende Fragen: Was mache ich falsch? Hat der Patient recht, wenn er sagt, daß ich ihn schlecht behandle? Welche Diagnose hat der Patient? (diese Frage bedeutet dann: um wieviel weicht er von der Normalität oder von der Realität ab?) Wie sollte ich sein, um ihm am besten helfen zu können? Was muß ich tun, damit mich der Patient loslassen kann? . . . damit er nicht wieder psychotisch wird? . . . damit er nicht suizidal wird?

Wenn in der Gruppe die Abweichungsdefinition für den Helfer aufgelöst werden kann, wenn ihm erlebbar wird, daß er gar nichts kann und muß, damit der Patient . . . (d. h., daß er zur Veränderung der Situation keine „richtige" Strategie entwickeln kann und muß), sondern daß es wichtig ist, daß seine Person in all ihrer Ambivalenz wieder „zusammengefunden" wird, dann löst sich mit der Beweis-

Inflation auch die Abhängigkeit vom Urteil des Patienten und die aussichtslose Überanstrengung des Helfers auf. Es geht dann nicht mehr darum, möglichst richtig zu verfahren, sondern darum, das mystifizierende und erpresserische Mitagieren schrittweise aufzugeben zugunsten eines akzeptierenden Verständnisses der gemeinsamen Szene. Der Helfer muß seinen Patienten nicht mehr dazu bringen, ihn loszulassen (indem dieser die Symptomatik aufgibt), sondern er kann die Stellen sehen, an denen er selbst sich nicht traut, den Patienten loszulassen, und er kann versuchen, den Patienten *loszulassen, ohne die Beziehung zu ihm dabei zu verlieren.* Dann ist eine dialektische Alternative zwischen Verschlungenwerden und Beziehungsabbruch (Ausgestossenwerden) gefunden. Krisen beim Patienten sind dann nicht mehr die Schuld des Helfers, sondern schwierige Durchgangssituationen im gemeinsamen Prozeß der Befreiung. Sie müssen nicht mehr um jeden Preis verhindert werden, weil sie eben nicht mehr nur Abweichung, Schuld und Unglück bedeuten.

Diese Veränderung im Helfer ist möglich, wenn in der Balintgruppe das Heil nicht in der Entwicklung von Strategien gesucht und gefunden wird, sondern wenn der Konflikt, so wie er sich auf die Gruppe überträgt, auch dort zwischen den Gruppenmitgliedern und zwischen ihnen und dem Balintgruppenleiter durchgearbeitet wird. Jede nur intellektuelle Einsicht, die ohne eigenes emotionales Risiko gewonnen wird, bringt höchstens einen erweiterten rationalen Überblick, evtl. eine veränderte Technik, aber keine veränderte Beziehung mit sich. In der Balintgruppe geht es mir vor allem um die Zurücknahme der Delegation von Veränderung an den Patienten. In der Beobachtung familiendynamischer Prozesse wurde mir deutlich, daß der Auftrag: „Verändere Dich!" aus der Angst vor der eigenen Veränderung entsteht und auf der Erlebnisweise „ich kann nicht, weil Du . . ." beruht, die für eine durch Schuld- und Defektzuschreibung fixierte Beziehung typisch ist. Wenn der Helfer in der Balintgruppe wieder erleben kann: „ich kann nicht, weil ich . . ." (z. B. Angst habe), dann löst sich nicht nur die gemeinsame Abwehr in der Gruppe. Der Helfer, der diese Auflösung miterlebt und durchgestanden hat, entwickelt auch veränderte Phantasien über sich selbst, über seine Beziehung zum Patienten und über den Patienten. Er unterliegt dem Zwang zur Parteinahme in seiner Beziehung zum Patienten ein Stück weniger. Er kann sich selbst und den Patienten besser im jeweiligen Ist-Zustand akzeptieren und sich deshalb auch mehr getrennt von diesem erleben. Der Patient spürt diese Veränderung des Helfers sofort und reagiert regelmäßig mit einer entsprechenden Lockerung. Er muß nicht mehr die beim Helfer verdrängten Anteile ausagieren (vgl. den Begriff des „introjektiven Agierens" bei Searles, 1958, S. 48 ff.) und ist dadurch seinerseits ein Stück freier.

Die Emanzipation des Patienten kann also nicht durch den Helfer hergestellt werden. Der Helfer kann sie nur bei sich selbst zulassen, was regelmäßig einen emanzipatorischen Schritt des Patienten mit sich bringt. Die Balintgruppe ist ein Ort, an dem abgespaltene und verdrängte Phantasien – und seien sie noch so „verrückt" – wieder auftauchen können. Wie in jeder anderen analytischen Situation hängt der Grund der emanzipatorischen Möglichkeiten wesentlich von der Lebendigkeit des Analytikers bzw. Balintgruppenleiters ab. In dem Maß wie ich es mir als Balintgruppenleiterin erlauben kann, einen isoliert intellektuellen Überblick aufzugeben und mich auf meine Gefühle einzulassen, in dem Maß wie ich selbst Macht und Autorität aufgeben kann zugunsten einer wenn auch riskanten Beziehung, in der Betroffenheit und Verletzung, Krisen und Konflikte zugelassen werden können, in dem gleichen Maß emanzipieren sich auch die Gruppenmitglieder aus ihren jeweiligen Verklammerungen.

9. Kapitel

Die Fähigkeit zum Frieden als Fähigkeit zum Konflikt

Die psychologischen und psychoanalytischen Beiträge zur Friedensforschung beschäftigen sich vor allem mit der Frage der psychischen Friedensfähigkeit bzw. der Fähigkeit des Menschen zum Verzicht auf Gewaltanwendung. Unter welchen Bedingungen kommt es zwischen Menschen zur Androhung und Ausübung von Gewalt und welche Bedingungen können solche kriegerischen Zustände im weitesten Sinn verhindern?

Krieg und Konflikt – zwei unterschiedliche Beziehungsformen

Aus meiner persönlichen und beruflichen Erfahrung als Psychoanalytikerin, Paar-, Familien- und Gruppentherapeutin möchte ich dazu einige Gedanken beitragen, die sich vorwiegend mit den Vorgängen der Erstarrung und der Veränderung zwischenmenschlicher Beziehungen befassen. Durch das Studium der zwischenmenschlichen Beziehungen bei Familien, Paaren und Gruppen habe ich zwei Grundformen von Beziehungen herausgefunden, die nach meiner Beobachtung immer wiederkehren, in privaten Beziehungen, in therapeutischen Beziehungen, zwischen Politikern, zwischen Regierungen usw.

Die starre, kriegerische Form der Beziehung liegt dabei – bildlich gesprochen – über einer lebendigen, konflikthaften Beziehung. Die in der Theorie der Familiendynamik als „Verklammerung" bezeichnete starre Beziehungsform, die uns bei allen Störungen der Familienbeziehungen entgegentritt, dient dazu, die darunterliegenden Konflikte nicht erleben und austragen zu müssen. Für einen Laien scheint es vielleicht paradox zu sein, daß ich annehme, daß eine kriegerische Beziehung zwischen den Menschen einen anderen, tieferliegenden Konflikt *vermeidet*. In der Umgangssprache und in unserem üblichen Denken wird meistens Konflikt und Streit oder Konflikt und Kampf gleichgesetzt, weshalb es vielleicht zunächst unverständlich erscheint, weshalb ich diese beiden Beziehungsformen voneinander isoliere und getrennt untersuche.

Die kriegerische, oder, wenn man so sagen will, pathologische Beziehungsform stellt eine Verklammerung zwischen den Menschen dar, die im Extremfall dazu führt, daß sich keiner mehr bewegen kann, beziehungsweise, daß keiner mehr seinen eigenen Gefühlen und Wünschen entsprechend auf den anderen zugehen oder sich von ihm entfernen kann. Typisch für diese Form der Beziehung sind bestimmte Erlebnisweisen, so zum Beispiel: „Ich kann ja nicht . . ., weil Du . . ." oder: „*Du* fängst immer an, *ich reagiere* nur", „*Du* greifst *mich* an, *ich* verteidige mich ja nur, *mein* Angriff dient nur zur Verteidigung" usw. Wesentlich ist dabei, daß es in solchen Beziehungen immer Opfer und Täter gibt, wobei zumeist jeder der Beteiligten darum ringt, nicht der Täter, sondern das Opfer zu sein. Jeder ist froh, wenn ihm der „Feind" möglichst viel Böses antut, weil dadurch dessen Bösartigkeit immer wieder bewiesen wird. Die Beziehungspartner leben in einer solchen Situation von der doppelten Illusion: „Ich bin ohnmächtig und unschuldig". Beides stimmt nicht.

Die Grundform dieser Beziehung habe ich als dualistisch bezeichnet, da sie auf dem Motto „Entweder – Oder" beruht, „entweder Du oder ich". Was der eine gewinnt, scheint dem anderen verloren zu gehen. Psychisches oder manchmal auch physisches Überleben scheint nur *gegen* den anderen möglich zu sein („das Leben ist ein Kampf"). Jeder kämpft nicht nur um die beste Position in der moralischen Bewertung (als „Opfer"), sondern gleichzeitig auch um die beste Position, aus der heraus er den anderen angreifen und vernichten kann, und in der er selbst möglichst unverletzbar ist. Nur durch Stärke scheint Überleben möglich zu sein, moralisch und „militärisch".

In der Dreierbeziehung betrachtet, stellt sich diese Verklammerung immer als Koalitions- oder Blockbildung zwischen Zweien gegen Einen heraus, wobei jeder von den Dreien darum kämpft, nicht der Dritte, der Ausgestoßene zu sein. Er kann dies nur, indem er zu verhindern sucht, daß die beiden anderen sich zusammenschließen. Er ist also am Streit zwischen den beiden anderen und an der Kontrolle über jeden der beiden anderen interessiert. Dabei gibt er sich jedem einzelnen der potentiellen Bündnispartner gegenüber als treuer Freund aus, und bricht gleichzeitig dieses Bündnis, indem er einen heimlichen Sicherheitspakt mit dem jeweils anderen schließt.

Diese Beziehungsdynamik ist im Grunde ganz einfach, und doch wird sie von den Beteiligten in Familien oder anderen Beziehungen sehr oft nicht oder nur zum Teil gesehen. Wenn man selbst in einem solchen System gefangen ist, agiert man es, das heißt, man spielt seine Rolle in diesem System, ohne das System selbst oder auch die eigene Beteiligung an ihm durchschauen zu können. Man kämpft ums Überleben in der Beziehung und kann vor lauter Kämpfen und den damit zwangsläufig verbundenen Argumentationen keine Alternative zu diesem Kriegszustand mehr sehen.

Die Alternative, die in solchen Situationen, wenn es gut geht, der Psychotherapeut vielleicht noch sehen kann, ist eine Beziehungsform, die hinter oder unter diesen festgefahrenen Rollen der gegenseitigen Bedrohung und Unterdrückung liegt. Ich möchte sie hier die „konflikthafte Beziehung" nennen, um den Gegensatz zwischen Krieg und Konflikt deutlich werden zu lassen.

Wenn ich es zum Beispiel mit einer derart verklammerten und verfeindeten Familie psychotherapeutisch zu tun habe, versuche ich herauszufinden, welche Lebensinteressen jedes einzelne Familienmitglied hat, und weshalb es diese Lebensinteressen bedroht sieht. Unter Lebensinteressen verstehe ich z. B. Wünsche nach Kontakt, Nähe, Verständnis, Sicherheit, Geborgenheit, Versorgung, Sexualität. Diese Wünsche machen in solchen Familien so viel Angst, das heißt, es würde so viel Angst machen, sie zu äußern bzw. auch geäußert zu hören, daß sie zunächst verleugnet werden und dann durch moralische oder „militärische" Formen von „Krieg" bzw. Drohung und Erpressung ersatzweise befriedigt werden müssen. Durch den direkten Ausdruck der Wünsche würden Konflikte entstehen, die die Beteiligten nicht aushalten können, weil sie nicht glauben, sie durchstehen zu können. Man kann sich in solch einer Beziehung nicht vorstellen, durch vertrauensvolle Annäherung und „aushandeln" von Wünschen und Bedürfnissen, *mit*einander zufrieden werden zu können.

Die Alternative zu „Entweder – Oder", „entweder Du – oder ich", heißt „und". Wenn in einer gelingenden Familientherapie das Bewußtsein zunimmt, daß jeder nur *mit* dem anderen wirklich zufrieden werden kann, ja daß er die Zufriedenheit des anderen unbedingt dazu braucht, um selbst zufrieden sein zu können, dann lösen sich die oben beschriebenen „kriegerischen" Phantasien und Verhaltensweisen von selbst auf. Der Friede, der so entsteht, hat allerdings nichts mit Harmonie zu tun. Friede in diesem Sinn bedeutet viel mehr, daß die Konflikte zwischen den unterschiedlichen Interessen und Bedürfnissen ausgetragen werden, ohne daß die Beziehung an den Punkt kommen muß, an dem es nur noch heißt: „Entweder ich oder Du". Es handelt sich um eine *Beziehungsstörung,* wenn aus einem Konflikt ein Krieg wird.

Zur Übertragung psychoanalytischer Erkenntnisse auf die Politik

Lassen sich nun all diese Erkenntnisse aus der Psychotherapie einzelner Personen und Personengruppen auf die große Politik übertragen? Sind nicht in der großen Politik noch ganz andere Interessen und Kräfte am Werk, die wir Psychotherapeuten in unseren Praxen gar nicht zu sehen bekommen und deshalb nicht kennen können? Sollten wir die Politik nicht lieber Politikwissenschaftlern und Politikern überlassen, die sich da besser auskennen, weil sie konkret in diesem Bereich arbeiten, und weil sie (als Politiker) vor allem ein Handwerk gelernt haben, das die Psychotherapeuten kaum beherrschen, nämlich Interessen, auch Lebensinteressen, durchzusetzen, notfalls auch mit Hilfe von Drohung und Gewalt. Dazu wären wir nachgiebigen, feinfühligen Psychotherapeuten ja gar nicht in der Lage.

Es gibt viele Argumente gegen die Übertragung psychotherapeutischer Erkenntnisse auf die Politik, und doch äußern sich immer mehr psychotherapeutische Kollegen zur aktuellen politischen Situation, obwohl oder vielleicht weil sie geradeso wie ich noch vor nicht allzu langer Zeit im bisherigen Sinn eher unpolitische Bürger waren. Ich möchte einige Argumente anführen, warum ich meine, daß Erkenntnisse der Psychoanalyse und der Psychotherapie im politischen Rahmen bekannt sein und genützt werden sollten: Politik wird von vielen einzelnen, ja eigentlich von *jedem* einzelnen gemacht. Und jeder einzelne hat seine persönliche psychische Geschichte und lebt in den aus dieser Geschichte stammenden persönlichen Phantasien, die alle zusammen die kollektiven Phantasien von Gruppen, Großgruppen und Völkern ergeben, bzw. aus diesen gespeist werden: Ob Kriege entstehen oder vermieden werden, ist auch und vor allem eine Frage kollektiver Phantasien. Mit den psychoanalytischen Erkenntnissen über die Entstehung, Aufrechterhaltung und Veränderung solcher Phantasien hat sich meiner Meinung nach die Politikwissenschaft bisher zu wenig beschäftigt, noch viel weniger die meisten Politiker, die sich für nüchterne Realisten in einem von Natur aus machtbezogenen Geschäft halten und oft nicht sehen, wie sehr sie in der „oberen" Ebene der Beziehungsformen gefangen sind, und deshalb nur wenig im Sinn einer Veränderung der Beziehungsstrukturen und des allgemeinen Bewußtseins erreichen können.

Nun ist es natürlich gefährlich, aus dem Blickwinkel des Psychotherapeuten heraus „die Politiker" als in irgend einem Sinne „verrückt" darzustellen. Diese Darstellung wiederholt die kriegerische Beziehung, an deren Auflösung die Friedensbewegung so interessiert ist. In einer solchen Etikettierung durch psychopathologische Diagnosen werden die Politiker oder bestimmte Politiker zum „Feind", unfähig, verrückt und realitätsblind. Was man damit erreicht, ist eine erhöhte Schutznotwendigkeit bei den so bezeichneten Politikern, und eine durchaus verständliche feindselige Reaktion, die nun die Friedensbewegung wiederum als verrückt, realitätsfremd, selbstzerstörerisch darstellt. Damit ist genauso wie im Ost-West-Konflikt die Beziehung in einem hoffnungslosen „Stellungskrieg" fixiert. Keiner kann mehr hören, was ihm der andere zu sagen hat.

Es geht mir also nicht darum, psychopathologische Diagnosen auf Politiker und Regierungen zu übertragen, sondern darum, Parallelen zwischen den *Beziehungsstörungen* in dem von mir erforschten Bereich und Beziehungsstörungen auf politischer Ebene aufzuzeigen und meine Erfahrungen mit der Auflösung solcher Beziehungsstörungen in die Diskussion einzubringen.

Durch meine Wortwahl wurden schon verschiedene solcher Parallelen deutlich: Das Charakteristikum der Unbeweglichkeit im „Stellungskrieg" bzw. in der Automatisierung der Rüstungsspirale und auch die typische Täter-Opfer-Spaltung ist in den Ost-West-Beziehungen deutlich zu sehen. Auch hier definiert sich jede der beiden Seiten als Opfer der anderen, nach dem Motto: *„Ich* kann ja nicht abrüsten, weil *Du* aufrüstest, *Du* fängst immer an, *ich* reagiere nur, *Du* greifst an, *ich* verteidige mich nur", usw. Auch in der internationalen Politik ist das seltsame Interesse daran zu erkennen, daß der andere einem möglichst viel „Bösartiges" antut, damit seine Bösartigkeit und moralische Unterlegenheit vor aller Welt deutlich wird. Die Propaganda ist auf politischer Ebene das wichtigste kriegerische und kriegsvorbereitende Instrument. Genau wie in gestörten Familienbeziehungen werden durch Propaganda die wirklichen Absichten und Wünsche verschleiert unter der moralischen Argumentation: „Ich bin ja nur das ohnmächtige und unschuldige Opfer" und: „Ich will ja nur dein Bestes". Auch diese letzte mystifizierende oder verschleiernde Behauptung findet sich in der großen Politik. Beide Supermächte haben Vasallen, deren „Bestes" bzw. deren Schutz sie angeblich wollen, die sie aber gleichzeitig versuchen abhängig zu machen, um sie besser für den eigenen Schutz gebrauchen zu können (zum Beispiel als Abschußrampen für Raketen).

Propaganda ist eine Behauptung oder Information, die nicht um der Mitteilung willen gemacht wird, sondern um Macht zu gewinnen oder aufrecht zu erhalten. So verstanden bestehen die Mitteilungen beziehungsweise die „Gespräche" in „kranken" Familien zum größten Teil aus Propaganda. Nicht die wirklichen Wünsche und Gefühle werden mitgeteilt, sondern Botschaften, die den Rollen des Familiensystems entsprechen. Das sind zum Beispiel die Rollen des Gutwilligen, des Opfers, des Tüchtigen, des Parasiten, des Verrückten, des Leidenden, des Guten, des Bösen. Genau festgelegte Spielregeln bestimmen, welche Eigenschaften diese Rollenträger haben, und wann und wodurch jemand in diese oder jene Rolle eingeordnet werden kann. Bilder dieser Rollen bestimmen die „Politik der Familie", wie auch die Politik zwischen den Völkern durch *Bilder* von Rollen (die Imperialisten, die Kommunisten, die Kapitalisten, etc.) bestimmt wird. Die Beschreibung der „Feinde" in ihren, diese Rolle bestimmenden Eigenschaften ist in der „kriegerischen Beziehung" für die Politiker oft wichtiger als die Beschreibung der tatsächlichen Konflikte, die aus dem Zusammentreffen der verschiedenen Lebensinteressen entstehen; „Lebensinteressen" verstehe ich hier im Sinn von Interessen an Rohstoffen, von Umweltproblemen und vor allem im Sinn von Sicherheitsinteressen. Ich habe manchmal in der Politik genau wie in Familien den Eindruck, daß die Gefahr besteht, daß die wirklichen Konflikte – bekämen sie erst einmal den Stellenwert, der ihnen zusteht – lösbar sein könnten, und daß damit das ganze militärische Arsenal überflüssig würde. Was sollte man denn mit all den Waffen tun, die schon vorhanden sind? Und wie wird man mit dem Gesichtsverlust fertig, der rückblickend die ganze Anstrengung der Bedrohung und des Kampfes als überflüssig und irrational erscheinen läßt?

Das Risiko der Triangulierung

An dieser Stelle möchte ich noch auf eine spezielle Angst verweisen, die nach meiner Erfahrung regelmäßig an der Aufrechterhaltung der kriegerischen Beziehung beteiligt ist. Betrachtet man auch die politischen Beziehungen unter der von mir in meiner wissenschaftlichen Arbeit besonders herausgehobenen „Dreiecksperspektive", dann kann man zum Beispiel die Ost-West-Beziehung mit den jeweiligen Vasallen in Europa beziehungsweise in Deutschland als Abbild einer Familie verstehen, bestehend aus verstrittenen Eltern und zwei Kindern, wobei jedes der Kinder manifest einem Elternteil als Bündnispartner zugeordnet ist. Soweit die Beschreibung des „kriegerischen" oder „verklammerten" Status quo. Die Ängste, die diesen Zustand aufrecht erhalten, sind unter anderem die, daß sich zwei bisher verfeindete Partner zusammenschließen könnten. Wenn die beiden Kinder sich zusammenschließen würden, würde das für die Eltern bedeuten, daß sie ihren jeweiligen Vasallen verlieren, der sie moralisch und militärisch stärkt. Diese Befürchtungen der Großmächte und die entsprechenden Bedrohungen von beiden Seiten bei einer Annäherung der beiden Teile Deutschlands sind gegenwärtig deutlich sichtbar.

Es droht bei einer Vereinigung Deutschlands oder Europas aber noch mehr: Es droht eine *Triangulierung der Beziehung* anstelle der bisher stabil erscheinenden

Zweiteilung der Welt. Eine Triangulierung, also eine Konstellation von drei gleich wichtigen oder gleich starken Beziehungspartnern wird aus der Sicht der „kriegerischen Beziehung" als riskanter empfunden als die Zweiteilung. Schon das uralte Mühle-Spiel zeigt die Gefährlichkeit eines *Dreiecks* („offene Mühle") gegenüber der Sicherheit einer *Linie* („geschlossene Mühle"). In der „Linie" befindet sich der Dritte, zum Beispiel das Kind oder Europa, zwischen den Eltern oder den Großmächten. Es darf keine eigene, von der dualistischen Verbindungslinie zwischen den Großen abweichende Position einnehmen, weil sonst *alle* sich gefährdet fühlen würden.

Was nun meistens in Familien und auch in der Politik am wenigsten gesehen wird, ist, daß das Kind oder die Kinder bewußt oder unbewußt einen Zusammenschluß der Eltern auch zu verhindern suchen. Würden sich nämlich die Eltern auf Kosten oder unter Ausschluß der Kinder in einem Bündnis zusammenfinden, dann könnte das die Vernichtung der Kinder bedeuten. Über entsprechende Angebote und (geheime?) Verhandlungen zwischen den Sowjets und den USA ist immer wieder zu lesen. Geheime Sicherheitsabsprachen, nach denen beide Großmächte vereinbaren, im Fall eines Atomkriegs nur die europäischen Bündnispartner zu opfern, und das Gebiet der Sowjetunion und der USA zu schonen, sind immer wieder im Gespräch. Wir sollten uns deswegen nicht darüber hinwegtäuschen, daß auch wir Deutsche oder Europäer angesichts einer solchen Alternative in gewisser Hinsicht mehr an einer Aufrechterhaltung der Nicht-Verständigung zwischen Sowjets und USA interessiert sind als an deren Zusammenschluß. Nach meiner Erfahrung kann nur die Klärung der wirklichen, oft ambivalenten oder auch scheinbar widersprüchlichen Interessen eine Bewegung in die verklammerten und verklammernden Phantasien bringen. Die propagandistischen Darstellungen der eigenen Integrität (die Eltern: „Wir wollen ja nur euer Bestes", die Kinder: „Wir wollen ja nur euere Wiedervereinigung") halten den gefährlichen kriegerischen Zustand aufrecht und verbrauchen viel Kraft, die für andere, lebenswichtige Aufgaben nötig wäre.

Phantasien und Wahrnehmungsverzerrungen als Quellen der Kriegsgefahr

Wenn es sich also bei kriegerischen Zuständen um eine Beziehungsstörung handelt, dann ist das Ganze auch ein Wahrnehmungs- und Werteproblem. Es sind die kollektiven Phantasien, die zum Krieg und zur Zerstörung führen, und es ist die ungehinderte und unrelativierte Macht der Propaganda, die Feindbilder schafft, aufgrund derer man dann schließlich über den Feind herfallen kann – und sei es in einer sogenannten „Vorwärtsverteidigung". In diesem Zustand werden nur noch ganz bestimmte Werte gesehen: Sicherheit *gegen* den Feind, Bewahrung des eigenen Machtbereichs oder Besitzstandes *gegen* den Gegner, der selbstverständlich nichts anderes will als seinerseits angreifen beziehungsweise genau wie man selbst, wenn er schon angreifen muß, moralisch möglichst gut gedeckt angreifen. Genau wie in gestörten Familienbeziehungen wird beim „Feind" nur noch die Aggressivität und die Amoralität, evtl. auch die Minderwertigkeit gesehen, und durch viele Beweise belegt. Man sammelt nur noch Begründungen für die Notwendigkeit der eigenen Aufrüstung. Alles was einen aus dieser Verklammerung mit dem Feind erlösen könnte, wird zwanghaft verleugnet, so zum Beispiel der Lebenswunsch, die Friedenswilligkeit, die Handelsinteressen, und vor allem die Angst des Feindes. Eigentümlicherweise geht aber nicht nur der Blick für den Selbsterhaltungswillen des Feindes verloren, sondern auch der Blick für und damit die Sorge um die eigene Selbsterhaltung. Es geht dann nicht mehr um die Erhaltung des eigenen Lebens, also zum Beispiel um den Schutz der eigenen Bevölkerung, sondern nur noch um die Zerstörung des Feindes, weil in der Phantasie des Endweder-Oder die Zerstörung des Feindes mit der Erhaltung des eigenen Lebens gleichgesetzt ist. Zur Abwehr der Angst vor dem eigenen Untergang braucht man dann nur noch möglichst effektiv den Untergang des Gegners zu planen. Die Unlogik und Irrealität dieser Phantasie angesichts der Overkill-Kapazitäten fällt kaum mehr auf.

Wenn Kriege durch Propaganda im oben beschriebenen Sinn vorbereitet und möglich werden, wenn sie also auf einer kollektiv verzerrten Wahrnehmung und Werteverschiebung beruhen, die charakteristisch ist für eine bestimmte, in der Psychopathologie wohl bekannte Beziehungsform, dann müßten wir eigentlich mindestens *auch* möglichst intensiv an den gefährlichen Wahrnehmungsstrukturen arbeiten, die unser aller Untergang möglich werden lassen. Hier sagt mir allerdings meine psychotherapeutische Erfahrung, daß Propaganda nicht einfach durch Gegenpropaganda auflösbar ist, und daß einer kollektiven Bewußtseinsveränderung viele Widerstände entgegenstehen, die alle auf Angst beruhen. Es macht viel Angst, Blockbildungen oder Feindbilder aufzugeben und stattdessen zu versuchen, sich auf die wirklichen Konflikte beziehungsweise auf die wirklichen Wünsche und Gefühle einzulassen. Wenn die Angst nicht gesehen und respektiert wird, läuft jede Psychotherapie auf Gegenpropaganda hinaus, und das bedeutet, daß sie nicht Befreiung erreichen kann, sondern nur neue Abhängigkeit, also eine Umschichtung von Machtverhältnissen. Wenn ich als Psychotherapeutin keinen Respekt vor den Ängsten meiner Patienten und vor meinen eigenen, mit diesen korrespondierenden Ängsten habe, und glaube, beide Ängste einfach übergehen zu können, werde ich in der Veränderung meiner Beziehung zu meinen Patienten und damit in der Therapie keinen Schritt weiterkommen. Politisch gesehen: Soweit wir die Ängste unserer jeweiligen „Gegner' (der Sowjets, der US-Regierung, der Aufrüstungsbefürworter, der Aufrüstungsgegner, usw.) und unsere eigenen Ängste als Grundlage der kriegerischen Beziehung nicht verstehen und gelten lassen, werden wir trotz bester Absichten auf der Ebene der kriegerischen Verklammerung bleiben. Der Übergang in ein lebendiges Austragen von Konflikten, also in den Zustand der Friedensfähigkeit, ist dann versperrt.

Bewußtseinsveränderungen in unserer „Wendezeit"

Trotz dieser einschränkenden Schwierigkeiten einer allgemeinen Bewußtseinsveränderung sehe ich viele Stellen, an denen gegenwärtig dieser Übergang vom Kriegszustand zur Konfliktfähigkeit möglich wird. Ich habe den Eindruck, daß das Bewußtsein davon, daß jeder einzelne von den Gefahren der Umweltzerstörung und der Massenvernichtungsmittel betroffen ist, sich immer weiter ausbreitet. Die Phantasie, die eigene Haut im Ernstfall retten zu können, nimmt immer mehr ab. Auch das Bewußtsein der eigenen Beteiligung an der gefährlichen Situation scheint langsam zu wachsen. Es wird vielen bisher politisch Uninteressierten klar, daß sie durch Passivität und Gleichgültigkeit zur Eskalation der Gefahr beitragen. Die moralisierende Propaganda auch der militärisch mit uns verbündeten amerikanischen Regierung ist für viele so deutlich aggressiv, daß immer mehr Menschen davon nicht beruhigt, sondern geängstigt werden und sich empören. Es wird immer deutlicher die Parallelität der Propaganda bei beiden Großmächten gesehen. Die Erhaltung der eigenen Existenz wird zunehmend zum Motiv, sich politisch zu engagieren. Die Moral, kennzeichnend für die kriegerische Verklammerung, wird immer unwichtiger im Vergleich zu einem gesunden Egoismus, der berücksichtigt, daß wir uns selbst und unsere Kinder nur schützen können, wenn wir die Kinder unserer „Feinde" und diese selbst zu schützen versuchen. Anstelle der Sicherheit durch Stärke treten allmählich andere Werte: Es geht vielen Menschen mehr um Kontakt als um Abgrenzung, um Lust an der zwischenmenschlichen Beziehung als um Macht, um Vertrauen und Zusammenarbeit und weniger um Überlegenheit und Kontrolle, es geht um Individualität mehr als um Schablonen, um befriedigende Sexualität anstelle von Selbst- und Fremdvergewaltigung. All diese Veränderungen deuten einen grundsätzlichen Wandel unserer (politischen) Kultur an. Sie sind genauso wenig rückgängig zu machen wie die Kenntnisse der Menschen über die Kernspaltung. Es ist zu hoffen, daß die sich andeutende kollektive Reifung jedes einzelnen von uns und seiner Beziehungen dieses fürchterliche Wissen der Physik einholen und ausgleichen kann.

10. Kapitel

Die politische Verantwortung des psychologischen Beraters

Was hat eigentlich Familien- und Lebensberatung mit Politik zu tun? Hat nicht der Berater die Aufgabe, sich um die Abweichungen vom normalen Verhalten zu kümmern, um bettnässende Kinder, um Schulleistungsstörungen und Eheprobleme? Soll er nicht möglichst alles, was in Unordnung ist, wieder in Ordnung bringen, Ehen aufrechterhalten helfen, Abtreibungen verhindern, den häuslichen Frieden in den Familien wieder herstellen, und auch einzelne Ratsuchende, die aus dem Gleichgewicht geraten sind, wieder ins Gleichgewicht bringen?

Die „Erstarrung in Harmonie" vermeidet die Wahrheit

Solche und ähnliche Vorstellungen sind weit verbreitet, bei den Klienten selbst, bei Beratern, bei Trägern und bei den Aufsichtsbehörden. Psychologische Beratungsstellen werden oft als der psychologisch verlängerte Arm der Kirchen verstanden, wobei in diesem Verständnis sowohl die Kirchen, bzw. das christliche Anliegen, als auch das der Psychologie mißverstanden wird. Dieses Mißverständnis geht von der Annahme aus, daß es die Aufgabe der Kirche, und damit auch der kirchlichen Beratungsstellen sei, Rat- und Hilfesuchenden Normen und Werte zu vermitteln, und nicht: sie auf ihre je persönliche Verantwortlichkeit zu verweisen, und ihnen dabei zu helfen, diese Verantwortung zu übernehmen.

Politische Aktivitäten, so meinen manche, seien gerade im Rahmen der Kirche nicht angebracht, denn es sollte sich doch jeder in der Kirche aufgehoben fühlen, gleich welcher politischen Meinung er ist. Zu diesem Zweck müßten die Kirchen und ihre Organe politische Abstinenz üben; es bestünde sonst die Gefahr, daß sich „Andersgläubige" abgestoßen fühlen. Diese Haltung scheint mir Ausdruck einer Resignation zu sein: man hat es aufgegeben, darauf zu hoffen, daß trotz unterschiedlicher Meinungen und gerade wegen offen ausgesprochener unterschiedlicher Positionen eine Auseinandersetzung, ein Ringen um das gemeinsame Ziel des Überlebens auch innerhalb der Kirche möglich werden könnte, ohne daß dabei einzelne wegen einer „falschen" Meinung ausgestoßen werden müssen.

Dieses Bild und Selbstbild der Kirche entspricht dem Bild und Selbstbild von Familien, deren Mitglieder ängstlich jede Auseinandersetzung vermeiden, weil sie nicht mehr darauf hoffen, daß durch Auseinandersetzung Veränderungen aller Beteiligten möglich werden könnten. Jeder einzelne vermeidet dann eine „politische" Stellungnahme, das heißt eine deutliche Artikulation seiner Befindlichkeit, seiner Wünsche, Hoffnungen und Ängste. Lieber wird die „Erstarrung in Harmonie" in Kauf genommen als die Gefahr, daß sich zum Beispiel jemand gekränkt oder verletzt zurückziehen könnte.

Aber ähnlich wie in der Kirche, so haben sich auch in der Psychoanalyse Tabus entwickelt. Wie die Kirche das Christuswort „Mein Reich ist nicht von dieser Welt" oft als Aufforderung verstand, sich von jeder politischen Betätigung fernzuhalten, so haben viele Psychoanalytiker immer wieder für sich und ihre Patienten ein Refugium der Innerlichkeit reklamiert, und die äußere Welt als die „Welt des Agierens" verstanden, die mit der „wirklichen", inneren Welt der Psychoanalyse nichts zu tun habe. Freud selbst und viele seiner Nachfolger haben darauf hingewiesen, daß Psychoanalyse mit Politik nichts zu tun habe. Freud meinte, daß die Psychoanalyse zu schwach sei, um die äußeren Verhältnisse zu verändern, und daß sie sich deshalb auf die Erforschung und Behandlung der innerpersönlichen Probleme des Menschen beschränken solle.

Gleichzeitig verstehen sich beide, die christliche Kirche und auch die Psychoanalyse, als Hüter der Wahrheit. In dem Gespräch zwischen Jesus und Pilatus, in dem Jesus sagt: „Mein Reich ist nicht von dieser Welt", sagt er kurz darauf: „Ich bin dazu geboren und in die Welt gekommen, daß ich für die Wahrheit zeugen soll. Wer aus der Wahrheit ist, der höret meine Stimme." (Joh. 18,37). Auch Freuds Grundanliegen bestand darin, den verdrängten und verleugneten Inhalten des Unbewußten als einem wichtigen Teil der *Wahrheit* ans Licht zu verhelfen, auch wenn er dafür sehr angegriffen wurde und noch angegriffen wird.

Trotz – oder vielleicht auch wegen – dieser riskanten Absicht, die Wahrheit zu erforschen und zu bezeugen, fanden die Menschen sowohl in der christlichen Kirche als auch in der Psychoanalyse immer wieder Möglichkeiten, unangreifbar zu werden, sei es durch Dogmatismus, sei es durch Indifferenz, d. h. durch den Versuch, als Person nicht erkennbar zu werden. So wurde die Politik oft als ein Bereich angesehen, in den sich die Fachleute für religiöse und innerseelische Vorgänge nicht einmischen. „Politisch Lied, ein garstig Lied", so hörte auch ich in meiner Jugend von der Generation meiner Eltern, als wären Geistesarbeiter für etwas besseres zuständig als für die „schmutzigen" Tätigkeiten eines Politikers.

Solche Trennung von Politik und Nicht-Politik konnte man sich noch leisten, solange es noch Nischen gab, die – wenigstens scheinbar – von der Politik und ihren Folgen nicht erreicht wurden. Heute, da wir sehen, daß es für niemanden mehr eine Nische geben wird, wenn ein Atomkrieg ausbricht oder eine ökologische Katastrophe droht, wird vielen Menschen immer deutlicher bewußt, daß alles, was ein Einzelner in der Gesellschaft tut oder läßt, eine politische Bedeutung hat. Die Phantasie von der „reinen Wissenschaft", etwa der Naturwissenschaft, oder von der „reinen Psychologie", beginnt zu schwinden, da wir immer deutlicher die Folgen wissenschaftlicher Forschung im Bereich der Politik erkennen.

So stellt sich allmählich heraus, daß die Entscheidung zur Indifferenz in politischen Fragen auch eine Entscheidung mit politischen Folgen ist. Alle bisherigen Kriege wurden nicht nur von den politischen Aktivisten, sondern ebenso von den politischen „Passivisten", also den politisch Indifferenten vorbereitet, die durch ihre Indifferenz dazu beitrugen, daß die Aktionen der Aktivisten erst möglich wurden. Die „Passivisten" delegieren die Verantwortung für ihr Leben an andere, was sie in die Rolle nicht nur des beschützten, sondern auch des bevormundeten und ohnmächtigen Kindes bringt. Wo viele Menschen diese Entscheidung für die politische Gleichgültigkeit treffen, entstehen auch im demokratischen Rahmen zentralisierte Machtapparate, die sich immer mehr verselbständigen, und ein von der „Basis" losgelöstes Eigenleben führen.

Das Phänomen der Übertragung von Verantwortung an andere kennen wir gerade aus der Beratungsarbeit gut. Wie oft bitten uns Klienten um einen Rat im Sinn einer Handlungsanweisung, den wir doch, wenn wir ehrlich sind, nicht geben können, weil wir damit eine Verantwortung übernehmen würden, die uns nicht zusteht, sondern nur dem Klienten selbst. Täglich haben wir es mit diesem Wunsch der Klienten zu tun, sich nicht selbst entscheiden zu müssen, und auch mit der Phantasie, daß dieser Wunsch, Verantwortung abzutreten, keine Folgen habe. Soweit uns die Folgen der von den Klienten vermiedenen Entscheidungen deutlich vor Augen stehen, wird Beratung zu einem Vorgang des „Sich-Beraten-mit", und das heißt: herausfinden, welche Entscheidung durch die bestehende Symptomatik vermieden und an andere delegiert wird. Der Ratschlag des Beraters entfällt von selbst, wenn er als Teil oder Fortsetzung des pathologischen Systems erkannt wird.

In meiner Forschung zur psychoanalytischen Familientherapie kam ich zu dem Ergebnis, daß jede Symptomatik auf einer Entscheidung zur Indifferenz beruht, auf dem Versuch, als Person mit den Wünschen und Ängsten, die man *wirklich* hat, nicht erkennbar zu werden. Es ist dies ein Versuch, unangreifbar zu werden, sich durch Ideologien oder Erpressungen zu schützen und ersatzweise zu befriedigen. Das Fatale an diesem Versuch ist, daß Unangreifbarkeit immer nur scheinbar erreicht werden kann, daß bei jedem Siegfried eine verletzliche Stelle bleibt, und daß gerade die Unverwundbarkeit am ganzen Körper dazu reizt, die einzige verwundbare Stelle herauszufinden und dann auch verletzend zu treffen. Um dieses Prinzip geht es nicht nur zwischen Amerikanern und Sowjets, sondern ebenso zwischen Familienmitgliedern und selbstverständlich auch zwischen Berater und Klient.

Ich glaube, daß der Versuch, selbst unangreifbar zu sein und die angreifbare Stelle beim Patienten herauszufinden, mitbeteiligt ist an den Vorstellungen über die Notwendigkeit der Abstinenz des Psychoanalytikers, wie sie sich im Lauf der Zeit entwickelt haben. Selbstverständlich sind daran auch Überlegungen beteiligt, die den Zwang zum Mitagieren beim Analytiker vermindern sollen. Durch die zurückgenommene Haltung ist der Analytiker weniger erkennbar als der Patient, und hat dadurch mehr Raum für seine „gleichschwebende Aufmerksamkeit". Es gibt aber auch Situationen in der Therapeut-Patient-Beziehung, und ebenso in der Berater-Klient-Beziehung, in denen das Prinzip der Abstinenz vom Therapeuten oder Berater dazu verwendet wird, sich selbst zu schützen und den Patienten oder Klienten besser „aufs Korn" nehmen zu können. Dann wiederholt sich in diesen Beziehungen das in den meisten Familien antreffbare Prinzip: jeder macht sich selbst möglichst unkenntlich, um gut geschützt zu sein und gleichzeitig besser angreifen zu können.

Wie in solchen Familien, so führt auch in der Berater-Klient-Beziehung diese Haltung unweigerlich zu einer heimlichen Manipulation, denn die Wünsche und Ängste des nicht erkennbaren Beraters können durch solche Mimikri nicht einfach ausgeschaltet werden. Soweit die Gefühle des Beraters nicht bewußt werden dürfen, suchen sie auf anderen Wegen nach Befriedigung. Ein Patient oder Klient kann nur in dem Maß freigelassen werden, in dem der Therapeut oder Berater seine eigenen Wünsche und Ängste in der Beziehung zu diesem Patienten oder Klienten bewußt und damit für die Beratung bedeutsam werden lassen kann. Versucht er, unter dem mystifizierenden Deckmantel „ich will ja nur dein Bestes", oder unter der etwas weniger kaschierten Haltung „ich weiß, was für dich gut ist", seine eigenen Wünsche und Ängste zu verstecken, dann werden diese Wünsche und Ängste, und damit seine eigene Position in der Problematik doch wirksam werden, und zwar in einer Art, die der Klient nicht durchschauen und deshalb nicht angreifen kann. Dieser gerät dadurch in eine ohnmächtige Position, da er – wie ein Kind vor den doppelten Botschaften seiner Eltern – manifest hört, daß der Berater uneigennützig, objektiv und frei von eigenen Ängsten sei, und latent beziehungsweise unbewußt erlebt, daß er nur eine ganz bestimmte Entscheidung treffen kann, daß er nur ganz bestimmte Wünsche haben darf, wenn er den Berater nicht kränken oder verletzen will. All diese Beziehungsprobleme können wegen der sogenannten Abstinenz des Beraters dann nicht aufgedeckt werden. Diese Form von Abstinenz erweist sich also als ein schwerwiegender Eingriff.

Der Umgang mit kollektiven Ängsten in der Beratungssituation

Nun haben es Berater bei sich und bei ihren Klienten aber nicht nur mit Wünschen und Ängsten zu tun, die dem privaten und zwischenmenschlichen Bereich entstammen. Wo sie Augen und Ohren dafür haben, wird ihnen immer deutlicher bewußt, daß die Ängste von Erwachsenen und Kindern und deren Verschiebungen in Suchtprobleme jeder Art nicht nur auf individuellen Voraussetzungen beruhen, sondern ein Teil der uns alle beherrschenden Ängste vor kriegerischen oder ökologischen Katastrophen sind. Ein Berater, der versucht, seine Besorgnis in dieser Hinsicht durch manifeste Gleichgültigkeit wegzuschieben oder durch eine Ideologie der Friedfertigkeit zu beruhigen, bietet seinen Klienten bewußt oder unbewußt ein Modell für diese Art des Umgangs mit Ängsten an. Aber auch ein Berater, der seine Ängste durch politischen Aktivismus zu beschwichtigen versucht, dient als Modell für diese Art von Angstbewältigung. Unter Aktivismus verstehe ich hier den Versuch, „blind" irgendwelche „guten Ziele" zu verfolgen, ohne darauf zu achten, ob der Weg, der dabei eingeschlagen wird, dem angestrebten Ziel entspricht – also zum Beispiel den Versuch, mit kriegerischen Mitteln Frieden erreichen zu wollen.

Und schließlich wird auch der Berater, der es sich erlaubt, unsicher zu sein, und nach Wegen zu *suchen,* die seinem Ziel entsprechen, dieses „Auf-der-Suche-Sein" auf seine Klienten übertragen, sodaß auch der Klient es wagen kann, seine Ängste wahrzunehmen, anstatt sie in der Sucht oder in einer anderen Symptomatik zu ertränken, und nach Wegen zu suchen, die ihn aus seinen privaten Gefahrensituationen und auch aus unserer gemeinsamen politischen Gefahrensituation herausführen können. Privates, berufliches und politisches Handeln ist in unserer gegenwärtigen Situation nicht mehr voneinander zu trennen. Es geht überall um die gleiche Frage: ob wir es wagen, der Realität ins Auge zu sehen, und damit auch die Chancen zu ergreifen, die wir noch haben, oder ob wir „blind" werden müssen, und damit zwar die Gefahr weniger sehen, aber auch die Chancen zu adäquatem Handeln nicht mehr wahrnehmen.

In meiner familientherapeutischen Theorie und entsprechend auch in meiner Theorie über die Möglichkeiten politischer Veränderungen (Bauriedl, 1980, 1986) vertrete ich die Ansicht, daß jeder Einzelne, da er von den Auswirkungen des status quo *betroffen* ist, auch einen Grund hat, zu dessen Veränderung beizutragen, und daß er auch eine Möglichkeit hat, das System, in dem er lebt, zu verändern, weil er immer auch auf seine Weise an der Aufrechterhaltung des status quo *beteiligt* ist. Um die Grundlagen von Veränderung – und das heißt Leben – zu schaffen, geht es vor allem darum, das eigene Betroffen- und Beteiligtsein erst einmal wahrzunehmen. Die Verleugnung der eigenen Einbindung in das bestehende System ist der eigentliche Grund für jede Stagnation in zwischenmenschlichen Beziehungen.

Lange Zeit haben sich die Sozialwissenschaften damit beschäftigt zu erforschen, wie der einzelne von der Gemeinschaft geprägt wird. Es ist jetzt an der Zeit, sich mit der Frage zu beschäftigen, wie der einzelne zur Veränderung der Gemeinschaft beitragen kann, ohne daß dadurch die bedrohlichen Beziehungsstrukturen einfach wiederholt werden. Wir müssen Wege finden, die Machtstrukturen nicht nur zum Umkippen zu bringen, so daß der bisherige „Knecht" zum „Herrn" in der Beziehung wird, sondern Wege, die eine *Auflösung* von Machtstrukturen ermöglichen. Auf dieser Suche kam ich bisher zu dem Schluß, daß sowohl in der Psychoanalyse als auch in jeder anderen Beziehung therapeutischer und nicht-therapeutischer Art, Machtstrukturen auf dem Prinzip beruhen, daß die Beteiligten versuchen, sich aus gefährlich erscheinenden Konflikten herauszuhalten, indem sie ihre eigene Betroffenheit verleugnen und auch von ihrer eigenen Beteiligung nichts wissen wollen. Die Angst, angreifbar zu sein, und dann auch angegriffen zu werden, bringt uns alle mehr oder weniger dazu, so zu tun, als wären wir nicht da, als wären wir nicht, wer wir sind. Im Lichte dieser Forschung gehört der „abstinente" Psychoanalytiker ebenso wie der „abstinente" Berater der Vergangenheit an. Unter Abstinenz verstehe ich in diesem Zusammenhang die Phantasie, objektiv, unparteiisch, unberührt und unbeteiligt zu sein. Wenn ein Psychotherapeut oder ein Berater ein System wirklich verändern will, muß er aus der das System aufrechterhaltenden Incognito-Haltung heraustreten und erkennbar werden. Dadurch kommen die bisher vermiedenen Konflikte zum Vorschein und können erstmals ausgetragen werden, was zur Auflösung der jeweiligen Symptomatik führt.

Die auf diese Weise in Gang gesetzten Veränderungen können durchaus als politische Veränderungen im weitesten Sinn verstanden werden. Es entscheidet sich in jedem Augenblick unseres Lebens, also auch unserer beraterischen Tätigkeit, ob wir uns auf vermiedene Konflikte einlassen und versuchen, sie durchzustehen, oder ob wir davor zu viel Angst haben, und deswegen der gefährlichen Konfliktsituation weiterhin aus dem Wege gehen. Das gilt für alle potentiellen Konflikte im privaten Bereich, mit den Klienten, mit Trägern, und nicht zuletzt im politischen Bereich. Wie viel lieber und leichter verstecken wir uns hinter einer Ideologie, also hinter festen Vorstellungen darüber, was „richtig" und was „falsch" ist, wer „richtig" und wer „falsch" ist. Dadurch wird jeder Konflikt zum Krieg, den wir dann auch nicht mehr als Konflikt, sondern nur noch als Krieg austragen können – oder eben wie bisher vermeiden. Das von mir hier wiederholt betonte „Durchstehen von Konflikten" bedeutet nämlich vor allem, sich ein Verständnis für den bisherigen „Feind" zu erwerben, ein Verständnis, das nicht bedeutet, alles hinzunehmen, was er mit einem oder gegen einen vorhat, sondern das bedeutet, sich besser auszukennen bei ihm und in seiner Beziehung zu ihm. Dazu muß man den „Feind" aber fragen können und hören können. „Durchstehen von Konflikten" bedeutet außerdem, einen potentiellen und bisher vermiedenen Dissenz mit dem „Freund" zu wagen. Dadurch werden immer auch bisherige gemeinsame Feindbilder in Frage gestellt. Blockauflösung und Weiterentwicklung von (politischem) Gedankengut ist nur möglich, wenn eine Annäherung an den „Feind" und eine Auseinandersetzung mit dem „Freund" gewagt wird.

Persönliche Verantwortung und Selbstbestimmung als Grundlagen des Friedens

Persönliche Verantwortung und Selbstbestimmung sind die unerläßlichen Grundlagen des Friedens. Deshalb geht es in allen unseren Beziehungen darum, die Stellen der persönlichen Verantwortung jedes einzelnen und seine Möglichkeiten, über sich selbst zu bestimmen, herauszufinden. Diese Aufgabe ist schwer zu lösen; es ist wohl immer nur eine schrittweise Annäherung möglich. Ich habe die Erfahrung gemacht, daß jeder Mensch letztlich nur aus dem Gefühl „das tu' ich für mich" wirklich etwas Gutes tun kann. Alle Versuche, gegen die eigenen Bedürfnisse, „für eine Überzeugung", „für andere" oder „gegen andere" zu handeln, führen nicht zu einem befriedigenden Ziel, weil die eigenen Bedürfnisse in der Handlung nicht berücksichtigt sind. Erst die Erkenntnis, daß alles Tun „für einen anderen" auch für einen selbst von Nutzen ist, und umgekehrt, daß alles Tun „für einen selbst" auch für den anderen gut ist, weil wir alle in einem Boot sitzen, kann Handlungen zur Folge haben, die den Kriegszustand zwischen den Völkern und zwischen den Einzelpersonen auflösen. Aus diesem Grund ist es so wichtig, auch als Berater die eigenen Bedürfnisse nicht zu vergessen. Man vergißt diese Bedürfnisse in dem Maß, in dem man glaubt, daß sie dem Klienten schaden könnten, und das heißt, daß man die Vorstellung hat, nicht mit ihm in einem Boot zu sitzen.

Ich glaube auch, daß eine wirkliche Veränderung in der Problematik der Umweltzerstörung und der Kriegsgefahr nur dadurch eintreten kann, daß immer mehr Menschen das Bewußtsein entwickeln, daß alle in einem Boot sitzen, und daß deshalb der Verzicht auf überflüssigen Konsum und überflüssige Waffen viel weniger ein Verzicht als ein Gewinn für den einzelnen ist. Der einzelne gewinnt durch diesen Verzicht, mit allen anderen Menschen zusammen, ein kleines Stück mehr Sicherheit vor Umwelt- und Kriegskatastrophen. Diese Veränderungen können nicht nur von Politikern und nicht durch Gesetze herbeigeführt werden. Jeder einzelne von uns kann mehr zur Veränderung unserer gesamtgesellschaftlichen und politischen Situation beitragen als er bisher glaubte, indem er versucht, seine persönliche Verantwortung und seine persönlichen Möglichkeiten an dem Platz, an dem er steht, herauszufinden.

Die politische Verantwortung des Beraters besteht deshalb – wie auch die politische Verantwortung jedes Menschen – weniger darin, andere Menschen von der eigenen Meinung zu überzeugen. Mission in diesem Sinn war schon immer nicht viel mehr als Besitzergreifung und Gewaltausübung. Sie besteht vielmehr darin, eine Veränderung des eigenen Bewußtseins in der Auseinandersetzung mit dem jeweils anderen zu wagen. Diese Haltung bedingt das Eingeständnis der eigenen Unsicherheit, des Nicht-Wissens, ob zum Beispiel eine Ehe aufrechterhalten werden soll, ob eine Abtreibung durchgeführt werden soll, wie der Friede in der Welt am besten zu erreichen sei, und die Bereitschaft, in der Auseinandersetzung mit dem jeweiligen Klienten dessen Wünsche und Ängste ebenso zu hören wie die eigenen. Dieses Zulassen der eigenen Unsicherheit, des eigenen Fragens, hat nichts mit Indifferenz zu tun; es bedeutet vielmehr ein Erkennen der eigenen Ambivalenz dem jeweiligen Problem gegenüber, was es dem Klienten erleichtert, auch seine ambivalenten Wünsche und Ängste wahrzunehmen und schließlich eine Entscheidung zu treffen, die er verantworten kann und muß. Ich bin in meinen Therapien und Beratungen in der letzten Zeit immer aufmerksamer geworden auf *meine* Bewußtseinsveränderung, in der sicheren Überzeugung, daß dies der beste Weg ist, Indoktrination und Gewaltanwendung zu vermeiden und mehr persönliche Verantwortlichkeit und Selbstbestimmung zu ermöglichen, was – wie ich meine – der sicherste Weg zum Frieden ist.

Diese Haltung der Konzentration auf die eigene Bewußtseinsveränderung trägt nach meiner Erfahrung mehr zur Veränderung in zwischenmenschlichen Systemen bei als jeder Überzeugungsversuch und natürlich auch jeder Versuch, sich „abstinent" aus dem Geschehen heraus zu halten. Sie macht allerdings auch mehr Angst als die beiden anderen Haltungen, denn die Veränderung des eigenen Bewußtseins geht mit der ständigen Auflösung von Feindbildern und Freundbildern einher, also mit der Infragestellung einer Einteilung der Welt in gut und böse, richtig und falsch, zu mir gehörend und nicht zu mir gehörend. Wenn ich versuche, an den Stellen, an denen ich meine Patienten bisher nur diagnostizierend eingeschätzt habe, sie zu verstehen, zu hören, was sie mir sagen wollen, gebe ich eine sichere Position auf. Es kann mir dabei passieren, daß ein Patient diese meine „Abrüstung" zum Anlaß nimmt, mich endlich an einer verwundbaren Stelle zu treffen, meine jetzt nicht mehr verborgene Unsicherheit und meine fragende Haltung für seine (kriegerischen) Zwecke zu nützen. (Die Parallele zur Abrüstungsproblematik im politischen Bereich ist deutlich.) Ich kann deswegen nicht von mir verlangen, auf einen Schlag alle meine Rüstung abzulegen. Ich kann nur versuchen, schrittweise, in einem gemeinsamen Abrüstungsprozeß mit dem Patienten zusammen weiterzukommen. Auch alle diese Schritte werde ich nicht tun können „für den Patienten", sondern nur „für mich", aus dem Bedürfnis heraus, für mich – und das ist gleichzeitig für den Patienten – eine lebendigere, weniger starre und weniger „bewaffnete" Beziehung zu schaffen.

Der Verzicht auf eine solche befriedigende Beziehung und die ersatzweise Befriedigung durch im Vergleich dazu überflüssige Konsumgüter hat allerdings eine lange Tradition in unser aller persönlicher und kollektiver Genese. Wir alle haben schon früh gelernt, Konflikten in unserer Familie aus dem Weg zu gehen, indem wir uns als Person unkenntlich machten und dadurch für uns und für die anderen Familienmitglieder Ängste vermieden. Wir mußten damit zufrieden sein, und waren es dann auch, wenn wir materiell gut versorgt waren, wenn (Schein-) Harmonie herrschte, oder wenn das (scheinbare) Recht durchgesetzt wurde. All diese Ersatzbefriedigungen und scheinbaren Nischen müssen wir aufgeben, wenn wir in dem von mir hier beschriebenen Sinn politisch verstandene Beratungsarbeit machen wollen. Es geht dabei in jedem Moment um das Risiko, im Interesse unserer ursprünglichen Ansprüche an die Qualität und Lebendigkeit unserer Beziehungen mit diesen Wünschen erkennbar zu werden, und uns nicht durch Ideologien abspeisen zu lassen oder die Klienten durch unsere eigenen Ideologien abzuspeisen. Dieses Risiko beinhaltet allerdings auch die Chance, für sich selbst ein Stückchen mehr Freiheit und Selbstbestimmung zu erwerben, was wiederum dasselbe Stückchen Freiheit und Selbstbestimmung für den Klienten bedeutet, und damit im weitesten und besten Sinn politische Bedeutung hat.

Was ich hier als politische Verantwortung und Möglichkeiten zum politischen Engagement des Beraters beschreibe, mag den Eindruck erwecken, als handle es sich letztlich doch wieder um einen Rückzug in die Innerlichkeit, wie ihn die Psychoanalytiker immer schon vollzogen und empfohlen haben. Ich kann mir den Einwand vorstellen, daß die Möglichkeiten und damit auch die Aufgabe des Beraters, sich politisch zu betätigen doch weit über diese privaten Auseinandersetzungen hinausgingen. Der Berater könne doch zum Beispiel für die Teilnahme an Friedensdemonstrationen werben, indem er entsprechende Plakate in der Beratungsstelle aufhängt und die Klienten darauf aufmerksam macht, etc. Ich kann nicht wissen, zu welcher Entscheidung der einzelne Berater bei seiner Suche nach der eigenen Verantwortlichkeit kommt. Ich kann hier nur sagen, daß nach meiner Erfahrung das Verständnis für Ängste und Wünsche und eine fragende Haltung viel mehr grundsätzliche Veränderung bewirken als Agitation, und daß das Augenmerk auf der eigenen Bewußtseinsveränderung wichtiger ist als missionarischer Eifer. Obwohl die Agitation zunächst für das bestehende System gefährlicher zu sein scheint, und deswegen auch direkter verfolgt oder verboten wird, setzt doch das schrittweise Überwinden der Berührungsängste mit Freunden und Feinden, die fragende Haltung und das Einbringen der eigenen bisherigen Überlegungen in politischen Fragen mehr Differenzierung der Meinungen und Bündnisstrukturen in Gang – und das ist das Wesentliche an „grundsätzlichen" Veränderungen.

Was ich hier als Veränderung beschreibe und anstrebe, ist nicht der Umsturz des (Abwehr-)systems, sondern dessen allmähliche Auflösung. Das ist die Revolution, die die Psychoanalyse schon immer als Möglichkeit im Auge hatte (Bauriedl, 1984a). Wenn die Psychoanalyse versucht, die verdrängten Wünsche und Ängste eines Menschen ernst zu nehmen, versucht sie, seine Abwehr in Frage zu stellen, nicht seine Person. Soweit allerdings die Person mit der Abwehr identifiziert ist, muß sie bei dieser Art von Revolution eine Bedrohung für die ganze Person erleben. Ähnlich stellt das Ernstnehmen unserer gegenwärtigen kollektiven Ängste vor der Zerstörung all unserer Lebensgrundlagen nur soweit eine Gefährdung des Staates dar, wie der Staat mit der Verdrängung und Verleugnung dieser Ängste identifiziert ist, und aufgrund dieser Abwehr funktioniert.

Die besondere Verantwortung von Psychologen und Psychotherapeuten

Bisher habe ich die politische Verantwortung des Beraters nur im Rahmen der politischen Verantwortung jedes einzelnen Menschen beschrieben. Ich glaube aber, daß der psychologische Berater darüberhinaus auch eine besondere Verantwortung hat, wegen seiner besonderen Kompetenz und wegen seines besonderen Auftrags.

Seine Ausbildung und seine Erfahrung machen es ihm leichter als anderen, die Hintergründe, die unbewußten Grundlagen von Symptomen zu verstehen, und durch das Herausarbeiten dieser Hintergründe die Symptome zu verändern. Ich meine, daß diese Fähigkeiten in der allgemeinen politischen Diskussion dringend gebraucht werden, wenngleich manche Politiker und Politikwissenschaftler der Meinung sind, die Psychologen sollten bei ihrem Leisten bleiben, d. h. sich um Individuen kümmern, die private Probleme haben, und nicht glauben, daß ihre Erkenntnisse aus der Situation der Einzeltherapie oder Beratung auf die Mechanismen der Politik zu übertragen wären. Ich glaube wohl, daß wir viel zu lernen haben auf unserem Weg aus dem Elfenbeinturm der Psychotherapie oder Beratung in die Welt der Politik. Aber gerade diese Lernfähigkeit, die den Standpunkt des anderen weder unbesehen übernimmt noch unbesehen ablehnt, und auch die eigenen Erkenntnisse weder blind auf das neue Gebiet überträgt noch als unwichtig verwirft, diese Lernfähigkeit ist es, die dann auch eine ebensolche Lernfähigkeit bei Nicht-Psychologen ermöglicht.

Hier stellt sich natürlich die Frage nach dem Auftrag des Beraters. Hat er den Auftrag, gestörte Fassaden zu reparieren, etwa die Fassaden aussichtslos gewordener Ehen, oder auch die Fassade eines an vielen Stellen eben nicht liberal und sozial oder christlich eingerichteten Staates? Oder hat er den Auftrag, Angst und Verzweiflung wahr- und aufzunehmen, auch wenn es sich dabei um die heute jeden von uns bewußt oder unbewußt bedrängenden Ängste vor atomarer oder ökologischer Vernichtung handelt? Wenn es die theoretische Überzeugung von Beratern ist, daß eine lebendige Weiterentwicklung nur in dem Maße möglich ist, in dem über solche Ängste nicht „erfolgreich" oder „gesund" hinweggelächelt wird, dann kann es eigentlich nur eine Antwort auf die Frage nach der politischen Verantwortung der Berater geben: Der Berater hat wegen seiner besonderen Kenntnisse eine ganz besondere Verantwortung, Ängste nicht zu übergehen, und Lebenswünsche bei sich selbst und seinen Klienten herauszufinden, die einzig und allein die Destruktion verhindern oder hemmen können. Der wohlverstandene Auftrag der Kirche kann eigentlich nur darin bestehen, im Sinn des Lebens zu arbeiten. Im Sinn des Lebens muß jeder selbst die jeweilige Situation definieren und seine Entscheidung in dieser Situation verantworten. Ob das heißt, daß eine Abtreibung verhindert werden soll oder nicht, ob das heißt, daß eine Ehe aufrecht erhalten werden soll oder nicht, ob das heißt, für die Friedensbewegung mit Plakaten zu werben oder nicht, kann nur jeder selbst entscheiden. Verantwortung ist nicht übertragbar. Die einzige Chance, die wir im gegenwärtigen Zustand unserer Kultur haben, besteht in dem Versuch, die Lebenswünsche und den Wunsch nach Selbstbestimmung der Individuen wiederzuentdecken.

Dieser hier aufgezeigte Weg führt zwischen Resignation und Größenwahn hindurch, zwischen Indifferenz und Aktivismus. Er ist nicht leicht zu finden. Jeder einzelne ist zwar nur ein kleines Rädchen in der riesigen Maschine, die jetzt so deutlich vom Absturz bedroht ist. Aber diese große Maschine besteht auch nur aus vielen kleinen einzelnen, die jeder für sich und in jedem Moment zu der Entscheidung beitragen, ob sie wirklich abstürzt, oder ob doch noch eine „weiche Landung" möglich wird.

Der Prophet Jona

Zum Schluß meiner Ausführungen möchte ich Ihnen noch in gekürzter Form die Geschichte vom Propheten Jona erzählen, die mir eine Antwort auf die Frage nach der politischen Verantwortung des Einzelnen zu geben scheint:

Der Herr sprach zu Jona: „Mache dich auf und geh in die große Stadt Ninive und predige wider sie; denn ihre Bosheit ist vor mich gekommen." Aber Jona hatte Angst und versuchte vor diesem Auftrag zu fliehen. Er bestieg ein Schiff, um dem Herrn aus den Augen zu kommen. Da ließ der Herr einen großen Wind aufs Meer kommen, und es erhob sich ein großes Ungewitter auf dem Meer, daß man meinte, das Schiff würde zerbrechen ... Und die Schiffsleute fürchteten sich und schrien jeder zu seinem Gott, und warfen die Ladung ins Meer. Aber Jona lag unten im Schiff und schlief. Und sie losten, um zu erfahren, um wessentwillen es ihnen so übel ging. Und als sie losten, traf's Jona. Und Jona sagte ihnen, daß er vor dem Herrn floh. Da sprachen sie zu ihm: „was sollen wir denn mit dir tun, daß das Meer stille werde und von uns ablasse?" ... Er sprach zu ihnen „Nehmt mich und werft mich ins Meer, so wird das Meer still werden und von euch ablassen. Denn ich weiß, daß um meinetwillen dies große Ungewitter über euch gekommen ist." ... Da nahmen sie Jona und warfen ihn ins Meer. Da wurde das Meer still und ließ ab von seinem Wüten ... Aber der Herr ließ einen großen Fisch kommen, Jona zu verschlingen. Und Jona war im Leibe des Fisches drei Tage und drei Nächte. Und Jona betete zu dem Herrn, seinem Gott, im

Leibe des Fisches . . . Und der Herr sprach zu dem Fisch, und der spie Jona aus ans Land.

Und es geschah das Wort des Herrn zum zweitenmal zu Jona: „mach' dich auf, geh in die große Stadt Ninive und predige ihr, was ich dir sage!" Da machte sich Jona auf und ging hin nach Ninive, wie der Herr gesagt hatte . . . Dort predigte er und sprach: „Es sind noch vierzig Tage, so wird Ninive untergehen." Da glaubten die Leute von Ninive an Gott und ließen ein Fasten ausrufen und zogen alle, groß und klein, den Sack zur Buße an . . . Als aber Gott ihr Tun sah, wie sie sich bekehrten von ihrem bösen Wege, reute ihn das Übel, das er ihnen angekündigt hatte, und tat's nicht.

Diesen Text kann man auf vielfältige Weise theologisch oder tiefenpsychologisch verstehen. Für mich war er immer ein Zeichen dafür, daß letztlich niemand dem Aufklärungsauftrag entkommen kann, den er an dem Platz hat, an dem er steht. Unter Aufklärungsauftrag verstehe ich hier die Möglichkeit und Notwendigkeit, die Wahrheit zu finden und sich entsprechend zu verhalten. Man kann versuchen, sich indifferent und passiv im Bauch des Schiffes zu verkriechen und hoffen, auf diese Weise der drohenden Katastrophe zu entgehen. Aber wenn man Glück hat, wird man von dort ins Meer geworfen und erhält noch einmal die Möglichkeit, seinen Auftrag auszuführen.

Ich meine, daß die Geschichte außerdem zeigt, daß die Botschaft, die man „notwendigerweise" bringen muß, nicht unbedingt vernichtend sein muß für einen selbst oder für die anderen. Im Gegenteil, das Überbringen der Botschaft kann dazu beitragen, daß die Vernichtung nicht eintritt. Wir können uns prinzipiell in jedem Augenblick für das Leben oder für die Vernichtung und Selbstvernichtung entscheiden. Dieses Bewußtsein unserer Entscheidungsfähigkeit und damit auch Verantwortlichkeit, zu dem Gott dem ängstlichen Propheten Jona verhalf, ist nach meiner Überzeugung unsere einzige Chance, den drohenden Untergang der Menschheit noch aufzuhalten. Es wäre schön, wenn wir mit unserem politischen Engagement einen ebensolchen Erfolg haben könnten wie der Prophet Jona.

Quellennachweis

Einige Kapitel dieses Buches entstanden aus Arbeiten, die schon an anderer Stelle veröffentlicht wurden:

Das *erste Kapitel* erschien in: Hockel, M. und Feldhege, F. J. (Hg.): Handbuch der Angewandten Psychologie, Bd. 2. Verlag moderne industrie, Landsberg/Lech (1981).

Das *dritte Kapitel* erschien in: Praxis der Psychotherapie und Psychosomatik, Bd. 28, S. 255–266 (1983) und in: Ermann, M. und Seifert, Th. (Hg.): Die Familie in der Psychotherapie. Springer-Verlag, Berlin/Heidelberg (1985).

Das *fünfte Kapitel* entstand aus zwei Arbeiten, die in „Kind und Umwelt, Beiträge zur analytischen Kinder- und Jugendlichen-Psychotherapie" erschienen bzw. noch erscheinen: „Die Therapie von Kinder und Jugendlichen, verstanden als Teil einer psychoanalytischen Familientherapie" in: Kind und Umwelt, Heft 40, S. 3–17 (1983), und: „Elterngespräche aus familiendynamischer Sicht". Kind und Umwelt, in Vorbereitung.

Das *siebte Kapitel* erschien in kürzerer Form in: Mertens, W. (Hg.): Psychoanalyse – Ein Handbuch in Schlüsselbegriffen. Urban & Schwarzenberg, München (1983) und in: Supervision, Heft 6, S. 47–59 (1984).

Das *achte Kapitel* erschien als Teil der Arbeit: Bauriedl, Th., Langenbeck, M., Lomer, M., Luz, D., Meisel, J.: „Psychoanalyse und Sozialpsychiatrie – Möglichkeiten der Zusammenarbeit" in: Materialien zur Psychoanalyse und analytisch orientierten Psychotherapie, Bd. 8, S. 159–208 (1982).

Das *neunte Kapitel* erschien in: Mediatus – Informationen für die friedenspolitische Arbeit. Nr. 11/1984. Herausgeber: Forschungsinstitut für friedenspolitische Arbeit, Starnberg.

Das *zehnte Kapitel* entstand aus einem Vortrag zum 25jährigen Bestehen der Evangelischen Konferenz für Familien- und Lebensberatung. Es wurde abgedruckt in: Vorstand der Ev. Konferenz für Familien- und Lebensberatung e. V. (Hg.): Abstinenz und Einmischung. Berlin, 1984.

Literaturverzeichnis

Aguilera, D. C. & Messick, J. M. (1977): Grundlagen der Krisenintervention. Freiburg: Lambertus.

Alexander, F. & French, T. M. (1946): Psychoanalytic Therapy. New York: Ronald Press.

Argelander, H. (1969): Angewandte Psychoanalyse in der ärztlichen Praxis. Jahrbuch der Psychoanalyse Bd. 6, 119–140.

Argelander, H. (1970): Die szenische Funktion des Ichs und ihr Anteil an der Symptom- und Charakterbildung. Psyche 24, 324–345.

Argelander, H. (1972): Gruppenprozesse. Wege zur Anwendung der Psychoanalyse in Behandlung, Lehre und Forschung. Reinbek: Rowohlt.

Argelander, H. (1973): Konkrete Seelsorge. Stuttgart: Kreuz.

Argelander, H. (1979): Balint-Gruppen. In: Heigl-Evers, A. (Hg.): Die Psychologie des 20. Jahrhunderts, Bd. 7, München: Kindler, 822–829.

Argelander, H. (1981): Was ist eine Deutung? Psyche 35, 999–1005.

Balint, E. (1976): Michael Balint und die Droge „Arzt". Psyche 30, 105–124.

Balint, M. (1957): Der Arzt, sein Patient und die Krankheit. Stuttgart: Klett.

Balint, M. & Balint, A. (1939): Übertragung und Gegenübertragung. In: Balint, M. (1966): Die Urformen der Liebe und die Technik der Psychoanalyse. Frankfurt: Fischer, 214–221.

Balint, M. & Balint, E. (1970): Psychotherapeutische Techniken in der Medizin. München: Kindler.

Balint, M., Ornstein, P. H. & Balint, E. (1972): Fokaltheapie. Frankfurt: Suhrkamp.

Bateson, G., Jackson, D. D., Haley, J. & Weakland, J. (1956): Toward a Theory of Schizophrenia. Behavioural Science 1, 251–264. (Dt.: Auf dem Weg zu einer Schizophrenie-Theorie. In: Bateson, G., et al.: Schizophrenie und Familie. Frankfurt: Suhrkamp 1969).

Bateson, G., Jackson, D. D., Haley, J. & Weakland, J. (1962): A Note on the Double Bind. Family Process 2, 154–161.

Bauriedl, Th. (1980): Beziehungsanalyse – Das dialektisch-emanzipatorische Prinzip der Psychoanalyse und seine Konsequenzen für die psychoanalytische Familientherapie. Frankfurt: Suhrkamp.

Bauriedl, Th. (1982a): Der emanzipatorische Prozeß der Auflösung von Machtstrukturen in einem psychoanalytisch-familientherapeutischen Konzept. Psychoanalyse 3, 318–338. (Wieder abgedruckt unter dem Titel: Emanzipation als Verzicht auf die Macht. In: Bauriedl, Th.: Das Unbewußte und die Macht. München: Piper, im Druck).

Bauriedl, Th. (1982b): Zwischen Anpassung und Konflikt. Theoretische Probleme der ichpsychologischen Diagnostik. Göttingen: Vandenhoeck & Ruprecht.

Bauriedl, Th. (1984): Ödipuskomplex oder Triangulierung – Die Bedeutung der Sexualität in der Familie. Unveröff. Vortrag, Jahrestagung der Vereinigung analytischer Kinder- und Jugendlichen-Psychotherapeuten. Köln, 1. 11. 1984.

Bauriedl, Th. (1984a): Geht das revolutionäre Potential der Psychoanalyse verloren? – Gedanken zur politischen Bedeutung der Psychoanalyse und zum politischen Engagement der Psychoanalytiker. Psyche 38, 489–515.

Bauriedl, Th. (1985a): Strukturelle Gewalt in der Psychoanalyse. In Vorb.

Bauriedl, Th. (1985b): Das Leben riskieren. In Vorb.

Bauriedl, Th. (1986): Das Unbewußte und die Macht. München: Piper (im Druck).

Bauriedl, Th. (1986a): Emanzipation als Verzicht auf die Macht. In: Bauriedl, Th.: Das Unbewußte und die Macht. München: Piper (im Druck).

Bauriedl, Th. (1986b): Macht Einigkeit stark? – Über neue Formen der Solidarität. In: Bauriedl, Th.: Das Unbewußte und die Macht. München: Piper (im Druck).

Beck, D. (1974): Die Kurzpsychotherapie. Bern: Huber.

Beck, D. (1981): Krankheit als Selbstheilung. Frankfurt: Insel.

Beckmann, D. (1974): Der Analytiker und sein Patient. Bern: Huber.

Béjarano, A. (1977): Gegenübertragung und Narzißmus. Bulletin der Europäischen Psychoanalytischen Föderation 12, 5–10.

Bellak, L. & Small, L. (1965): Kurzpsychotherapie und Notfallpsychotherapie. Frankfurt: Suhrkamp.

Bertalanffy, L. von (1968): General System Theory. New York: Braziller.

Bowen, M. (1975): Familienpsychotherapie bei Schizophrenie in der Klinik und in der Privatpraxis. In: Boszormenyi-Nagy, I. & Framo, J. L. (Hg.): Familientherapie. Reinbek: Rowohlt 1975, Bd. 1, 244–275.

Boyer, L. B. (1976): Die psychoanalytische Behandlung Schizophrener. München: Kindler.

Buchholz, M. B. (1982): Psychoanalytische Methode und Familientherapie. Frankfurt: Fachbuchhandlung für Psychologie.

Buchholz, M. B. (1983): Psychoanalytische Familientherapie. In: Schneider, K. (Hg.): Familientherapie in der Sicht psychotherapeutischer Schulen. Paderborn: Junfermann, 188–209.

Buchholz, M. B. & Huth, W. (1983): Zur Kritik systematischer Familientherapie. Psychoanalyse 4, 186–215.

Caplan, G. (1961): An Approach to Community Mental Health. New York.

Caplan, G. (1964): Principles of Preventive Psychiatry. New York.

Capra, F. (1982): Wendezeit. Bern: Scherz.

Ciompi, L. (1982): Affektlogik. Stuttgart: Klett-Cotta.

Cooper, D. (1971): Psychiatrie und Antipsychiatrie. Frankfurt: Suhrkamp.

Cremerius, J. (1979): Gibt es *zwei* psychoanalytische Techniken? Psyche 33, 577–599.

Cremerius, J. (1981): Die Präsenz des Dritten in der Psychoanalyse. Zur Problematik der Fremdfinanzierung. Psyche 35, 1–41.

Cremerius, J. (1982): Die Bedeutung des Dissidenten für die Psychoanalyse. Psyche 36, 481–514.

Davanloo, H. (Ed.) (1978): Short-term Dynamic Psychotherapy. New York: SP Medical & Scientific Books.

Dierking, W. (Hg.) (1980): Analytische Familientherapie und Gesellschaft. Weinheim: Beltz.

Eicke, D. (1974): Technik der Gruppenleitung von Balint-Gruppen. In: Luban-Plozza, B. (Hg.): Praxis der Balint-Gruppen. München: Lehmanns, 128–137.

Eissler, K. R. (1953): The Effect of the Structure of the Ego on Psychoanalytic Technique. Journal of the American Psychoanalytic Association 1, 104–143.

Eissler, K. R. (1958): Variationen in der psychoanalytischen Technik. Psyche 13, 604–624.

Elias, N. (1969): Über den Prozeß der Zivilisation. Frankfurt: Suhrkamp.

Elias, N. (1970): Was ist Soziologie? München: Juventa.

Erdheim, M. (1982): Die gesellschaftliche Produktion von Unbewußtheit. Frankfurt: Suhrkamp.

Erdheim, M. (1983): Über das Lügen und die Unaufrichtigkeit des Psychoanalytikers. In: Lohmann, H. M. (Hg.): Das Unbehagen in der Psychoanalyse. Eine Streitschrift. Frankfurt: Qumaran, 10–16.

Erikson, E. H. (1950): Growth and Crisis of the Healthy Personality. In: Senn, M. J. E. (Ed.): Symposium on the Healthy Personality. New York.

Erikson, E. H. (1959): Identity and the Life Cycle. New York. (Dt.: Identität und Lebenszyklus, Frankfurt: Suhrkamp, 1966).

Ferenczi, S. (1921): Weiterer Ausbau der „aktiven Technik" in der Psychoanalyse. In: Schriften zur Psychoanalyse, Bd. II, Frankfurt: Fischer 1972, 74–91.

Ferenczi, S. (1928): Die Elastizität der psychoanalytischen Technik. In: Schriften zur Psychoanalyse, Bd. II, Frankfurt: Fischer 1972, 237–250.

Ferenczi, S. (1930): Relaxationsprinzip und Neokatharsis. In: Schriften zur Psychoanalyse, Bd. II, Frankfurt: Fischer 1972, 257–273.

Freud, S. (1895): Zur Psychotherapie der Hysterie. In: Studienausgabe in 10 Bänden, Ergänzungsbd., Frankfurt: Fischer 1975, 37–97.

Freud, S. (1898): Die Sexualität in der Ätiologie der Neurosen. In: Studienausgabe in 10 Bänden, Bd. 5, Frankfurt: Fischer 1972, 11–35.

Freud, S. (1905): Über Psychotherapie. In: Studienausgabe in 10 Bänden, Ergänzungsbd., Frankfurt: Fischer 1975, 107–109.

Freud, S. (1912): Ratschläge für den Arzt bei der psychoanalytischen Behandlung. In: Studienausgabe in 10 Bänden, Ergänzungsbd., Frankfurt: Fischer 1975, 169–180.

Freud, S. (1914): Erinnern, Wiederholen und Durcharbeiten. In: Studienausgabe in 10 Bänden, Ergänzungsbd., Frankfurt: Fischer 1975, 205–215.

Freud, S. (1915): Bemerkungen über die Übertragungsliebe. In: Studienausgabe in 10 Bänden, Ergänzungsbd., Frankfurt: Fischer 1975, 217–230.

Freud, S. (1917): Vorlesungen zur Einführung in die Psychoanalyse. In: Studienausgabe in 10 Bänden, Bd. 1, Frankfurt: Fischer 1969, 33–445.

Freud, S. (1919): Wege der psychoanalytischen Therapie. In: Studienausgabe in 10 Bänden, Ergänzungsbd., Frankfurt: Fischer 1975, 239–249.

Freud, S. (1920): Jenseits des Lustprinzips. In: Studienausgabe in 10 Bänden, Bd. 3, Frankfurt: Fischer 1975, 213–273.

Freud, S. (1923): „Psychoanalyse" und „Libidotheorie" In: G. W. XIII, Frankfurt: Fischer, 209–233.

Freud, S. (1937): Die endliche und die unendliche Analyse. In: Studienausgabe in 10 Bänden, Ergänzungsbd., Frankfurt: Fischer 1975, 351–392.

Freud, S. (1938): Abriß der Psychoanalyse. In: G. W. XVII, Frankfurt: Fischer, 63–138.

Freud, S. (1939): Der Mann Moses und die monotheistische Religion. In: Studienausgabe in 10 Bänden, Bd. 9, Frankfurt: Fischer 1974, 455–581.

Freud, S. (1940): Die psychoanalytische Technik. In: Studienausgabe in 10 Bänden, Ergänzungsbd., Frankfurt: Fischer 1975, 407–421,

Friedrich, H., Fränkel-Dahlmann, I., Schaufelberger, H.-J. & Streeck, U. (1979): Soziale Deprivation und Familiendynamik. Göttingen: Vandenhoeck & Ruprecht.

Furrer, W. C. (1974): Gegenübertragungsprobleme des Balint-Gruppenleiters. In: Luban-Plozza, B. (Hg.): Praxis der Balint-Gruppen. München: Lehmanns 138–148.

Greenson, R. R. (1973): Technik und Praxis der Psychoanalyse. Stuttgart: Klett.

Groddeck, G. (1974): Verdrängen und heilen. Aufsätze zur Psychoanalyse und psychosomatischen Medizin. München: Kindler.

Grüntzig, M. & Meyer, M. (1978): Die fokussierende Beratung. Psyche 32, 1059–1088.

Guntern, G. (1980): Die kopernikanische Wende in der Psychotherapie: Der Wandel vom psychoanalytischen zum systemischen Paradigma. Familiendynamik 5, 2–41.

Habermas J. (1968): Erkenntnis und Interesse. Frankfurt: Suhrkamp.

Haley, J. (1977): Direktive Familientherapie – Strategien für die Lösung von Problemen. München: Pfeiffer.

Haley, J. (1978): Gemeinsamer Nenner Interaktion – Strategien der Psychotherapie. München: Pfeiffer.

Hartmann, H. (1939): Ichpsychologie und Anpassungsproblem. Stuttgart: Klett 1960.

Heigl-Evers, A. & Hering, A. (1970): Die Spiegelung einer Patienten-Gruppe durch eine Therapeuten-Kontrollgruppe. Gruppenpsychotherapie und Gruppendynamik 4, 179–190.

Heimann, P. (1950): On counter-transference. International Journal of Psychoanalysis 31, 81–84.

Heisenberg, W. (1959): Sprache und Wirklichkeit in der modernen Physik. In: G. W. Bd. II, München: Piper 1984, 160–180.

Henseler, H. (1974): Narzißtische Krisen – Zur Psychodynamik des Selbstmordes. Reinbek: Rowohlt.

Henseler, H. & Reimer, Ch. (1981): Selbstmordgefährdung – Zur Psychodynamik und Psychotherapie. Stuttgart: Frommann-Holzboog.

Hoff, L. A. (1984): People in Crisis: Understanding and Helping. Menlo Park, Cal.: Addison-Wesley.

Jervis, G. (1978): Kritisches Handbuch der Psychiatrie. Frankfurt: Syndikat.

Kaufmann, E. & Kaufmann, P. N. (Hg.) (1983): Familientherapie bei Alkohol- und Drogenabhängigkeit. Freiburg: Lambertus.

Kemper, W. (1969): Übertragung und Gegenübertragung als funktionale Einheit. Jahrbuch der Psychoanalyse Bd. 6, 35–68.

Kernberg, O. F. (1978): Borderline-Störungen und pathologischer Narzißmus. Frankfurt: Suhrkamp.

Kernberg, O. F. (1981): Zur Theorie der psychoanalytischen Psychotherapie. Psyche 35, 673–704.

Krüger-Zeul, M. (1983): Gegenübertragung – Ein Stiefkind der Psychoanalyse. In: Lohmann, H. M. (Hg.): Das Unbehagen in der Psychoanalyse. Frankfurt: Qumran, 71–85.

Krüll, M. (1979): Freud und sein Vater. München: Beck.

Klüwer, R. (1970): Über die Orientierungsfunktion eines Fokus bei der psychoanalytischen Kurztherapie. Psyche 24, 739–755.

Klüwer, R. (1971): Erfahrungen mit der psychoanalytischen Fokaltherapie. Psyche 25, 932–947.

Klüwer, R. (1983): Agieren und Mitagieren. Psyche 37, 828–840.

Kutter, P. (1981): Psychoanalytische Kurztherapie. Indikationen und Interventionstechnik. Jahrbuch der Psychoanalyse, Bd. 12, 178–191.

Laing, R. D. (1969): Phänomenologie der Erfahrung. Frankfurt: Suhrkamp.

Langsley, D. G. & Kaplan, D. M. (1968): The Treatment of Families in Crisis. New York: Grune & Stratton.

Leuzinger-Bohleber, M. & Grüntzig-Seebrunner, M. (1983): Fokaltherapie – Krisenintervention – psychoanalytische Beratung. In: Mertens, W. (Hg.): Psychoanalyse. Ein Handbuch in Schlüsselbegriffen. München: Urban & Schwarzenberg, 186–195.

Lindemann, E. (1944). Symptomatology and Management of Acute Grief. American Journal of Psychiatry 101, 141–148.

Little, M. J. (1981): Transference Neurosis and Transference Psychosis. New York: Aronson.

Loch, W. (1969): Balint-Seminare: Instrumente der Diagnostik und Therapie pathogener zwischenmenschlicher Verhaltensmuster. Jahrbuch der Psychoanalyse, Bd. 6, 141–156.

Lorenzer, A. (1970): Sprachzerstörung und Rekonstruktion. Frankfurt: Suhrkamp.

Lohmann, H. M. (1980): Psychoanalyse in Deutschland – eine Karriere im Staatsapparat? Ansichten von jenseits des Rheines. Psyche 34, 945–957.

Lohmann, H. M. (Hg.) (1983): Das Unbehagen in der Psychoanalyse. Eine Streitschrift. Frankfurt: Qumran.

Luban-Plozza, B. (Hg.) (1974): Praxis der Balint-Gruppen. Beziehungsdiagnostik und Therapie. München: Lehmanns.

Lüders, W. (1983): Psychoanalyse versus Familientherapie. Kritische Glosse. Psyche 37, 462–469.

Malan, D. H. (1965): Psychoanalytische Kurztherapie. Stuttgart: Klett.

Menninger, K. (1958): Theory of Psychoanalytic Technique. New York: Basic Books.

Meyer, R. (1978): Der psychosomatisch Kranke in der analytischen Kurztherapie. Psyche 32, 881–928.

Meyer-Abich, K. M. (1984): Wege zum Frieden mit der Natur. München: Hanser. (Zit. nach dem Aufsatz: Umkehr zum Leben. Süddeutsche Zeitung München, 2./3. März 1985, S. 51.)

Minuchin, S. (1972): Conflict-Resolution, Familiy Therapy. Belmont: Woodsworth.

Minuchin, S. & Barcai, A. (1973): Therapeutisch induzierte Familienkrise. In: Sager, C. J. & Kaplan, H. S. (Hg.): Handbuch der Ehe-, Familien- und Gruppentherapie. München: Kindler, 389–397.

Minuchin, S. (1977): Familie und Familientherapie. Freiburg: Lambertus.

Overbeck, G. (1984): Krankheit als Anpassung. Der sozio-psychosomatische Zirkel. Frankfurt: Suhrkamp.

Parin, P. (1978): Der Widerspruch im Subjekt – Ethnopsychoanalytische Studien. Frankfurt: Syndikat.

Parin, P. (1983a): Die Angst der Mächtigen vor öffentlicher Trauer. Psyche 37, 55–72.

Parin, P. (1983b): Psychoanalyse als Gesellschaftskritik im Werk von Alexander Mitscherlich. Psyche 37, 364–373.

Parin, P. & Parin-Matthéy, G. (1983a): Das obligat unglückliche Verhältnis der Psychoanalyse zur Macht. In: Lohmann, H. M. (Hg.): Das Unbehagen in der Psychoanalyse. Eine Streitschrift. Frankfurt: Qumran, 17–23.

Parin, P. & Parin-Matthéy, G. (1983b): Medicozentrismus in der Psychoanalyse. In: Hoffmann, S. O. (Hg.): Deutung und Beziehung. Kritische Beiträge zur Behandlungskonzeption und Technik in der Psychoanalyse. Frankfurt: Fischer, 86–106.

Plänkers, T. (1984): Rezension von Bauriedl, Th. (1982): Zwischen Anpassung und Konflikt. Psyche 38, 650–654.

Pohlen, M. & Plänkers, T. (1982): Familientherapie. Von der Psychoanalyse zur psychosozialen Aktion. Psyche 36, 416–452.

Racker, H. (1978): Übertragung und Gegenübertragung. Studien zur psychoanalytischen Technik. München: Reinhardt.

Raimbault, G. (1977): Arzt, Kind, Eltern. Erfahrungen von Kinderärzten in einer Balint-Gruppe. Frankfurt: Suhrkamp.

Reich, A. (1951): On Countertranference. Journal of Abnormal Psychology 32, 25–31.

Richter, H. E. (1963): Eltern, Kind und Neurose. Stuttgart: Klett.

Richter, H. E. (1970): Patient Familie. Reinbek: Rowohlt.

Richter, H. J. (1977): Hat die Psychoanalyse in der Randgruppenarbeit eine Chance? In: Kutter, P. (Hg.): Psychoanalyse im Wandel. Frankfurt: Suhrkamp, 122–147.

Richter, H. E. (1980): Psychotherapie in der Krise. Merkur 381, 136–146.

Roth, J. K. (1984): Hilfe für Helfer. Balint-Gruppen. München, Piper.

Schmid, V. (1973): Balint-Gruppen mit Lehrern. In: Stuttgarter Akademie für Tiefenpsychologie und analytische Psychotherapie (Hg.): Individuum und Gesellschaft. Stuttgart: Klett.

Searles, H. (1958): Die Anfälligkeit des Schizophrenen für die unbewußten Prozesse des Therapeuten. In: Searles, H.: Der psychoanalytische Beitrag zur Schizophrenieforschung. München: Kindler 1974, 48–68.

Selvini Palazzoli, M. (1963): Magersucht. Von der Behandlung Einzelner zur Familientherapie. Stuttgart: Klett-Cotta 1982.

Selvini Palazzoli, M., Boscolo, L., Cecchin, G. & Prata, G. (1975): Paradoxon und Gegenparadoxon. Stuttgart: Klett 1977.

Sifneos, P. E. (1979): Short-Term Dynamic Psychotherapy – Evaluation and Technique. New York: Plenum Press.

Stierlin, H. (1979): Status der Gegenseitigkeit: Die fünfte Perspektive des Heidelberger familiendynamischen Konzeptes. Familiendynamik 4, 106–116.

Stierlin, H., Rücker-Embden, I., Wetzel, N. & Wirsching, M. (1977): Das erste Familiengespräch. Stuttgart: Klett-Cotta.

Swaan, A. (1978): Zur Soziogenese des psychoanalytischen „Settings". Psyche 32, 793–826.

Watzlawick, P. (1977): Die Möglichkeit des Andersseins. Bern: Huber.

Watzlawick, P., Beavin, J. H., Jackson, D. D. (1969): Menschliche Kommunikation. Bern: Huber.

Watzlawick, P., Weakland, J. H. & Fisch, R. (1974): Lösungen. Bern: Huber.

Watzlawick, P. & Weakland, J. H. (Hg.) (1980): Interaktion. Bern: Huber.

Weingart, P. (1984): Anything goes – rien ne va plus. Der Bankrott der Wissenschaftstheorie. Kursbuch (No.) 78, 61–75.

Wirsching, M. & Stierlin, H. (1982): Krankheit und Familie. Stuttgart: Klett-Cotta.

Wölpert, F. (1983): Sexualität, Sexualtherapie, Beziehungsanalyse. München: Urban & Schwarzenberg.

Wynne, L. C. (1975): Einige Indikationen und Kontraindikationen für exploratorische Familientherapie. In: Boszormenyi-Nagy, I. & Framo, J. L. (Hg.): Familientherapie, Bd. 2., Reinbek: Rowohlt, 53–89.

Zuk, G. H. (1975): Familientherapie. Freiburg: Lambertus.